服务设计与乡村文旅产业发展路径研究

赵智慧 著

RESEARCH ON
SERVICE DESIGN AND
DEVELOPMENT PATH
OF RURAL CULTURAL
TOURISM INDUSTRY

中国轻工业出版社

图书在版编目（CIP）数据

服务设计与乡村文旅产业发展路径研究 / 赵智慧著. 北京：中国轻工业出版社，2025.1. -- ISBN 978-7-5184-5399-3

Ⅰ.F592.3

中国国家版本馆CIP数据核字第2025CX1922号

责任编辑：毛旭林
文字编辑：李婧瑶　　责任终审：李建华　　　设计制作：锋尚设计
策划编辑：毛旭林　　责任校对：刘小透　晋　洁　责任监印：张京华

出版发行：中国轻工业出版社（北京鲁谷东街5号，邮编：100040）

印　　刷：北京君升印刷有限公司

经　　销：各地新华书店

版　　次：2025年1月第1版第1次印刷

开　　本：787×1092　1/16　印张：13.75

字　　数：300千字

书　　号：ISBN 978-7-5184-5399-3　定价：78.00元

邮购电话：010-85119873

发行电话：010-85119832　010-85119912

网　　址：http://www.chlip.com.cn

Email：club@chlip.com.cn

版权所有　侵权必究

如发现图书残缺请与我社邮购联系调换

241015W3X101ZBW

前 言

19世纪中叶，近代乡村旅游首先在法国出现。第二次世界大战后，城市居民对乡村休闲的需求大幅增长，乡村旅游从简单接待模式步入提供专业化产品的新阶段，现代乡村旅游随之开启。20世纪60年代初，西班牙积极建设农场、庄园，全面发展徒步旅游、登山、漂流、骑马、滑翔、农事活动等多种休闲项目，举办了各种形式的务农学校、自然学习班、培训班等，极大地推动了乡村旅游在世界范围内的发展。20世纪80年代，美国、澳大利亚、日本、韩国、新加坡等国纷纷推动乡村旅游从单一观光模式向融观光、休闲、度假于一体的综合化模式发展，现代乡村旅游日益成熟。20世纪90年代，包括民俗风情、农耕文化和节庆活动等在内的文化要素逐步得到重视，文化需求不断提升，乡村旅游的文化内涵不断丰富。

我国的乡村旅游可以追溯到春秋战国时期。《管子·小问》中的"桓公放春，三月观于野"就是对齐桓公到郊外踏青赏春、娱乐身心的一次记载。孟浩然《大堤行寄万七》中的"大堤行乐处，车马相驰突。岁岁春草生，踏青二三月。王孙挟珠弹，游女矜罗袜。携手今莫同，江花为谁发"也生动地描写了郊外江边车水马龙、骑马弹珠、赏春休憩的热闹场景。近年来，我国现代旅游业不断发展，已成为重要的战略性支柱产业、民生产业和幸福产业。作为旅游业重要组成部分的乡村旅游发轫于改革开放之初，一些农村地区主动寻求农业经营理念的突破，零星出现了具有初级乡村旅游特征的经营活动。2018年4月8日，新组建的文化和旅游部正式挂牌，承担起统筹文化事业、文化产业发展和旅游资源开发的重任，同时开启了我国乡村文化旅游（简称乡村文旅）的新篇章。

当前，大力发展乡村文旅产业已成为深入实施乡村振兴战略，有效推动文旅融合，高质量促进乡村经济、社会与文化发展，最终造福于民、实现共同富裕的内在要求。据文化和旅游部数据，2019年，我国乡村旅游接待人次达30.9亿，占据当年国内旅游总人数的半壁江山。《全国乡村产业发展规划（2020—2025年）》预测，2025年，全国乡村年接待游客人数将超过40亿人次，经营收入超过1.2万亿元。党的二十大报告深刻指出，全面推进乡村振兴，传承中华优秀传统文化，满足人民日益增长的精神文化需求，坚持以文塑旅、以旅彰文，推进文化和旅游深度融合发展。在乡村旅游的基础上，进一步凸显文化要素的乡村文化旅游极大地迎合了人们亲近自然、放松心情、体验风土人情、增长见识、丰富人生的时代需求。正如我们常常所说，文化是旅游的灵魂，旅游是文化的载体。当旅游插上文化的翅膀时，旅游将更有"诗意"；当文化搭载旅游的列车时，文化将走向"远方"。与此同时，我国乡村文旅还存在着要素供给与需求匹配不充分，文化资源转化创新效果不理想，产业融合价值不明显，以及产品开发千篇一律，业态创新盲目跟风，服务质量参差不齐，旅游体验不尽如人意等问题，产业发展瓶颈日益凸显，产业升级势在必行。

服务设计的兴起是服务经济、体验经济、数字技术、社会创新与可持续发展等多因素发展演化的必然结果，内在反映着当代设计学与经济学、管理学、传播学、心理学等多学科交叉整合的新趋势，综合集成了植根用户体验、聚焦全流程闭环优化、强化利益相关者共创、着眼模式创新与系统集成、注重可持续发展、旨在价值的创造与实现等先进理念。2023年9月发布的《服务设计上海倡议》将服务设计定义为"以服务为手段的价值共创活动"，并从服务企业、制造产业、公共服务、政府服务四个维度阐释了服务设计如何为经济"赋能"，推动社会与生态的可持续发展，进一步彰显了服务设计的重要地位与作用。针对串联起旅游消费者、旅游服务公司、旅游产品、旅游配套设施以及公共文化与政府服务的乡村文旅产业，服务设计无疑可以充分发挥其价值共创优势，根据产业各环节、各链条特性，从有形产品到无形服务，从个体愉悦到普遍意义，从单向连接到关系重构，为乡村文旅产业高质量发展贡献智慧与力量。

本书基于新时期设计转型、服务创新与乡村振兴发展的新趋势，将服务设计理念与乡村文旅产业发展有机结合，梳理乡村文旅、服务设计研究与发展的脉络，探索乡村文旅与服务设计的新内涵、新概念，剖析乡村文旅产业发展问题与利益相关者需求，最终从产品开发设计、IP打造与运营、商业模式与服务系统创新、市场核心主体培育、复杂系统创新与标准化创新等方面提出若干乡村文旅产业的发展路径。

本书的顺利完稿离不开前人的研究积累，笔者对相关学者再次表示由衷感谢。同时，对在研究过程中给予笔者帮助的同事、好友、团队成员，一并致以诚挚的谢意。特别感谢家人的支持与宽容，让笔者有时间、有信心完成研究与撰写工作。由于笔者水平、精力有限，书中观点仅为抛砖引玉、一家之言，难免存在不妥或纰漏之处，欢迎各位专家、读者提出宝贵意见和建议。

赵智慧

目 录

1 乡村文旅与服务设计研究进展

1.1 乡村旅游的本质日益体现为乡村性的文化旅游 ············2
    1.1.1 乡村旅游概念的演变 ············2
    1.1.2 乡村旅游的"乡村性"本质 ············3

1.2 需求与供给是推动乡村文旅发展的源动力 ············3

1.3 乡村文旅发展的影响和制约因素始终是关注热点 ············4

1.4 服务研究的学科渊源与概念演进 ············5
    1.4.1 不同学科视野中的服务研究 ············5
    1.4.2 服务概念中的服务研究 ············7

1.5 服务设计的设计学渊源与影响 ············7

1.6 我国服务设计的缘起与在地探索 ············9

2 服务设计及其乡村文旅产业应用的理论机理

2.1 服务设计新内涵研究 ············16
    2.1.1 服务设计范式与概念比较 ············16
    2.1.2 我国古代哲学思想对服务设计的启示 ············22
    2.1.3 服务设计内涵与概念的新探索 ············27

2.2 服务设计与新时代乡村文旅的耦合机理 ············32

3 我国乡村文旅发展现状与新内涵

3.1 文化休闲与体验需求下的"新民俗" ············36
    3.1.1 文旅消费市场活跃 ············36
    3.1.2 以本地游和周边游为主的短途休闲游爆发式增长 ············37
    3.1.3 反向旅游的趋势性增长与新内涵 ············37
    3.1.4 乡村文旅体验需求持续升级 ············38

3.2 政策导向下的产业升级 ································· 39
    3.2.1 从休闲农业到乡村休闲旅游产业的融合 ············· 39
    3.2.2 以乡村振兴为统领的战略式发展 ··················· 40
    3.2.3 以"十四五"规划为指向的新发展 ················· 40

3.3 产业演进中的模式、业态与产品创新 ················ 41
    3.3.1 产业驱动模式 ··································· 41
    3.3.2 产业开发运营模式 ······························· 43
    3.3.3 产业业态与产品创新 ····························· 43

3.4 新时代我国乡村文旅内涵 ·························· 46
    3.4.1 问题提出与思考 ································· 46
    3.4.2 乡村文旅新概念探索 ····························· 47

4 产业视角下核心利益相关者调研与分析

4.1 产业链中的核心利益相关者 ························ 50
4.2 旅游者需求调研与分析 ···························· 50
    4.2.1 相关概念 ······································· 50
    4.2.2 网络文本数据调研与分析 ························· 55
    4.2.3 问卷调研与分析 ································· 81

4.3 旅游地社区居民需求调研与分析 ···················· 88
    4.3.1 相关概念 ······································· 88
    4.3.2 调研与分析 ····································· 89

4.4 开发经营方发展现状分析 ·························· 94
    4.4.1 乡村文旅类企业发展概况 ························· 94
    4.4.2 旅游小企业在乡村文旅经营阵营中的价值日益增强 ··· 97

4.5 行政管理部门最新政策分析 ························ 99
    4.5.1 从基础需求到高质量需求的全面升级 ··············· 99
    4.5.2 产业各要素发展需求的分类细化 ··················· 100
    4.5.3 不同区域发展需求的差异化定位 ··················· 102
    4.5.4 服务标准需求的快速增长 ························· 103

5 服务设计推动我国乡村文旅产业发展的若干路径

5.1 多元化、综合化的路径研究导向 …………………………………… 108

5.2 面向服务触点与旅程体验优化创新的产品开发设计路径 …………… 108
    5.2.1 服务触点与旅程体验的优化创新 ……………………………… 109
    5.2.2 乡村文旅产品开发设计模式与原则 …………………………… 116
    5.2.3 乡村文旅产品开发设计的"妙"路径 ………………………… 119

5.3 面向文化消费升级的IP化发展路径 …………………………………… 134
    5.3.1 以IP打造为核心的乡村文旅文化消费升级总策略 …………… 135
    5.3.2 乡村文旅IP开发原则与路径机制 ……………………………… 136
    5.3.3 人格化与生态化的乡村文旅IP开发设计 …………………… 140
    5.3.4 社群化与价值化的乡村文旅IP运营 ………………………… 148

5.4 面向商业模式创新的市场核心主体培育路径 ………………………… 156
    5.4.1 商业模式创新内涵与工具应用 ………………………………… 156
    5.4.2 乡村文旅市场核心主体培育 …………………………………… 163

5.5 面向复杂系统创新与标准化创新的价值涌现路径 …………………… 168
    5.5.1 复杂系统创新、标准化创新和价值涌现 ……………………… 168
    5.5.2 "1∩1 + 1×1 +……"的复杂性融合模式构建与创新 ……… 171
    5.5.3 社区参与的"细胞增殖"式创新 ……………………………… 174
    5.5.4 适应性动态赋能与可持续发展导向下的标准化创新 ………… 177

参考文献 ………………………………………………………………………… 183

1 乡村文旅与服务设计研究进展

由于历史沿袭等原因，乡村文化与乡村旅游之间虽然是正相关关系，但乡村旅游的称谓更为普遍，即使是旅游资源完全依托于文化要素的旅游地也往往以乡村旅游来简化表述。因此，本书在文献资料的引用上继续沿用乡村旅游的称谓，在研究指向上则以乡村文旅为主。

1.1 乡村旅游的本质日益体现为乡村性的文化旅游

1.1.1 乡村旅游概念的演变

乡村主要是指与城市聚落相对应的一种具有明显自然依托性和乡土特性的乡村性聚落，它不仅包括以农业为主要经济来源的地区，也包括了市郊、建制镇等地。乡村旅游的英文表述有rural tourism、village tourism、farm tourism、agritourism、countryside recreation等，不同的研究视角、倾向乃至研究者偏好均会导致其选用不同的译法，早期研究往往混用这几种概念而未作特别区分。实际上，相较于其他几种说法，乡村旅游所包含的、涉及的内容比观光农业、休闲农业要广泛得多、丰富得多，其内涵与外延也更为丰富，其他几种概念则逐步演变为乡村旅游范畴之内的特定领域。

贾法利（Jafar Jafari）等认为乡村旅游是以乡村地域为基本旅游资源的活动，既包括游览国家公园、文化遗产等自然和文化资源，也包括在田园和农庄里休闲享受。世界旅游组织认为，乡村旅游是游客在乡村及其附近逗留、学习和体验乡村生活的活动。莱恩（Bernard Lane）的论文《什么是乡村旅游？》在界定和澄清乡村旅游的尝试中具有开创性意义，他引入"纯"的乡村旅游概念，即乡村旅游在规模、特点和功能上都是乡村的，反映着农村环境、经济、历史和地位的复杂模式，其社会结构和文化保留着传统性且演变缓慢、类型多样。随着乡村旅游在国外的快速发展，夏普利（Richard Sharpley）等甚至认为乡村地区任何形式的旅游都可以叫作乡村旅游，乡村可能成为另一个游乐场。国内学者杜江等认为，乡村旅游是以城市居民为目标市场，以乡村特有的风光和活动为旅游吸引物，使游客回归自然、感受生态的旅游方式。黄海辉认为乡村旅游是发生在乡村地区，以具有乡村性的自然和人文资源为依托的非定居性旅行和在游览过程中发生的一切关系和现象的总和。吴巧红认为，乡村旅游是城市居民逃离城市，寻求一种不一样的悠闲生活方式的后现代的消费行为。胡鞍钢等总结出乡村旅游是现代旅游业向传统农业延伸的新尝试、新领域、新方向，是依托绿水青山、田园景象、乡土文化、农耕文明等农村资源，以集镇村庄、山野水乡为活动空间，以环境有保障、村落有特色、农居有体验为旅行特征，综合运用旅游观光、休闲度假、农家餐饮、养老养生、感受式农业、传统手工艺等多种服务业途径，旨在繁荣农村、富裕农民的新兴旅游形式。

以上概念最显著的特征是乡村旅游的范畴日益扩大（如旅游资源范围越来越广、旅游服务形式越来越多、对产业联动和经济社会发展的影响越来越大等），其中，乡村文化对于乡村旅游的价值日益显现。正如刘德谦所说，乡村旅游就是以乡村地域及农事相关的风土、风物、风俗、风景组合而成的乡村风情为吸引物，吸引旅游者前往休息、观光、体验及学习等的旅游活动，其核心内容是乡村风情（乡村的风土人情），如风土（特有的地理环境）、风物（地方特有的景物）、风俗（地方民俗）、风景（可供欣赏的景象）等，以及风光、风貌、风姿、风味、风谣、风尚等与乡村旅游"难以分割"的内容。

1.1.2 乡村旅游的"乡村性"本质

费孝通在《乡土中国》的开篇中说道："从基层上看去，中国社会是乡土性的。"时至今日，乡土文化已成为乡村振兴凝心聚力的黏合剂和发动机，是城乡融合发展的巨大文化资本，是中国特色乡村文明的多样性文化构成，是中国生态文明建设离不开的传统文化基因。同时，也是乡村旅游离不开的文化基底，集中体现于对乡土生活、乡土味的"乡村性"体验中。

一方面，针对传统生产生活方式在乡村旅游中的价值，世界旅游组织较早就提出乡村旅游是对乡村生活的体验。例如，克内菲（Moya Kneafsey）把乡村旅游看为文化经济；李伟指出民俗文化旅游产品将逐渐成为乡村旅游发展的方向；陶玉霞认为乡村旅游实质上是在"乡村概念"中旅游；余可发认为乡村旅游游客的感情基础是乡愁文化，旅游吸引物以农耕文化和民俗民艺文化为主。可见，与其说乡村旅游是在"乡村空间"里旅行，还不如说是在"乡村生活文化"中旅行，是一种"乡村情境中的消费"。另一方面，自20世纪70年代乡村地理复兴以来，学术界对"乡村性"的认识经历了三大阶段，体现出从探索"乡村性是什么"到追求"不同社会群体对乡村性的认识"，再到关注"多样化的乡村性话语与体验"的过渡。经济合作与发展组织认为"乡村性"是乡村旅游的本质和特点；布罗曼（John Brohman）认为保持"乡村性"的关键是本地人所有、社区参与、小规模经营、文化和环境的可持续性；邹统钎认为田园风光、村落景观、乡土文化是"乡村性"的三大载体；张环宙等人指出"乡村性"是能够将游客融入其中且充满生气的兴旺景象、氛围、环境与活动；汤姆普森（Christopher Thompson）则明确提出文化是"乡村性"的精髓。可见，"乡村性"融传统文化、农耕文化、民俗文化、乡土文化于一体，深刻反映着作为系统整体的乡村生产生活方式，体现着乡村文旅的核心价值与本质需求。

1.2 需求与供给是推动乡村文旅发展的源动力

历史上，丹恩（Graham Dann）和埃索-阿荷拉（Seppo E. Iso-Ahola）等就旅游驱动力的研究具有代表性。丹恩明确提出"推力"和"拉力"两种概念，并将"推力"分类为失范、自我提高和白日梦；埃索–阿荷拉将寻求内在满足和规避外部环境作为旅游驱动力。这些研究都将旅游驱动力归因于内在需求与外在吸引两方面，从普遍意义上阐明了"为什么要去旅游"。在具体旅游动机上，研究主要针对不同背景旅游者、不同旅游地以及不同旅游情境展开，形成了若干旅游动机分类模型。麦金托什（Robert McIntosh）从一般自然观光以外的视角将旅游动机划分为自身健康类、社会关系类、文化体验类、地位或声望类四种。金井省吾从旅游者自身及其与社会的关系角度将旅游动机分为解除紧张、成就、社会存在等。对于乡村旅游来说，具有与一般旅游动机既相同又不同的特征，如寻求后台体验、追求差异化的反向性、放松身心、寻找满足感与踏实感等。

再从产业整体发展的角度来看，乡村旅游发展的驱动机制事关产业发展原动力，是乡村旅游发展各个驱动力之间相互作用的协调互动程序，是揭示乡村旅游系统各个组成部分相互作用的有效方式。杨军认为乡村旅游的核心动力包括需求动力、供给动力、营销动力和扶持动力；潘顺安将乡村旅游动力系统划分为需求子系统，引擎、供给子系统，物质基础、媒介子系统，需求与供给的衔接、支持子系统，硬件和软件保证等；王娜等将其归纳为微观动力、中观动力和宏观动力。这些观点遵循国内乡村旅游业发展实际，从系统的、产业的、社会的角度扩展了纯粹从旅游者个体角度进行旅游驱动力研究的范畴，形成了自身特色。不过，无论是四大子系统还是三大动力机制，究其根本仍然是围绕着需求与供给两大方面的定位与延伸，充分说明乡村文旅产业的发展仍要牢牢把握住需求与供给这两大动力机制，从源头上深挖旅游者的各种旅游动机和具体需求。

1.3 乡村文旅发展的影响和制约因素始终是关注热点

卢小丽等认为，乡村旅游发展的影响和制约因素有单因素和多因素之分，早期研究多限于单因素分析，后期研究则为多因素的多方位关注。例如，服务质量、旅游者精神体验、利益相关者理论、居民感知、社区参与、权利与利益分配等单因素研究，以及可持续发展，经济、社会、文化、社区与旅游者利益，环境管理，技术和政治等多因素的综合识别研究。

在服务质量上，服务质量评价五要素模型（SERVQUAL）是一种经典方法，重要性–绩效表现分析法（Importance-Performance Analysis，IPA）也被广泛应用于客户满意度关键绩效的研究中，有助于企业家确定改进的优先事项和直接基于质量的营销策略。相较于SERVQUAL，IPA更加关注旅游者所重视、所识别的因素，并将这些因素与旅游地实际优势相结合，及时采取措施，提升客户满意度与服务质量。在国内，姚娟等指出，城郊型乡村农庄旅游质量的游客感知主要表现在外部综合形象、核心吸引资源、接待服务态度与质量和农庄旅游基础设施4个层面。

在服务软硬件方面，相对于软性的服务附加功能来说，早期的乡村旅游者更为重视服务的硬件设施，随着服务设施的整体改善，旅游者对于综合性的旅游接待与服务能力有了更高要求。王新越等就山东省17个地级市的乡村旅游竞争力开展定量研究，发现乡村旅游的接待与服务能力是制约大部分地市乡村旅游竞争力提升的第一障碍因素，资源禀赋、自然环境、经济基础及客源市场条件也在不同程度上制约着各地市乡村旅游竞争力的提高。例如，烟台市域内，乡村旅游地在星级农家乐数量上有明显优势，相应的旅游接待设施比较完善、服务水平较高，产业整体发展水平居山东省领先地位；枣庄的乡村旅游点密度、资源质量与吸引力虽然在省内居首位，但其接待能力不足，经济条件与客源市场条件也没有优势，导致其乡村旅游竞争力处于中等水平。

在影响和制约乡村旅游的多因素中，经济利益、社会文化利益、社区利益、旅游者利益、环境可持续性、社区参与等均对乡村旅游发展造成一定影响。2010年以后，我国学术界对乡村旅游发展问题的现实反思日益增多，乡村文化、生态保护、社区参与等乡村社会问题日益成为多元影响因素研究的重要领域。

1.4 服务研究的学科渊源与概念演进

1.4.1 不同学科视野中的服务研究

服务最初依存于其他产业及其产品的生产与交换活动，只有当生产力发展到一定程度时，服务才成为一种专职、独立的经济部门和研究范畴，并逐渐被定义为不属于农业和制造业的其他活动，此时的服务就和农业、工业等产业一样，均为一种社会生产活动与经济活动，并由此发展出第三产业的概念以及第三产业化、经济服务化等理念。至20世纪50年代后，随着发达国家产业经济结构重心从第二产业向第三产业进行历史性转变，服务业比重不断上升并趋于稳定，学术界也提出了更多观点与理论。福克斯（Victor Fuchs）明确提出了服务经济的概念；瓦格（Stephen Vargo）等提出服务主导逻辑理念，将服务作为经济交换的根本，并认为所有经济都应该是服务经济，有形商品只是用于传递服务的工具，表面上提供有形产品，实质上提供的是一种服务和解决方案；诺曼（Donald Norman）认为服务经济是不改变人员、物品、信息或组织物质形态的服务活动或物品使用活动。总体上，经济学视野下的服务研究开展较早，不仅界定了服务对于产业发展、经济发展的作用与影响，而且提出了服务经济、体验经济等经济形态，极大地促进了服务经济的理论发展与产业实践。

营销管理学领域对服务的研究肇始于对服务流程、服务绩效、服务质量、服务关系、服务价值优化与提升的需求。20世纪60年代以来，随着服务经济的崛起，以往主要面向实物产品的营销管理理念与方法无法满足新的需求，营销学者与相关机构随之对服务开展了多方位研究。美国市场营销学会认为，服务是用于出售或者连同产品一起进行出售的活动、利益或者满足感，可以被界定、被区分，并以服务的过程为视角，强调"不可感知、满足欲望、无所有权"等服务特征。拉斯梅尔（John Rathmell）强调市场营销需要建构以服务为导向的理论框架并出版了《服务营销》一书，为服务营销学的发展奠定了基础。之后，包括4Ps模型、7Ps模型、8Ps模型、关系营销、内部营销等在内的理论成果层出不穷，逐步构建起包括产品、价格、场所、促销、有形证据、参与者、服务流程、生产力和质量等要素在内的营销策略体系。20世纪90年代，服务的整体研究从经济学进入管理学科，将服务视作一个对象进行管理并继续拓展服务营销。诺曼对如何管理服务组织的方法研究成为服务管理的开端，在这项研究中，他提出了"关键时刻"的概念，为这一概念日后被进一步拓展为"关键时刻/瞬间"并以"服务接触"体现"关键时刻/瞬间"奠定了基础。服务导向的质量理论及其顾客感知服务质量与全面质量模型、服务质量十要素模型与服务质量评价五要素模型等研究成果，奠定了服务管理的重要基础并逐步形成了服务质量定义与评价体系。其中，服务质量评价五要素模型中的五要素分别是有形性（硬件基础设施）、可靠性（服务承诺的一致性）、响应性（更新、调整或定制服务内容和交付的能力）、保证性（服务提供商的能力）和移情性（关爱和以客户为中心的环境），它们共同构造出服务质量（SERVQUAL）量表并沿用至今。在这一时期，《服务营销学报》《国际服务业管理学报》等学术期刊也陆续创刊，相关国际学术活动大量开展，服务管理学科逐步形成并倡导以顾客为中心的服务管理模式。此外，为应对未来社会面向服务创新的发展趋势，服务科学的概念被提出。服务科学是一种研究、设计和实施服务系统的跨学科方法，是由人员、技术、内外部服务资源和信息共享所组成的价值创造体。IBM（International Business Machines Corporation，国际商业机器公司）提出的"整体的企业解决方案""面向服务的建模和架构""SaaS存储服务""智慧地球"等服务理念，深刻影响着服务科学的企业实践与学术发展。特别是在被称为服务科学元年的2004年，IBM通过多次专题会议研讨，逐步奠定了"服务科学、管理与工程"（Service Science, Management and Engineering, SSME）的发展基础。首届德国服务科学会议就服务科学的基础、视角、学科建设、理论与实践结合、展望等层面开展深入研讨，形成了丰硕成果。我国服务科学基本与国际接轨、同步发展。北京大学、清华大学、浙江大学、武汉大学、哈尔滨工业大学等多所高校以及电气和电子工程师协会等机构均开展了相关研究工作，教育部与IBM于2005年签订合作备忘录，标志着我国服务学学科建设正式开启。

1.4.2 服务概念中的服务研究

早期研究集中于服务"无形性"特征的确认及其与有形产品的关系界定。里根（William Regan）将服务定义为通过有形商品与其他服务一起提供满足的不可感知的活动；佩恩（Adrian Payne）则提出"服务产出不一定与物质产品紧密联系"的观点并在后续许多研究中被认可；帕拉休拉曼（A. Parasuraman）等将无形性、异质性、不可分割性和易逝性总结为服务的本质特征；洛夫洛克（Christopher Lovelock）从服务活动性质和服务接受者两个维度将服务划分为人体服务、精神服务、所有物服务和信息服务等四种类型。

更多研究将视野投向服务感受、服务体验及其对于产业发展的价值。奎因（James Quinn）等认为服务具有提供便捷、愉悦、省时、舒适和健康的附加价值；里德尔（Dorothy Riddle）和莫迪克（Robert Murdick）等打破了将服务单纯看作无形产品的传统定义，指出服务是可以提供时间效用、场所效用、形式效用乃至心理效用的，给受者或其所有物带来变化的经济活动；派恩二世（Joseph Pine II）等将服务看作一种体验，是针对已知客户需求量身定制的无形活动；卡本（Lewis Carbone）等将无形性进一步拓展为顾客体验工程的概念，目的是实现无形服务与体验的有形化。需要特别指出的是，一些学者还就服务的共创特性开展了早期研究，如菲茨西蒙斯（James Fitzsimmons）指出客户是服务提供中的合作生产者，桑普森（Scott Sampson）等把服务看作一个系统，并且认为顾客的参与和投入是服务过程与制造过程的根本区别。

1.5 服务设计的设计学渊源与影响

作为交叉性、跨学科性特别突出的服务设计，其源头并非设计学自身。辛向阳等认为服务设计很大程度上受到服务营销理念影响；胡飞明确提出服务设计的理论起源于服务营销。从历史上看，现代营销学奠基人莱维特（Theodore Levitt）在1972年提到要通过有形机器和工具去"设计"无形服务；肖斯塔克（Lynn Shostack）明确地将服务与设计联系在一起并强调通过设计手段进行服务规划；舒恩（Eberhard Scheuing）和约翰逊（Eugene Johnson）等强化了营销对服务设计的影响研究。不过，相较于营销学、管理学对服务设计的影响而言，设计学的介入对服务设计的研究发展和逐步成熟起到了更大的作用。

在设计学科领域正式提出服务设计概念的是霍林斯（Bill Hollins）夫妇，他们在1991年出版的《全面设计：管理服务部门的设计过程》一书中准确地描述了服务与产品的区别，并特别强调参与服务交付的人员对于服务体验质量的高低至关重要，需要在服务设计一开始就做好规划。同年，艾尔霍夫（Michael Erlhoff）第一次将服务设计在德国科隆国际设计学院作为专业学科确定下来，并与玛吉尔（Birgit Mager）合作开展教学实践与推广工作。意大利米兰理工大学的曼齐尼（Ezio Manzini）及其学生在社会创新设计、服务设计领域的长期耕耘也具有代表性意义，如曼齐尼于20世纪90年代倡导将服务融入产品设计中，成了一种新的设计观念，即"产品—服务"概念。他将服务设计看作促进社会创新与可持续发展融合的法宝，并且持续致力于服务情境、生态服务、社区服务等领域的相关设计。曼齐尼的两名学生之后又分别将其他学科的设计方法和工具引入其中，建立了最初的服务设计知识体系，明确提出从系统的角度理解服务的执行，并且提出一系列具有系统研究视角的服务设计工具。此外，芬兰对于设计本身及其大众参与的高度重视，有力助推了北欧国家服务设计的快速发展。2000年，芬兰政府发布了由芬兰创新基金组织编撰的《设计2005！》报告，旨在使设计在工业和经济等方面的国家创新中扮演关键角色。从2000年到2011年的11年间，这份报告在设计教育、设计机构、工业设计、国民经济等方面发挥了积极的推动作用，成为芬兰政府在政策层面推进设计事业的指南。特别是该报告将公众也纳入整个设计战略框架内，既作为设计服务、设计教育的对象，也为未来设计人才的储备打下基础，还促成阿尔托大学形成了享誉国际的"设计、技术与商业全面结合"办学模式，在设计教育和研究上取得了丰硕成果。2013年，芬兰政府又发布了新一版国家设计政策报告——《设计芬兰计划：战略与行动提案》，该报告明确提出公民大众是公共服务政策制定的共创者、用户创新活动的驱动者和社会发展的重要力量。芬兰前后两次以政府为主导力量的设计推动政策，构建出了一个包括公民、政府代表、学校、设计师联合会与相关产业等在内的巨大的利益相关者网络，为服务设计发展提供了充分的土壤条件，使服务设计在芬兰成为一种大众的创新与管理运动。

总体而言，21世纪以来，服务设计研究与实践获得了快速发展。第一家专门从事服务设计的公司Livework成立、世界知名设计公司IDEO将服务设计纳入业务范畴、国际工业设计协会在设计的新定义中将服务作为设计的对象、国际服务设计网络设立、服务工厂在芬兰阿尔托大学成立、国际服务设计联盟成立等一系列典型事件均发生于21世纪的头十年间。同时，一大批代表性学术研究成果也相继产出，如*Designing Services with Innovative Methods*（《用创新方法设计服务》）、*Service Design*（《服务设计》）、*Service Design and Delivery*（《服务设计和交付》）、*Service Design: From Insight to Implementation*（《服务设计导论：洞察与实践》）、*This is Service Design Thinking*（《服务设计思维》）、*This is Service Design Doing*（《这才是服务设计》）等，极大地推动、充实了服务设计研究与实践的当代化发展，构建起服务设计的设计学图景。当国际工业设计协会于2015年更名为世界设计组织并再次定义设计概念时，对服务设计在整个设计领域中的地位、价值达成了共识。该定义明确将"服务""体验"两种与服务设计密切相关的概念作为重要的设计对象，强化了服务系统构建、服务价值创新在设计中的目标导向，在很大程度上与服务设计的理念不谋而合，进一步提升了服务设计的发展能级。

1.6 我国服务设计的缘起与在地探索

我国服务设计研究的学术缘起在某种程度上可以从柳冠中先生就事理学领域所做的研究开始探讨。早在2004年，他就主张要从设计"物"到设计"事"，还要从"人为事物"的全过程——生产、流通、使用、再生等各环节和环节之间发现、分析、判断、解决与评价问题，并通过重组知识结构、重组资源实现系统创新。这就有助于将设计纳入一个整体系统中，并将设计对象从单纯的有形之物范围扩展到包括无形服务在内的整个事情发生、发展的全过程中来看待。从服务设计角度看，就是对整个服务流程及其触点的系统化设计，即服务设计中的服务是一个系统、一件"事"，为了让这件"事"能够顺利地完成，并且满足一定需求或利益，获得一定成果、价值或体验，就必须设计好"事"的发生、发展、完成甚至再循环的过程，并且通过物质的或非物质的、有形的或无形的、"物"或"事"与系统中的利益相关者之间发生系统性的互动或两两互动来实现。当服务设计理念在国内蓬勃发展时，他又明确指出，在体验经济、服务经济、信息经济的时代中，设计不仅仅是对环境、产品等有形物质的创造，还是对一件事的创造。其中，物是道具，消费者是主角，消费者的心理体验是最终目的，从而进一步体现了事理学与服务设计之间的内在联系与基本共识。为了更好地梳理服务设计在我国的研究缘起与发展脉络，以下将根据中国知网、新华书店、博库网、京东等网络平台中相关文献的检索情况进行分析。

首先，对中国知网平台的论文文献进行分析。具体方法为，在中国知网平台首页点击"高级检索"模块，然后选择"篇名"选项，输入"服务设计"进行检索，共获得2126条文献检索记录（检索日期为2022年10月29日）。

通过分析可以发现，检索结果中较多包含"服务设计"的文献与设计学意义上的服务设计并非同一概念，而是一些管理学学者从服务质量、服务管理角度介绍服务方法或商业运作策略的研究，如《QFD与航空运输服务设计》《服务设计与质量功能展开》《基于质量功能展开的服务设计与改进方法》等。经过认真比对，国内设计学科领域较早的一篇服务设计论文为发表于2007年的《探研系统性服务设计的元素分析》，作者为江南大学设计学院的张银银和李彬彬。他们认为广义的服务设计是指企业和设计师将各种投入的资源要素（人力、物料、设备、资金、信息、技术等）变换为产出服务产品的过程，狭义的服务设计是对提供给消费者的服务做再设计和创新设计。此外，张银银于2008年又以《快递服务设计中顾客需求的实证研究——基于QFD模型的运用》作为硕士毕业论文题目开展了服务设计的相关研究。进一步从其学校来看，江南大学早在2002年就邀请了科隆应用科学大学的玛吉尔教授，举办了一期以"服务设计"为主题的全国工业设计高级培训班，与来自各地高校和企业的学员分享他们的最新探索。2003年，又邀请香港理工大学梁汀助理教授举办了一期主题为"阳光洗衣"产品服务系统设计的培训班，从另外一个学术视角（可持续系统设计）进一步强化了服务设计的观念。2008年，江南大学与米兰理工大学联合举办了为期3个月的大型国际服务设计工作坊"CHITA 08：协作服务与移动通信"，探讨基于移动通信技术的中国语境下的社会创新。通过一系列服务设计专题培训研讨会和工作坊活动，江南大学设计学院在设计专业中有效地确立起服务设计的基本观念。实际上，2002年到2008年的这一时间段正是服务设计在国际上快速发展的阶段，江南大学紧跟服务设计的国际发展趋势，较早关注并推动了服务设计在国内的发展，相关的课程教学与研究成果也逐步形成较大影响。此外，2015—2016年，南京艺术学院、广州美术学院相继举办服务设计教学研究论坛，暨首届服务设计课程"七校联展"；清华大学美术学院和国际服务设计联盟联合举办了"全球服务设计创新论坛（深圳）"。这些重要活动使服务设计思想与创新方法得到了有力传播，推动了服务设计在国内的持续发展。

再从上述检索结果的被引次数来看，罗仕鉴等的《服务设计驱动下的模式创新》一文以339次被引数为最。该篇论文发表于2015年，以研究服务设计对服务模式、设计行业、设计模式和"创新—创业—创投"模式创新带来的影响为目的，总结出了"软件与硬件整合+App"的创新模式新思路。这种研究观点强调软硬件产品与服务的整合、基于大数据的创新设计以及基于"众筹—众包—众创"模式的用户共创等因素在服务设计中的重要作用。实际上，早在2011年6月，罗仕鉴还与朱上上合著《服务设计》一书，至今仍是在售的国内较早的有关服务设计的研究专著，其主要内容包括服务设计的定义、发展，服务设计的要素，相关学科知识、研究内容及开发设计流程，服务设计的接触点，发展趋势等理论基础，以及产品服务系统设计、网络系统服务设计、手持移动设备系统服务设计和城市租车系统服务设计等设计实践研究。被引次数高的论文为辛向阳等的《服务设计驱动公共事务管理及组织创新》，该论文明确提出设计领域正经历着从设计物到设计行为，从物理逻辑到行为逻辑，从单一产品到服务，从功能到用户体验的重要转变。其研究内容包括对服务设计的历史发展、本体属性、主要思维和方法进行解读，在介绍所参与相关项目的基础上，重点提出服务设计介入社会公共事务管理及组织创新的方式方法。例如，不能仅停留在个案阶段和对零散概念的列举，必须将经验进行抽象，将概念纳入逻辑，从而形成服务设计的方法论体系等；要采取以人为本的服务设计策略和共创的协同创新策略，注重可持续系统设计思维，以及从服务设计到组织变革的创新。辛向阳等对社会公共服务领域的研究将服务设计视野扩展到商业领域外的社会服务领域，很大程度上提升了服务设计在经济社会全领域的影响度。根据论文被引次数、学者影响力等因素不难发现，另外两篇比较典型的文献，一是辛向阳等的《定位服务设计》，该文深入研究了服务设计的学科缘起、相关研究成果以及从商业语境和设计原则两个维度来界定不同的服务设计理念；二是胡飞等的《定义"服务设计"》，该文就服务设计的概念缘起、定义辨析、本质属性、内在逻辑做了系统研究，其中所给出的服务设计定义被我国商务部、财政部、海关总署联合发布的《服务外包产业重点发展领域指导目录（2018年版）》所采用。

总体而言，这些被引次数高、影响力大的论文是我国服务设计研究领域的重要文献，相关学者近年来的一系列研究成果与活动也在持续推动着我国服务设计的发展进程，与服务设计领域其他学者、专家、研究机构与设计组织共同掀起我国服务设计研究与实践热潮。

其次，通过新华书店检索系统和博库网、京东等网络平台，以"服务设计"为关键词进行检索（检索日期为2022年12月16日），获取相关学术著作的出版情况。

检索结果显示，2015年以来，国内服务设计学术著作明显增多，体现出学术界对服务设计研究的持续深入（表1-1）。

表1-1　国内出版的部分服务设计著作列表（统计截止日期为2022.12.16）

著作名称	研究内容	作者
《服务设计与创新》	新时代设计的变革，新经济与新设计、设计范式的突破、服务导向的创新思维、服务设计的程序与方法、服务设计案例、设计战略与设计思维	王国胜
《服务设计微日记》	以生活和工作的真实服务设计案例及应用为例，阐述包括服务设计与交互设计、用户体验等领域的区别与联系，分析公共服务领域和商业领域中的服务设计案例及其应用，对话各行业专家，总结、提炼服务设计思维	茶山
《服务设计思维》	介绍了服务设计思维的五个基本原则，精选了众多个人见解以阐述与服务设计相关各学科之间的异同，概括了互动设计的流程，展示了25个应用性强的服务设计工具并通过5个知名个案研究来例证服务设计的实践应用，总结了对服务设计现状的深刻理解和洞察，同时从哲学语境深入分析了服务设计思维	施耐德（Jakob Schneider）、斯迪克多恩（Marc Stickdorn）著，郑军荣译
《服务设计：界定·语言·工具》	系统地介绍了服务设计的由来、内容、类型、工具和方法，并针对我国制造业现状，从工业设计向服务设计转变的角度界定了我国服务设计的边界	陈嘉嘉
《服务设计与运营》	对服务业的设计、运营等问题进行研究，从设施选址到服务场景，从服务蓝图到服务质量，通过调研、体验和研究分析，探究服务企业的成功秘诀，相关研究项目涉及文化娱乐、教育培训、物流速递、美容美发、商场销售、金融服务、酒店、餐饮等服务部门	张淑君、王月英
《基于平台的商业模式创新与服务设计》	通过与以中国移动、腾讯、平安银行、阿里巴巴为代表的三十余家企业的深入合作，系统研究了基于网络平台企业的发展路径、商业模式创新的关键要素、合作机制及关系治理、流程创新如何支持商业模式创新等问题	赵先德、简兆权、傅文慧

续表

著作名称	研究内容	作者
《中国服务设计发展报告2016》	介绍中国服务设计发展的背景、现状与趋势，分析服务设计在服务战略、设计教育、社会创新、产业实践、设计研究方面的研究案例	胡鸿
《服务设计概论：创新实践十二课》	论述服务设计理论、方法、历史和未来发展，重点关注服务设计方法的实践，如设计研究、服务蓝图、服务触点、用户体验地图、双钻石模型、原型设计和创意思维方法等	李四达、丁肇辰
《服务设计驱动的革命：引发用户追随的秘密》	重点分析了以用户为中心、共创、整体性、体验+组织、原型评估与迭代等服务设计策略	黄蔚
《服务设计：范式与实践》	全面展现了服务研究的多学科图景和方法学脉络，尤其是在对服务经济、服务产业、服务营销、服务管理、服务工程、服务科学、服务设计等诸多概念的辨析与比较中清晰界定了"服务"和"服务设计"，并从医、食、住、行、游五个主题，深入解析了十余个服务设计经典案例，介绍了六十余种服务设计的常用方法	胡飞
《服务设计方法与项目实践》	从说明、指南、研究、构想、原型和引导提示与技巧等方面分析了54种关键的服务设计方法，并为在组织中针对性应用这些方法提供了思路，以帮助组织解决实际的问题	斯迪克多恩，霍梅斯（Markus Hormess），劳伦斯（Adam Lawrence）等著，马徐，孙蕾译
《好服务，这样设计：23个服务设计案例》	从背景与挑战、发现与洞察、过程、结果、价值等方面详细介绍了来自腾讯、阿里巴巴、华润置地、上汽大通等众多知名企业实践服务设计的23个案例，所涉及的行业涵盖金融、政务服务、企业认证、物业管理、汽车、出行、养老、文旅、餐饮、教育、办公家具、新零售、医疗、财富管理等	黄蔚
《无障碍与服务设计》	将以人为本的设计视角、系统化的设计路径、符合中国国情的设计落地方法论引入无障碍领域，就无障碍定义的演变、中国无障碍建设现状、无障碍服务现状与需求、无障碍语境下的服务设计方法等方面进行研究	孙聪、饶雅云
《服务设计思维与方法》	论述了服务设计的发展历程、创新思维、工具与方法、基本流程，并以社区、城市医疗为例进行实际分析	刘军
《互联网+时代App系统性服务设计与创新》	在分析中国B2C网络购物特征、客户特征和运营体系，以及网购类、直播类、教育类和社区类手机应用程序设计的基础上，以农产品手机应用程序为例，研究其服务设计程序的开发过程	韩清波
《都市老年社区服务设计研究》	在分析都市低龄空巢老年人社区服务现状的基础上，研究其情感需要的机会点，并以武汉市DFD社区为例进行服务设计提案	周砚钢

续表

著作名称	研究内容	作者
《产品服务与积极体验设计》	以积极心理学、服务科学与设计为学科交叉基础，界定了产品服务系统设计、服务设计、用户体验设计、主观幸福感积极设计等相关概念，重点就产品服务设计、经典设计方法模型以及积极体验设计进行研究，并辅以设计案例作实践分析	吴春茂
《智慧城市老年人出行主动服务系统设计研究》	分析智慧城市交通主体特征和老年人主体特征及其相互间的问题，建立智慧城市与老年人认知能力的冲突模型、基于语义关联和内容网络聚类分析的心智模型，提出适老化设计策略及适老化、智慧化出行服务系统的设计方法，并对智能语音系统、公交服务系统、地铁出行系统、共享接驳车软件架构、接驳服务系统和轨道交通体验评价体系等进行创新设计	陈雨涵、姜霖
《服务设计》	介绍服务设计的概念、方法与工具、版面与表现要素设计，以医疗、美丽乡村建设和校园服务领域的服务设计实践为例进行深入分析	王祥、李奕文
《服务设计：创造与改善服务体验》	介绍服务设计的缘起、发展、定义、原则等基本概念，以服务设计思维与流程为主线，结合丰富的案例对相关方法和工具的使用、实践操作进行详细阐述	刘星、周妍黎
《为服务而设计（D4S）：范式转换下的设计新维度》	对服务的定义、服务研究的格局、服务价值共创模型以及服务研究进展进行解读，以综述的形式详细介绍了常用的服务设计方法，构建了感性设计的三层次PPR模型，主张"技术驱动设计"和"社会创新设计"将是未来"为服务而设计"关注的焦点	楚东晓
《这才是服务设计》	通过世界各地的大量服务设计案例，阐述了服务的整体设计，描述了主要的服务设计方法和工具，以及所有主要工作的具体步骤，还为如何成功地将服务设计融入组织，打造以客户为中心的文化，进而不断地改善客户体验提供了指导	斯蒂克多恩、霍梅斯、劳伦斯等著，吴海星译

从研究内容与时间演变上看，2015年至2020年间，相关研究在对国外服务设计典型成果引介的基础上，侧重于对服务设计发展历程、意义、概念、思维、工具与方法、流程等基础理论的推广与研究，同时将服务设计理念应用于本土案例的分析与设计实践中。2021年后，随着服务设计理念获得广泛的认同，越来越多的研究将服务设计与经济社会发展需求密切结合，从服务行业发展、促进社会进步、构建以人为本与环境友好的可持续发展格

局等角度，开展更为细分化、深入化的理论与应用研究。例如，互联网+时代与乡村振兴背景下的信息服务设计、老龄化社会背景下老年人社区的服务设计、智慧城市背景下老年人出行系统的服务设计、无障碍群体的服务设计、积极体验型的服务设计等。这些研究重点与内容的演变，既反映了服务设计在新时期的研究导向，也为探索服务设计的本土化与中国特色发展路径提供了鲜活样本。

2 服务设计及其乡村文旅产业应用的理论机理

乡村文旅产业作为与"产业兴旺、生态宜居、乡风文明"最为兼容的产业,是乡村振兴的突破点,也是将乡村生态资源转化为经济来源的首位产业。随着美丽中国、美丽乡村、乡村振兴战略的持续推进,乡村文旅产业在迎来历史性发展机遇的同时,也面临着非深度融合、非优良体验、非可持续模式以及非生态发展等问题。服务设计以用户体验优化、商业价值与社会价值的创造为出发点和落脚点,具有系统、整体与可持续的设计思维,对介入乡村文旅产业的作用和意义重大。

2.1 服务设计新内涵研究

2.1.1 服务设计范式与概念比较

2.1.1.1 设计范式的转换

在科学哲学或科学社会学的意义上,"范式"一词虽然较早就出现于若干研究文献中（如默顿（Robert Merton）就明确地使用并论证了范式对于社会学研究的重要作用），但使其被视为一个中心概念并产生重大而深远的学术与思想影响的，是科学史家、科学哲学家库恩（Thomas Kuhn），他提出了这一概念并进行了多番论证。库恩在《哥白尼革命》这部著作的前言里第一次提及"范式"一词，并借助"概念图式"的概念，首次表达了他关于范式的基本思想，而后又在《科学革命的结构》及其他文本的阐述中更新了范式的内涵（表2-1）。

表2-1 库恩部分著作中有关范式的描述与内涵

著作名称	有关范式的描述与内涵
《科学革命的结构》	模型、模式、框架；事例或例证；题解；陈规；方法或方法来源；一致意见、专业判断一致；科学成就；信念、预想；理论和观点（形而上学）、方法、标准、仪器设备、经典著作的"不可分的混合物"；科学或科学活动的基本部分等二十多种描述
《再论范式》	广义的范式（范式Ⅰ）：符号概括（以符号表示的方程式）、模型（将分散的经验材料与理论加以系统化、整体化的结构或框架）和事例（具体的题解）。狭义的范式（范式Ⅱ）：事例

库恩虽然提出了"范式"一词并在不同阶段进行了具体化或名词化描述，但其并未给出十分明确的定义。从总体上看，库恩认为范式是一种被接受的模型或模式，是科学共同体普遍承认的科学成就，是一定时期内进一步开展活动的基础，它可以指导科学共同体更好地进行科学研究，规范科学共同体的行为，成为科学共同体的共同信仰。范式既代表着一个由特定共同体成员所共有的信念、价值、技术等构成的整体，也指谓着那个整体中的一种元素，即具体的谜题解答（范例）。曾令华等在库恩对范式文本分析的基础上进一步研究，认为范式在本质上是一种知识的生产方式和知识的存在方式，是科学共同体的世界观基础和方法论遵循，为科学共同体提供研究根据、价值方向和实践标准。库恩还提出了

一种科学知识增长模式,即"前学科(没有范式)—常规科学(建立范式)—科学革命(范式动摇)—新常规科学(建立新范式)"四个阶段的顺序变化与循环。在此过程中,既有累积性的量变阶段(常规科学),又有革命性的质变阶段(科学革命)。对于整个科学发展史来说,也是遵循着这样一个动态模式的周期运动规律从而不断向前推进的,一个之前稳定的范式如果不能提供解决问题的合适方式,它就会变弱,从而出现"范式转换"。

1998年,著名设计理论家布坎南(Richard Buchanan)从创新设计的角度将人类设计活动与设计思维归纳为四个阶段,并且构建了"布坎南矩阵"(设计的四种秩序)(表2-2)。这四个阶段分别为基于交流目的的文字与符号的设计、基于生存需求的事物与构造的设计、为达成特定目标的战略与行为计划、系统整合形成的创新思想。

表2-2 "布坎南矩阵"(设计的四种秩序)

	Communication（交流）/ Words & Sign（文字与符号）	Construction（构造）/ Things（事物）	Strategic Planning（战略规划）/ Action（行为）	System Integration（系统整合）/ Thought（思想）
Inventing（发明）	Signs, Symbols & Images（标志、符号与图像）			
Judging（判断）		Physical Objects（物质实体）		
Deciding（决策）			Activities, Services & Processes（行为、服务与流程）	
Evaluating（评估）				Systems, Environments, Ideas, Values（系统、环境、概念、价值）

从表2-2中可以看出,在交流与构造阶段,设计主要针对的是可视化的有形物品,设计过程表现为发明与判断,即在现代主义设计模式下的产品美学造型与功能结构设计,设计师或设计服务公司很少介入企业或组织机构的整体发展战略与品牌规划领域。到了第三阶段的战略规划部分,形势则发生质的变化。在这一阶段,战略管理问题成为摆在企业面前突出的、关系到企业长远发展的重大问题,传统的客户、用户范畴也逐步扩展为利益相关者,许多传统设计服务公司纷纷升级设计思维,设计战略咨询、设计管理业务从而被催生并得到快速发展,策略性设计思维超越传统设计边界,成了这一阶段典型的设计服务特征。系统性整合思维是布坎南所认为的设计活动的高级阶段,是一种系统理论与前沿交互设计思想相互碰撞的设计思维,设计师需要站在企业战略高度,结合深入洞察,综合运用

设计、管理营销、用户研究等全体系知识，开展企业可持续发展的综合评价工作。

现代设计自包豪斯肇始以来，历经了以大规模工业生产、批量化制造为基础的产品设计模式，以及以信息革命、互联网技术和用户体验为关键特征的交互设计模式、用户体验设计模式。这两种现代设计模式的产生、发展，毫无疑问是当时经济社会大环境与产业发展需求的综合结果，也是工业设计领域的造物思维在物理界面及物理与数字界面结合的综合界面上的体现。从这两种设计模式对设计理论与实践的影响来看，它们均符合相对应领域的"公认的成就""理论和观点""模型和框架""范例""方法或方法来源"等范式概念。因此，它们共同构成了一种设计范式，即工业设计范式，深刻而持久地指引着、丰富着、验证着工业设计在不同时代背景下的内生式发展。

范式包括三个要素，即构成范式核心的价值要素、处于范式中间结构的规则要素以及联结科学共同体和外部世界的操作要素。对于设计范式来说，价值要素对应设计观、规则要素对应设计模式、操作要素对应具体的设计方法与工具。在工业设计范式下，问题导向是设计的首要原则，外观形态设计、CMF（Color，Material，Finishing，色彩、材料、工艺）规划设计、使用方式优化设计、数字界面体验化设计、形式与功能的协同设计是主要关注点，设计主要体现"人—机—环境"三要素的综合协调与"社会—技术—经济"的创新开发，设计输出以物质性、物理性产品与数字界面产品为主，是用户看得见、摸得着的造物设计。王国胜认为工业设计范式很好地适应了以"产品"为对象的设计范式的需要，包含了产品设计模式与交互设计模式，但当无形的服务替代有形的产品成为主要的设计对象时，工业设计范式在解释上就开始出现危机。以曾经雄霸手机市场的诺基亚为例，他们的产品设计是工业设计范式时代的典范，但其忽视了服务产品的设计，导致没过多久就被苹果公司打败。虽然，其中的内在原因可能不仅于此，但苹果公司将"产品+服务""平台化产品"等产品服务系统理念贯彻到产品与服务创新中的设计范式无疑是重要因素之一。

20世纪80年代以来，随着世界各国对医疗、教育、金融、文化与社会福利等领域的关注度日益提高，国外非政府组织、非营利组织、社区组织、混合型组织等多种类型的社会公共服务组织大量涌现，发展迅速。数据显示，美国、英国、法国、德国、意大利、日本及瑞典等国家，每20个就业岗位中就有一个属于社会公共组织，联合国确认的非政府组织也超过了1500个。这类组织与政府组织、企业组织构成了功能上的互补关系，在满足多样化社会需求的同时，促使全球的产业与公益事业格局发生了显著变化。在设计领域，设计活动不再限于企业，而是越来越多地扩展到非营利的社会组织、公共服务组织，例如，英国和欧盟近年来有大量公共服务与产业方面的设计，给社会、产业带来了结构性的变化，创造了大量的就业机会。由于公共服务及其设施的设计与传统单个工业产品的设计在设计理念、设计方式方法、设计过程与设计结果等各方面均有不同，其用户研究也从主要关注目标群体中的个人向关注多数人、全部利益相关者乃至更大范围的公众群体转换。这些底层逻辑的不同与改变，使契合度更高的服务设计方法与工具得到了极大的发展，进一步扩大了服务设计的影响力。

综上可知，一方面，工业设计范式下的产品设计思维开始无法满足越来越多的服务类产品，以及社会公共领域的设计需求。随着物质文明的日趋完善和服务经济时代的来临，人们对于物质产品本身的关注正在逐渐减少，而对通过与产品交互所引发出的各种服务却提出了更多的需求，产品也被赋予了新的价值与意义，只有将服务融入产品中才能成为一个完整意义上的产品组合。另一方面，设计自身也处于不断地发展、演变之中，在历经了以功能主义为导向的设计、以问题为导向的设计、以用户为中心的设计等发展阶段后，消费者从"大量制造、大量消费、大量废弃"的消费模式升级为"个性化定制、按需生产、按需消费"的消费模式，经济发展模式也从传统的商品主导型逻辑转向服务主导型逻辑。设计日益向着布坎南所说的第四种设计秩序演进，向着更高层级、更具复杂性的系统化设计范畴转变。在这种情形下，以社会创新设计、服务设计等为代表的新设计理念、设计思维显现出其重要作用与价值，满足了经济社会发展的深层次需求，服务设计范式时代已然到来。服务设计范式是在工业设计范式基础上的创新发展，同时，和库恩所强调的范式转换即新范式替代旧范式这种非此即彼的状态有所不同的是，工业设计范式与服务设计范式之间并非次序替代、完全转换的关系，而是两种范式在不同领域并行不悖，各自发挥作用的共存关系，这也是设计范式转换的特点之一。

2.1.1.2 服务设计既有概念比较

在服务设计发展的历程中，对服务设计概念的研讨、定义始终是各方关注的焦点。不同背景、不同学科方向的学者、研究机构、专业化公司在服务设计研究、实践的过程中，就定义服务设计做了大量工作，共同探索符合时代发展、设计范式演变及各方利益相关者需求的内涵性服务设计特征，形成了多视角、多层面的服务设计概念体系。梳理分析不同时期、不同指向的服务设计概念对理解当今的服务设计具有十分重要的意义（表2-3）。

表2-3 部分服务设计概念

年份	概念来源	概念描述
1990	霍林斯	服务的设计既可以是有形设计也可以是无形设计。它可以是所涉及的服务及其载体本身，也可以是其他包括传达、环境和行为所引出的物的设计。不管是什么形式，服务的设计必须是一致的、易用的、形成战略联盟式的行为活动
2008	哥本哈根互动设计学院	服务设计的宗旨在于通过整合有形、无形的媒介，创立完整的、缜密的服务经历。当运用在零售业、银行业、交通运输业、保健等产业时，能够创造出许多优势。从务实面来看，服务设计是以为使用者提供完整服务为目标规划出的系统与流程设计，这种跨领域的学问，必须囊括许多设计技巧以及管理与程序工程知识在内

续表

年份	概念来源	概念描述
2009	玛吉尔（Birgit Mager）	服务设计的目的在于要确保服务内容是有效的、可行的，并且是被顾客所需要的。从服务供应方角度来看，服务设计是为了使他们所提供的服务更加有效、高效，并且具有独特性
2010	英国设计学会	服务设计是为了让服务更有效，提高服务的可行性和效率，进而满足顾客的期望
2010	Livework公司	服务设计是将现有的设计流程与技巧应用于服务构建过程之中，它是一种既可以改善现有服务，又可以创造全新服务的切实可行的方法
2010	金贝儿（Lucy Kimbell）	服务设计的核心在于把所有产品和系统纳入服务范畴。服务和产品的区分已经不再重要，因为每件事物都是价值创造中的一种服务。服务设计延伸了用户的定义，涵盖所有利益相关者，包括所有受服务系统影响或与其互动的个人
2010	服务设计网络	服务设计的目的是创造有用、好用、有效率和具有可接触性的服务；是以人为中心的研究方法，关注用户体验，服务接触的质量是评价的关键因素；是集成战略、系统、流程和接触点设计的整体分析；是有序的、迭代的流程，在优化周期中集成了用户导向和以团队为基础的跨学科研究模式
2015	罗仕鉴、胡一	服务设计是一个系统问题，从挖掘用户的需求出发，系统性地运用设计学的理论和方法进行服务的创造与规划，以此产出高质量的服务，提升用户体验
2016	陈嘉嘉	服务设计是从利益相关者的角度出发，通过利益相关者的共同参与及协同设计，生产出有形和无形的媒介，从而提供新体验的系统价值创造的过程
2018	辛向阳、曹建中	从商业语境和设计原则两方面划分出基于效率或功利主义的服务设计和基于意义创造与组织变革的服务设计，并从服务作为附加价值、核心主体和作为效率、意义的两大维度共四个领域，将服务设计定义为由生产加工、流程再造、意义塑造和范式转变等不同定位所主导的四种设计过程
2019	胡飞、李顽强	服务设计是一种以用户为主要视角，协同多方利益相关者共创，通过人员、场所、产品、信息等要素的综合集成，实现服务提供、服务流程、服务触点的系统创新，从而提升服务体验、服务品质和服务价值的设计活动
2021	孙聪、饶雅云	服务设计具有解决社会问题、创建包容性社区、倡导新的文化行为和促进幸福的力量，设计师从社交和服务设计的视角，探索系统和体验如何为个人、组织和整个社会的需求提供解决方案
2022	刘军	服务设计理念旨在为用户提供全面需求，即通过对用户需求、行为和心理的分析，找出服务接触痛点，并对服务流程进行规划的一系列设计活动，以提升用户在使用产品或体验服务时的心理感受，需要借助跨学科协作和用户参与式合作

续表

年份	概念来源	概念描述
2022	丁熊，刘珊	服务设计是从用户（服务接受者/提供者）角度出发，结合服务环境/场景（线上或线下），以有形或无形的方式进行的行为、过程和体验的系统化设计，使服务变得有用、可用和被需要，以及高效、有效和与众不同

从上述既有的概念中可以发现，早期的服务设计概念侧重于有形与无形、有效与高效、触点、流程、跨领域、利益相关者等相关因素的表述，后期则更加注重对系统、整体、价值、体验、共创等特点的强调，体现了服务设计应对时代发展与社会需求的自我调适性，以及丰富自身内涵与完善内在架构的自我生长性。以下主要从性质、目标或主旨、实现的方式方法、结果方面作进一步分析（表2-4）。

表2-4 服务设计既有概念的内涵梳理

剖析视角	具体内容
性质	跨领域的学问，跨学科的研究模式，系统问题
目标或主旨	创立完整、缜密的服务经历，提供有效、高效、可行且被需要的服务，让服务整体更具有可靠性、有效性和可行性，使服务变得有用、可用和被需要，以及高效、有效和与众不同。改善现有服务或创造全新服务，新体验的系统价值创造，向用户提供价值，产出高质量的服务，提升用户体验；基于效率或功利主义的服务设计和基于意义创造与组织变革的服务设计，提升服务体验、服务品质和服务价值，提升用户在使用产品或体验服务时的心理感受，为个人、组织和整个社会的需求提供解决方案
实现的方式方法	整合有形、无形的媒介，以有形或无形的方式进行，涵盖所有利益相关者，从而延伸了用户的定义。利益相关者的共同参与及协同设计，集成了战略、系统、流程和接触点设计的整体分析，协同多方利益相关者共创，综合集成人员、场所、产品、信息等要素，找出服务接触痛点并对服务流程进行规划
结果	系统与流程设计，对服务提供、服务流程、服务触点的系统创新，是行为、过程和体验的系统化设计。服务流程的改善、服务内容的完善、服务效率的提高、用户需求的契合，既可以用于改善现有服务，也可以用于创造全新的服务

从性质来看，跨领域、跨学科、系统性、价值创造等关键词十分明确，也有个别概念提及范式。从目标或主旨来看，关键词是"服务"，并且主要集中于效率、体验、高质量、品质与价值等要素。实际上，效率、体验、高质量、品质这些要素最终所体现的也都是一种价值导向，只是"体验"相对来说更多指向的是目标用户，说明用户体验一词已经深入人心，而其他要素则更多地指向服务提供者，如服务效率、服务质量、服务品质等，均属于从服务提供者视角提出的衡量因素。从实现的方式方法来看，强调了无论是有形还是无形介质都是服务设计需要统筹把控的对象，包括共创的重要性。虽然，不同研究视角

的观点就这些介质的具体类型给出了不同的术语表述，但"触点""流程"等依然是其中重复率较高且具有典型特征的关键词，人员、场所等要素包含于其中。

2.1.2　我国古代哲学思想对服务设计的启示

稻盛和夫曾说："思想、哲学以及情感，这些无法用数字说明的东西，往往蕴藏着巨大价值。"在千百年的历史积淀中，中华民族形成了十分丰富的传统哲学、传统美学思想。资料显示，我国古代哲学思想大致诞生于夏商周三代，成形于春秋时期，至百家争鸣的战国时期达到鼎盛，先后经历了先秦子学、魏晋玄学、隋唐佛学、宋明理学、明清实学与近代科学等发展阶段。今天，透过那些数量庞大、种类繁多、内容丰富的历史文献不难发现，有许多反映优秀传统文化与设计思想的宝贵资料，它们或是蕴含着仁爱道义之思，或是折射着朴素的辩证唯物主义思想，是古代先贤智慧的凝结，对当下的设计思维与设计实践具有重要的启发意义。其中，先秦诸子及其相关著述可谓是中国设计思想的源头所在。例如，"天人合一"的辩证整体观思想，"域中有四大，而人居其一焉"的人本主义思想，尽善尽美、中和之美、天人同构的儒家美学思想，以及阴阳五行普遍联系与个体差异的思想等。《易传》的相关论述开启了中国造物设计认知的先河，成为其后所有设计及其历史认知的基础，亦成为中国设计思想史上最重要的思想原典和认知来源，而《周礼》中的相关论述可作为设计制度之总成，《礼记》中的相关论述可看作设计在日常生活中的具体应用等。再如"重己役物""审曲面势，各随其宜""巧法造化""文质彬彬"等有关"人—物—自然""技与道"的关系原则，实用与审美相统一的造物思想等，均对设计文化产生了深远的影响。宋元明清时期更是出现了大量蕴含古代设计思想的专题性设计论著，如《营造法式》《制器尚象赋》《新仪象法要》《天工开物》《陶记》《南村辍耕录》《髹饰录》《园冶》《装潢志》等。

由于老子关于"道"的哲学思想与服务设计具有多维度的契合性，故将其视为代表进行重点探讨。自先秦以来，《老子》之"道"便成了哲学和美学本体意义上的本原范畴，其内在蕴含着朴素的唯物辩证思想。刘文英也说，将"道"作为哲学概念是中国哲学所特有的，或者说它是最具中国特色的一个哲学概念，特别是其中的"有无之道""以和为美、和谐共生"等传统哲学与美学思想，在穿梭了千年时空后仍熠熠生辉。

2.1.2.1　有无之道运用于人类实践与认识中的内在机制

一方面，有关"道""有""无"三者之间关系的辩证认识逐步深化。"道""有""无"是老子哲学中最根本的范畴。历史上，学者们对三者关系提出了许多不同的观点，有人认为道就是无，也有人认为道是有与无的统一。王博、陈鼓应则提出，无和有是道在循环运动中所呈现出的两种存在状态，"无""有"都是用来指称"道"的，是用来表现"道"一层层地由无形质落实到有形质的一个具有持续性的活动过程。其中，王博认为"道"处在不断的运动之中，运动的起点和终点都是"无"，即"惚"，"有"（恍）可以认为是这个运动的终点或极点，"道"的运动就是从"无"到"有"，再从"有"到"无"的无限循环（图2-1）。因此，"两种状态"或"两种阶段"的观点辩证地将"道"的运行看作"有""无"相互影响、相互转换的循环往复的运动过程，而不是静止地、孤立地或一体两面化地看待"有""无"之于"道"的关系，有助于更加清晰地理解"道"运用于人类实践与认识中的作用机制及其有无关系。同时，这种观点也表明了"有""无"的本质都是"道"，与"无名，万物之始也；有名，万物之母也。"的文本义相符合，体现出辩证统一的唯物主义思想。

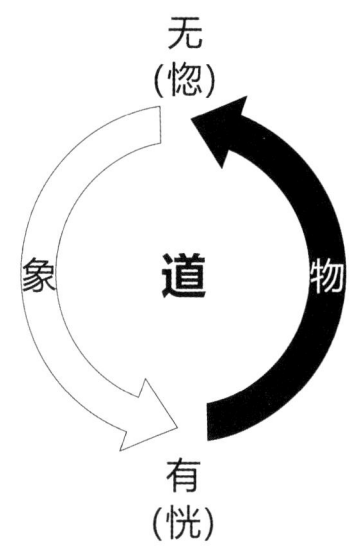

图2-1 "道"和有无的关系

另一方面，有无之道既作用于形而上又作用于形而下。赵汀阳认为，形而上之道是无规可循之道，是使一切有规可循之道能够各就各位、各行其是、各得其所且形成互相协作的万变之道，而有规可循之道属于器的层次，是形而下的事情。这种观点主要是为了说明无规可循之道与有规可循之道的区别，也从侧面反映出形而上之道与形而下之道共存的事实。具体从形而上来看，《老子》第二十一章、第二十五章、第四十章分别有云，"道之为物，惟恍惟惚。惚兮恍兮，其中有象；恍兮惚兮，其中有物""有物混成，先天地生。寂兮寥兮，独立而不改，周行而不殆，可以为天地母。吾不知其名，强字之曰：道，强为之名曰：大。大曰逝，逝曰远，远曰反""天下万物生于有，有生于无"，描绘出"道"有关混沌性、不可见性、独立性、无限性、周而复始性，无物、有物（道体层面的无物、有物）相生相成，以及有无相生的形而上特征，体现了有无之道在形而上层面的运行机制。当然，这种形而上的无物、有物不应被误解为虚无、空无，而是实存或实在，是一种无规定的混沌性的存在，即"吾不知其名"但"有物混成"，或者可以用老子所说的"常道"一词来指称，以便于理解，反映出老子对宇宙起源的一种朴素思考。从形而下来看，"三十辐共一毂，当其无，有车之用。埏埴以为器，当其无，有器之用。凿户牖以为室，当其无，有室之用。故有之以为利，无之以为用。"这是《老子》第十一章中用车轮辐条和轮毂、陶器以及门窗等事物来说明有无、虚实等关系的语句，也是老子就具体器物的有无之道所作的阐述，体现了有无之道在形而下层面的运行机制。陈鼓应提及的"有形质"的概念也能体现出"道"的"形而下"状态。进一步来看，现代宇宙大爆炸理论中的爆炸物本身就是一种超出人们想象的高能量、高密度的存在物，这种存在物如果按照老子的思想就可以被看作形而下的"道"的本原。也就是说，形而上的无规定性规律、法则可以演化为形而下的"无"——规定性原则、方法（可以被人类发现并掌握），并由此形成了形而下的"有"——各类有机物与无机物，体现了自然物质形成和生命体演化的内在规律，实现了从无形规则到有形物质的演变过程。

对于设计领域来讲，我们不妨再借用一下"器以载道""道由器传"等造物设计思想以加强理解。《老子》第二十八章说，"朴散则为器"；《易经·系辞》有云，"形而上者谓之道，形而下者谓之器"；《系辞传》中明确提出有关"观象以制器""制器以尚象"等设计思想。那么道和器是怎样的一种关系呢？王子怡有这么一段描述，"道"通过天地万物的变化被人所感知（"象"），人在造物的活动中把感知到的"象"用一定的"形"表现出来，创造出可用之"器"。以"象"为中介，通过人为事物的创造，把不可见的"形而上"之"道"转化成可见的"形而下"之"器"，同时又通过"形而下"之"器"传达出"形而上"之"道"，实现了两个世界的互动和"双重转换"（图2-2）。

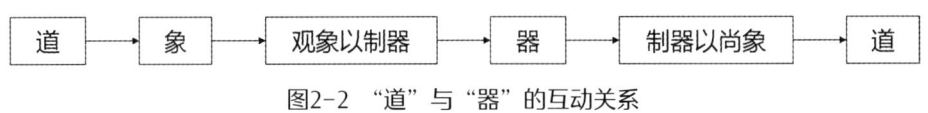

图2-2 "道"与"器"的互动关系

图2-2形象化地表达出了"道"与"器"在古代造物设计中的相互作用过程，将这个过程转换到设计领域后，其中的"道"代表一种设计思想，"象"可以理解为该设计思想指导下的设计原则、方法，"器"则是集功能、形式于一体且能反映设计思想的设计作品。

总的来说，有无之道既连接"形而上"又抵达"形而下"，"道"的形上与形下不是割裂的，而是贯通的，"道"与万物的存在、变化是一种体与用的关系，有无之道无时无刻不内化在人类实践与认识的具体事物中并得以外显。

2.1.2.2 以和为美、和谐共生的自然之道以及"无为""有为"的辩证统一

自然之道中的"自然"并非仅指自然界的自然，而是指万事万物自身固有的客观规律，即自然而然，而自然之道的核心在于因循"自然"。《老子》第二十五章中的"人法地，地法天，天法道，道法自然"除了阐述出"人—地—天—道"之间递进与承续的关系之外，也用"道法自然"说明了"道"不违自然并且遵循着万物之自然，让万物得以按照各自本性自由发展的重要观点，这是"道"产生万物又包容万物的内在特质。此外，还通过"人—地—天—道—自然"的递进与承续体系提出人与天地万物、与道的关系，只有正确对待和处理这些关系，才能实现人与自然、人与人之间的和谐共生。这对我们今天所倡导的生态观、可持续发展观来说具有深远的现实意义。在对待具体事物上，老子说，"大巧若拙"，苏辙在《老子解》中进一步说道，"巧而不拙，其巧必劳；付物自然，虽拙而巧"。二者充分强调顺应自然规律、使目的性创造合乎自然的重要性，从而达到无论是处

事还是待物均有"巧夺天工、自然天成"的效果，用现代话语表述，就是合目的性与合规律性的高度统一。

至于在社会实践与认识中如何践行自然之道，老子提出了"无为"的观点。时至今日，我们应持辩证的态度看待"无为"这一概念。一方面，正确理解"无为"的本意。"无为"不是指具有贬义的无所事事、无所作为，而是注重事物自身演进的内生机制，不违背、不忽视事物发展的客观规律。特别是在对待生态环境、大自然方面，我们要充分尊重自然规律，不以环境的破坏性代价来发展经济，来满足无止境的物质欲望。对已经产生污染、破坏的环境，要善于利用生态要素自身的调节、修复与净化机制，找到最优的治理方案。另一方面，在深入理解"无为"引申义的基础上，强化人的主观能动性。长期以来，老子的"无为"理念常常与"无为而治"关联在一起，人们也往往在通俗意义上将"无为而治"理解为不作为、懒作为。实际上，老子还进一步说道，"道常无为而无不为"，即真正的"无为"还有让万物依靠自身特性与力量生长、变化、适应的含义，内在地赋予了万物以自主性，只是人们往往忽略了这一辩证关系，没有给予充分的重视。因此，在现实中，对于能顺应客观规律、体现道之本义的事物应主动"有为"，积极发挥人的主观能动性，结合事物自身特性，以更大的合力促进其发展，从而实现"无为"与"有为"的辩证统一。

2.1.2.3 老子哲学思想对服务设计的启示

将"道"的对立与统一、变化与发展、整体与和谐等理念和服务设计理念创新结合起来，对如何从我国本土层面理解服务设计具有重要的启示价值，更是对在服务设计话语体系中发扬中华优秀传统文化中的哲学智慧、发出中国声音的有益探索。

其一，有助于从本土化层面丰富服务设计的内涵。服务设计的学术根基主要源自国外经济学、营销管理学、服务科学及其与设计学的交叉融合，这已是学术界与行业界的共识。我国服务设计的学术研究也是在此基础上，结合各行业发展需求开展，并且形成了较为丰富的研究成果。充分发挥老子哲学与美学的思想优势，可以从本土化层面丰富服务设计的内涵。其中，有无之道对于理解整体的服务设计，理解服务设计中的无形体验、无形服务、有形产品以及最终的服务价值这些关键概念有针对性的启发，自然之道对于充分重视服务设计中有关用户的本能感受、利益相关者的自身定位，以及设计输出对于自然环境、社会可持续发展的影响与作用具有指导性意义。

其二，有助于更深入地理解服务设计自身的"有""无"内涵。服务设计输出物一般既包括有形产品，又涵盖无形服务，容易导致惯性化地将无形服务等同于"无"。这就会衍生出另一个新的问题，即在一定程度上弱化了服务设计的最终目的在于优化用户体验、提升服务价值等的根本性认识，可能因为某个环节服务的缺失，导致出现单纯地、程序化地增加服务提供等现象。例如，对一项落地旅游进行流程分析与触点问题挖掘后，发现虽然在一定区域内设置有导视牌或导引地图，但对于许多游客来说，仍然感觉在游览过程中缺少及时而清晰的导视信息，从而极大地降低了其旅游好感度。这时，如果相关人员在收到游客抱怨或投诉时只是简单地在更多区域增加导视牌，而不是从优化用户体验、提升服务价值等根本性原则出发，那么新增加的导视牌只是在数量上增加了，对于设置地点是否合理、信息传播是否清晰高效、游客对于导视系统所传递出来的一致性和人性化关怀是否有足够的感知等问题依然没有得到解决，依然可能在游客体验上造成困扰或不便。因此，程序化的处理方式只能是一种治标不治本的临时措施。那么，应如何正确看待服务设计的"有"与"无"？《老子》第四十章有云，"天下万物生于有，有生于无"。"无"作为"道"的起点与终点，是"道"最本原的存在。对于服务设计来说，优化用户体验、提升服务价值等一系列目标，既是服务设计的出发点和落脚点，又因情感体验、价值感受等是无形的、无规定性的存在，从而具有了"形而上"的意味，因此可以类比于"无"。同时，有形产品和无形服务是在优化用户体验、提升服务价值等前提下要完成的设计任务，在服务设计系统化、整体化的设计要求下，有形产品和无形服务的数量、形式也会比较多元，共同形成了某项服务设计框架内的"万物"。这样一种从服务设计自身来区分和阐明"有""无"内涵的探索，对于深入理解服务设计的最终目标与设计任务之间的关系具有更为明显的优势。此时，服务设计自身也就成为其自身的"道"。

其三，有助于更好地协同服务设计中无形服务和有形产品之间的关系。由于"道"的运行是一种无中生有而又复归于无的循环往复的过程，"有"与"无"在这个过程中往往处于此消彼长、相反相生的矛盾状态。因此，不应将服务设计中的无形服务和有形产品看作非此即彼、相互孤立的关系，而应在设计过程中同时关注接触点、流程中的服务体验痛点与具体产品痛点，给予同等程度的重视并分别归纳列举，使得痛点分析更为条理化、清晰化，也使机会点挖掘更为全面。同时，基于量变到质变的辩证统一关系，"有"与"无"的相反相生也并非"无到有"或"有到无"的直接突变过程，更多的是两者间的共同作用与渐变式转化，并在某个瞬间产生质变，实现"无到有"或"有到无"。因此，对于服务设计人员来说，还需要认识到在整个服务设计过程中针对不同触点的解决方案，其无形服务与有形产品所占有的"价值含量"是不同的。也就是说，虽然同一触点需要同时设计无形服务与有形产品，但有些触点的无形服务设计更为迫切，而有些触点的有形产品设计则更具价值，这时就需要基于综合因素有所取舍地进行统筹化设计。当然，由于这个问题涉及价值评判、轻重取舍，不同的服务设计人员、团队会有不同的理解，从而使服务设计最终能产生的服务体验、服务价值处于非统一性的状态，但这恰恰印证了"道"在"无"这个层面的无规定性、混沌性特征。

其四，有助于强化设计迭代的设计思维。英国设计委员会于2005年推出一种有关设计流程的双钻石模型，该模型将完整的设计过程划分为发现、定义、发展和交付四个阶段，并在视觉表达上用两个一样的"钻石"图形将发现、定义两个阶段与发展、交付两个阶段的比例设计为对等关系，以此说明发现、定义阶段在整个设计过程中的重要性。双钻石模型的出现源于工业设计领域有关产品开发的设计思维,以第一个"钻石"左端的点为基点,分别向右上方、右下方延伸两条等长的直线段,表示在发现阶段做问题发现、前期调研等"发散"行为;随后,两条直线段又以各自末端为基点,分别向右下方、右上方继续延伸出相等的直线段,代表在定义阶段定义问题、设定主题等"收敛"行为,与此同时,这四条直线段合围形成一个菱形。之后的发展与交付阶段同样需要创意构思的"发散"与结果输出的"收敛",并根据同样的合围规律形成另一个菱形,因菱形类似于钻石的平面轮廓且整个设计过程共由两个菱形组成,因此该模型被称为双钻石模型。

然而,由于设计问题具有复杂性,设计路径往往不是单线条的,也不是直线式的,而是要根据具体问题的解决情况来决定设计路径的方向,特别是当解决思路不够明朗或者发现新问题时,需要回归到之前的设计阶段重新进行探索。因此,整个设计过程往往包含多次的往复与迭代。然而,双钻石模型及其后的拓展版双钻石模型并没有在模型的表达上显示这一往复迭代的特征。老子的有无之道明确提出了"有""无"循环往复、"周行而不殆"的本质规律,体现出内源性的辩证运动机制与勃勃生机,将其应用于服务设计后,可以自然地强化设计迭代思维,时刻提醒设计人员应保持试错与容错、批判与不懈探索的设计精神。

2.1.3 服务设计内涵与概念的新探索

2.1.3.1 对服务设计既有概念的继承与创新

一方面,将服务设计的主旨集中于价值创造及用户体验,即将其归结为"价值""体验"这两种话语表述。众所周知,自服务设计形成影响力以来,大量的研究人员、设计组织与机构、设计企业均提出了许多有关服务设计概念的观点。起初的概念侧重于从某些社会现象中提炼相符合的关键词,如有用的、可用的或有效的、高效的等,甚至是仅从比较两种客户选择现象来表明服务设计的重要性。随着研究与实践的深入,特别是服务设计在国内形成快速发展的势头后,对于服务设计概念、定义的研究受到充分重视,一批具有鲜明观点的研究成果不断涌现,同时也产生了许多出于不同视角、不同层面的表述。在借鉴吸收这些研究成果的基础上,将服务设计的主旨关键词提炼为"价值"和"体验",有助于整合目前比较分散但意义接近的几种概念,并且兼顾目标用户、服务提供者双方的身份认知和话语体系,使本身较为复杂甚至难以厘清的服务设计主旨获得更为清晰、简要和一致的认知输出。

目前,越来越多的研究认为,服务设计的核心诉求在于直接向用户提供价值而非产品或交互,那么到底什么是服务设计的"价值"呢?综合来看,"价值"既应该包括实用、效率、质量这类商业价值层面的功利性价值,也应该涵盖身份认同、内在品质这类社会与文化价值层面的意义性价值,反映着服务设计整体价值的双重特质,这与辛向阳等人从功利主义、意义创造和社会变革等方面对服务设计立场进行划分的观点相互印证，在一定程度上向"价值"这一维度做进一步整合。至于将"体验"纳入服务设计主旨的关键词，则是承续用户体验设计对于服务设计的重要影响，强化"体验"自身在服务设计中不可替代的重要性。实际上，"价值"是服务营销、服务管理、服务经济、服务科学等服务类学科共同关注的因素，而兼具用户视角和服务体验等内涵的"体验"则主要体现了设计学科自身的话语性。因此，"体验"对于服务设计主旨来说，还意味着服务设计作为设计学科的回应与回归。

另一方面，将已有研究中所提及的人员、场所、产品、信息等要素深化为人员与行为、物料与设施、场所与情境、TPM（Technology, Policy and Market，技术、政策与市场）等。

服务设计属于一项系统性强、复杂度高、涉及面广的设计类型已经成为共识。胡飞在其有关服务设计定义的研究中提出了要集成"人员、场所、产品、信息"等要素，充分体现了服务设计的复杂程度之高，为本书的进一步探讨提供了坚实基础。人员可以理解为包括所有利益相关者，以及临时参与设计过程或设计本身所需的其他人员在内的人员综合体，是服务设计得以展开的根本性驱动因素。一般来说，人员要素的分析主要针对的是服务接受者与服务提供者，包括用户调研及其画像、服务人员调研及其画像等内容，也会涉及一些触点上的行为。分析一旦完成，相关人员就被"定格"在一个瞬间，成为一种"静态"画面，而服务的发生、发展与结束更是一种动态的过程、一种互动的活动，就像被称为"服务营销理论之父"的格罗路斯（Christian Gronroos）所说，服务是涉及顾客与服务人员、有形商品或服务系统之间发生的一种或一系列行为。服务旅程一旦开始，人员的"行为"将无处不在，用户价值也正是通过一系列交互行为才得以实现。特别是在一些公共服务领域，公众或群体行为有着深刻的环境心理学、环境行为学渊源，相关的服务产品设计需要在群体行为层面进行细致分析，以符合公众行为特性，满足公共需求。根据设计事理学有关"事"的设计观点，服务设计在某种程度上也是对一件"事"中各类人员"行为"的总体设计。因此，对"行为"要素应给予充分关注，使"行为"与"人员"并列作为一组要素，同等看待、同步分析，这无疑有助于顺应服务的"动态"特性，也有助于服务的根本性创新。依照相关原理，其他几组要素分别表述为物料与设施、场所与情境、TPM（技术、政策与市场）等。其中，采用"物料与设施"的目的是避免与服务设计所形成的各类新产品相混淆，从而更好地统筹服务设计开展前已有的基础产品与设施。"情境"一词合"情景、境况"于一体，是主体在心理和体验上与客体的互动，既可由氛围营造出来，也可由行为表达出来。在服务设计中进行情境研究、情境设计，更能彰显服务的在场性、即时性、过程性的"现在时"特点，以及对未来服务建构的"将来时"表达。"场所"虽也涉及新服务场所的设计，但大多数仍是有关既有地点、已有设施以及过往经历的"完成时""过去时"表达。因此，将两者结合起来统筹考虑，使其成为服务设计中互为表里、紧密关联的重要分析要素，有助于深入评估、理解服务接受者与服务提供者的互动过程及其"情景、境况"体验，从而激发创作灵感，发现更多的潜在问题与需求。实际上，情景研究是服务设计研究的主要特征，通过探究情境中的人与事物关系，形成有利于创新的见解。最后，由于"信息"一词的涵盖范围较广，人员信息、场地信息、时间信息、技术信息、政策信息、市场信息等均可被理解为信息的范畴，从而可能导致误解。"TPM（技术、政策与市场）"是具有广泛认知基础的概念，与其相关的产品技术选用、政策导向、用户与产品市场现状分析等具体内容，对于整体的服务设计具有重要影响，可作为整合度高的一种构成要素。

2.1.3.2 基于老子哲学思想的服务设计内涵创新

服务设计最大的魅力就在于它不是一个封闭发展的概念，不是一个固定的思维模式，而是一个富有内涵、可生长、可自我完善与发展的思维与方法体系。这一特性无论是对服务设计自身还是将服务设计置于整个设计领域来讲均是适用的，与老子"道"的哲学应用于服务设计的耦合机制相吻合。

一是服务设计之于整体设计服务的有无之道。设计作为一种职业种类，具有服务社会发展的本质属性，作为整体的设计服务成了一种自成体系的能够反映特定时期、特定区域经济、社会乃至文化现象的存在。同时，由于作为整体的设计服务不单指某个具体的设计项目，而是指其自诞生起不断演变发展的过程性整体，因此，整体的设计服务可以被看作一种现实社会中的"道"。能贯穿其所有历程并规定其本质、引领其思想的、处于核心地位的"无"则是设计范式，前述有关设计范式的研究内容也可以佐证这种观点，如库恩所说的"不可分的混合物"、形而上的理论和观点，以及曾令华等认为的"一种知识生产方式和知识存在方式"。这样一来，服务设计在整体的设计服务（"道"）与设计范式（"无"）之间就自然而然地成了其中的"有"，再从"无中生有""有无相生""有无转化"等关系来看，服务设计除了是设计范式在新时期的具体表征，其自身也是一种设计范式，就像没有服务设计就不会出现设计范式的转变，没有设计范式的演化也就不会产生诸如服务设计、体验设计、工业设计等具体的外在形式一样。为了更为形象地表达这些关系，借用无穷符号进行如下模型构建（图2-3）。一方面，无穷符号本身就具有无限循环、运动变化之义，与"道"的循环往复本质十分吻合，且左右两个对称形状也便于对"有""无"两个阶段进行划分。另一方面，无穷符号和双钻石模型在形式特征上有所呼应，有助于钻石模型思维优势的继承及符号化的国际性表达。不过，无穷符号线条上的箭头设置与双钻石模型的箭头规则不同。钻石模型中所表达的整体设计流程主要是从左到右的线性走向，而下述模型的箭头走向则根据"有""无"机制表达的是服务设计循环往复的演化流程，充分体现了设计范式与服务设计之间相互促进又相互影响的辩证关系。

二是服务设计自身的有无之道与统一和谐之道。服务设计不是泛泛的理论想象，其存

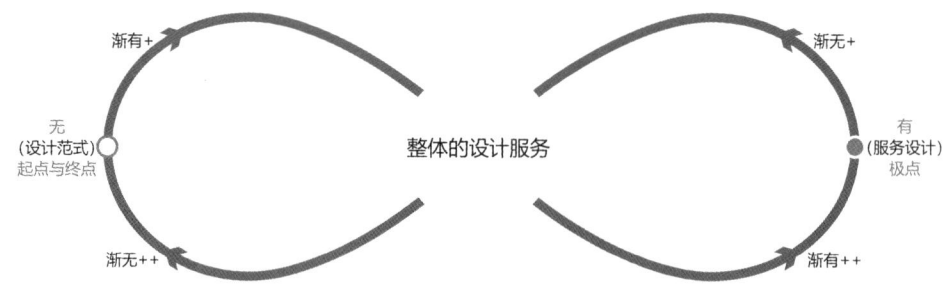

图2-3 服务设计、设计范式和整体设计服务的"有无之道"模型

在的实际意义仍在于具体的设计实践,这个层面的"道"就涉及服务设计自身的运行机制。按照将整体的设计服务作为"道"的基本思路来看,服务设计自身就成了"道",服务设计所追求的用户体验、价值创造就是这个"道"中的"无",是"混沌发散"的起点与终点,而包括有形产品、无形服务以及整体服务系统等在内的复合式设计方案就是这个"道"中的"有"。为了清晰地再现有无之道在服务设计层面的运动情况,特绘制了服务设计之道模型(图2-4)。

图2-4 服务设计之道模型

从该模型中可以明确看到"无"所涵盖的主要内容为用户体验、商业价值与社会价值,以及左右两个空白区域内的"无物/一""有物/万物"等内容。其中的商业价值与社会价值直接点明了服务设计追求经济效益和社会效益相统一的设计要求,"无物""有物"则再次体现了"道"的循环运动就是从无物到有物,再由有物复归到无物的过程。与"无物""有物"分别并列的"一""万物"则与《老子》第四十二章中"道生一,一生二,二生三,三生万物"的表述相呼应。"万物"比较容易理解,主要指已经脱离形而上的具体的世间万物,"一"则是介于"道"和"万物"之间的一个特殊称谓。"一元复始,万象更新",人们对"一"的理解总体上比对"道"的理解更加容易些,这可能也是老子当时的初衷。实际上,"一"除了"起始与终止"的含义以外,应该还有统一、一致的含义。"道"既是无规定性的,又是"法自然"的,同时还是要统领万物的,但如果没有一种能处理万物复杂关系的存在,单纯依靠"道"所遵从的自然而然,就可能会造成现实中的混乱或无序。

因此，"一"作为具有统一性、合规律性内涵的概念被"道"衍化出来，并作为现实世界的规定性存在，协调、整合着万物的秩序。在服务设计中，"一"则衍化为设计原则与方法，引导、规制着服务设计的整个过程，从而产生相应的设计方案。总之，将"一"纳入服务设计之道模型是为了进一步体现服务设计应遵循统一和谐之道，既要协同好设计输出物的内部关系，使用户在自然、愉悦、和谐的氛围中感受、获取优质的服务体验，提升服务品质，又要使设计输出物对于环境保护、社会和谐与可持续发展发挥更大的价值，最终，通过服务设计促进美好生活与社会发展。

需要额外说明的是，其作为"道"在形而下层面的具体应用，无论是整体设计服务层面的有无之道还是服务设计自身的有无之道都不是无限循环的，特别是服务设计自身有无之道的循环往复频率，取决于具体服务设计项目的起止时间。当一项服务设计项目正式开展后，将陆续开展与双钻石模型所展示的设计过程一样的前期调研、问题定义、创意发散、方案输出、设计迭代等任务。不同的是，服务设计需要同时注重有形产品与无形服务的设计思考及其方案输出，只要"无"所设定的目标没有达到，该循环也就是所有的设计迭代就会一直进行下去。但作为具体的服务设计项目，在输出方案完成并获得认可后，该项目就会终止。也就是说，此时的循环进程就被定格在最后一轮循环中的"无"的阶段，由最终确定的具象产品和服务产品所构建出来的整体体验与价值也被定格在这一时刻，并持续影响着不同的接受者，直到某一天新的项目被启动，这一循环过程才再次进行运转。

2.1.3.3　服务设计的新内涵与新概念

首先，将服务设计的既有概念与老子哲学思想对于服务设计的启示进行有机融合是探索服务设计新概念的一种途径，为此特构建服务设计概念模型以供进一步分析（彩插2-1）。

该模型主要由内核层、中间层与外围层构成。其中，内核层以服务设计的两重有无之道为核心，以服务触点、服务流程与服务模式为重要分析内容，同时明确表明服务设计注重核心用户与其他利益相关者的共创，以及追求经济效益和社会效益的共赢；中间层是服务设计所集成的各类要素——人员与行为、物料与设施、场所与情境、TPM（技术、政策与市场）；外围层则是服务设计需要依循的总体设计原则——系统、整体与可持续。模型构建了视觉化的服务设计运行机制，对于丰富服务设计内涵、提炼服务设计定义具有重要价值。

其次，上述模型限于空间展示的局限性，没有深入刻画具体的服务设计流程。为了进一步探索服务设计的新概念，有必要细化形成单独的服务设计内部流程模型（彩插2-2）。该模型在继续遵循有无之道的基础上，明确了服务设计在内部设计流程上的序列特征，突出了服务设计的设计要求，是对服务设计概念模型的继承与延展。此外，该模型外围的箭头走势代表的依然是服务设计自身整体的有无之道，具体的设计迭代根据需求可出现在流程中的任何环节。

最后，结合以上多方分析，尝试给出一种可供继续探讨的服务设计新内涵：一是，服务设计与设计范式的关系在于服务设计既是设计范式演变下的一种新型设计服务形态，同时也通过自身发展丰富了设计范式的发展。二是，服务设计遵循"有无之道""和谐统一之道"的内在机制，与中国古代哲学思想中的整体观、系统观、和谐共生观不谋而合，遵循整体、系统与可持续的总体设计原则，具有自我调适、有无相生的循环迭代与自我发展特质。三是，从服务设计实践来看，其"无"在于将用户体验优化、商业价值与社会价值创造作为设计的出发点和落脚点，既是设计的起点与初衷，也是设计的终点与归宿。其"有"则包括剖析服务全流程与关键触点、洞察设计问题、挖掘核心用户与其他利益相关者的服务需求和产品需求、定位价值主张、定义设计主题，以及整合服务链中的人员与行为、物料与设施、场所与情境、TPM（技术、政策与市场）等要素，就产品升级与开发、服务流程优化与再造、服务模式迭代与创新、服务系统调适与构建等进行共创设计，以形成协同化、复合式服务系统及其设计方案，最终达成愉悦的用户体验与高品质的服务价值。

根据以上对于内涵的描述，进一步给出服务设计概念以供探讨，即服务设计遵循"有无之道"与"和谐统一之道"的内在机制，是一种以用户体验优化、商业价值与社会价值创造为出发点和落脚点，在系统、整体与可持续的总体设计原则下，在人员与行为、物料与设施、场所与情境、TPM（技术、政策与市场）等要素整合的基础上，协同核心用户与其他利益相关者，就服务触点挖掘与聚焦、服务主张洞察与定位、服务产品升级与开发、服务流程优化与再造、服务模式迭代与创新、服务系统调适与构建等进行共创的设计活动。

2.2 服务设计与新时代乡村文旅的耦合机理[①]

耦合作为物理学概念，是指两个（或两个以上的）体系或运动形式通过各种相互作用彼此影响的现象。本书引入角色理论探讨服务设计与乡村文旅产业间的耦合机制。角色理论认为，社会中的每个角色都有其特殊的存在价值，其角色价值在于通过其社会义务所表达的社会作用。角色论中的角色扮演主体既包括单个行为者，也包括以集体形式出现的组织。其中，主体为单个行为者时，强调个人与社会的互动；主体为组织时，则强调组织在

---

① 该部分内容根据笔者已发表论文提炼而成，论文题目为《服务设计与新时代乡村文化旅游产业的耦合机制研究》，发表于《建筑与文化》2022 年第 12 期。

社会中的作用、具有的权利和义务。将服务设计作为一种系统化的组织型主体，通过分析服务设计在乡村文旅产业发展中的"角色扮演"，可探讨两者之间的耦合机制。

一是，作为服务理念的优化器。旅游业以服务求生存，以服务求发展；旅游企业更是离不开先进的服务理念，主要通过服务宗旨、服务方针、服务文化、服务风格、服务标语等内容体现。然而，对于乡村旅游来说，缺乏系统的、统一的规划，缺乏科学的经营理念和特色等问题依然存在。近年来，随着服务型政府建设的进一步发展，旅游相关主管部门、机构提升自身服务意识、水平的需求也日益增长，特别是乡村振兴战略的深入推进对相关政府部门也提出了更高的政务服务要求，迫切需要引入与时俱进的新型服务理念。

乡村文旅涉及自然、文化、农业与商业等众多领域，内外关系错综复杂。服务设计基于全流程角度的分析原则、利益相关者角度的共创模式、系统角度的关系思维，以及着眼全局的系统设计观、系统化方法，有利于从整体的、顶层规划的层面促发、指导、优化乡村文旅行业的服务理念，创新经营理念与服务模式，为旅游企业、旅游管理机构、旅游从业人员提供观念引领与行为遵循。有利于整合零散资源，建构各环节高效的衔接、互动关系，实现服务提供、服务流程、服务触点的系统性创新，最大化地兼顾经济效益与社会效益，促进乡村文旅产业的现状改善与可持续发展。

二是，作为服务产品的创新器。工业时代的产品设计思维强调单一问题导向的分析原则，设计实践也往往聚焦于某个单一产品本身。即使是基于品牌规划层面的系列产品设计，也多是对优势产品的相似性延伸，一般没有超越具体产品本身，更没有跳出一类产品的范畴去审视该类产品与其他相关产品乃至产品周边事务的关系。产品被购买、被消费后，除了常规的售后服务以外，用户与产品提供方的关系也随之终止，用户黏性得不到充分的利用与加强。旅游产业中的产品既包括旅游主题、旅游计划等项目性产品，也包括旅游设施、旅游用具、旅游纪念品等具象性产品。具体从乡村文旅来看，项目性产品主要有农家乐、休闲游、文化体验游等，具象性产品则包括接待、游览、餐饮、交通、住宿、购物等各环节所涉及的实物类或数字类产品，范围与种类十分丰富。

随着时代发展、技术进步与用户需求的变化，人类社会也发生了巨大变化。线上与线下、物理空间与数字空间的共存、转换与替代都日益常态化、生活化。传统产品就单一问题设计的解决方案已满足不了新场景、新生活方式、新工作方式的多元化需求。服务设计是所有触点设计的指导框架，无论是大触点、小触点，还是物理触点、数字触点或人际触点，每个触点都可能会产生新的需求、新的产品。根据服务设计思维，这些新产品不仅需要自身的设计，还需要统一框架下的统筹设计，也就是既解决单一问题，又形成互为补充、互为整体的系统化产品簇，从而为服务系统的每个关键节点提供高质量的产品支撑，实现服务系统的高效运行。在乡村文旅产业中，利用服务设计理念开展上中下游各环节的新产品开发，意味着这些新产品不再是单独的个体，也不再被明显地区分为项目性产品和具象性产品，而是统一被整合于具体旅游情境中，成为具有独特性与整体连贯性的创新性产品簇。这样的产品簇可以植根于某种旅游文化基因或旅游资源禀赋，也可以源自当代旅游新思潮或新趋势。一方面，它不再是长期以来对乡村文旅产品进行简单的"改头换面"或经雷同的"千村一面"改造后的产物，而是对乡村文化、乡村禀赋深入挖掘、开发后的特异性旅游产品联合体。另一方面，产品簇最具价值的是其贯彻全流程统筹与全周期服务的设计思维，构建一体化旅游产品共同体，从而形成现象级的旅游产品新图景。

三是，作为服务体验的提升器。创建有用的、可用的、理想的、高效的服务，大力提升服务体验是服务设计的宗旨之一和应有之义。根据服务设计用户体验地图、服务蓝图的分析方法，可以将乡村文旅产业服务体验分为事前体验、事中体验、事后体验三个阶段，以及前台体验、后台支撑两个维度。传统旅游服务的事前体验多表现为旅游地官方性质的文字、图片介绍，或是游客的旅游攻略类资料。一方面，这些资料的质量良莠不齐，游客对信息的获取程度也不相同；另一方面，这些资料的完整性、深入性往往缺乏统一规划，没有充分展示旅游地的资源与优势。事中体验是整个旅游行程中的主要体验，是游客感受最直接、经历最丰富的部分，旅游服务的满意度、基础设施的完善度、从业人员的素质水平、当地政策的保障性等均在这个阶段深刻影响着游客体验。事后体验目前仍比较缺失，甚至基本上没有，"一次游"现象突出，总体表现出"一过性"特征。前台体验是游客的直接感知，也是旅游体验主要被关注的层面。后台支撑体现在软性服务层面，是前台体验得以呈现的基础，一般包括服务规划、服务制度、服务组织、服务软件系统、服务保障机制等。

当服务设计介入乡村文旅后，优化前台服务、提升事中体验仍旧是旅游全周期中最为关键的任务，同时，重视事前体验、事后体验，夯实后台支撑体系，打通制约整体体验质量的"最后100米"，为所有利益相关者提供连续的、一致的优良体验，也是服务设计闭环式设计理念的"拿手好戏"。一方面，基于利益相关者分析方法与价值共创思维，从当地政府、旅游地管理机构、旅游企业、游客、当地居民等用户角度全面梳理相关需求与问题，特别是从游客旅游的不同目的，以及当地居民、社区具体的生产生活场景去理解服务体验，并通过科学的评估方法构建需求、问题的矩阵图、优先级。另一方面，基于系统思维，从政策、人员、设施、产品、环境、服务等构成要素方面作具体分析，将自然与文化、物与人、行为与情感全面统筹，并且结合前期结论，明确一揽子解决方案，提供多元化、全方位的体验优化和提升路径。

3 我国乡村文旅发展现状与新内涵

文旅融合不只是在旅游业范围内将文化产品和服务纳入旅游内容供给要素,而是一种对旅游全产业链每个节点的文化赋能,需要实实在在的多领域、多行业跨界融合,从而带来业态创新、商业模式创新和多元主体的广泛参与。

3.1 文化休闲与体验需求下的"新民俗"

党的二十大报告深刻指出,全面推进乡村振兴,传承中华优秀传统文化,满足人民日益增长的精神文化需求,坚持以文塑旅、以旅彰文,推进文化和旅游深度融合发展。新时期,我国社会主要矛盾已转化为人民日益增长的美好生活需要和不平衡不充分的发展之间的矛盾,对美好生活的追求也逐渐成为旅游发展新动能,促使旅游发展从注重速度与规模转向注重品质与体验。

3.1.1 文旅消费市场活跃

据国家统计局相关数据,2023年全国文化及相关产业增加值、旅游及相关产业增加值占国内生产总值(GDP)比重分别为4.59%、4.24%,分别较上年提高0.17、0.57个百分点。从文旅消费类型来看,无论是传统领域的报刊图书、广播电视、音乐绘画、文艺演出,还是新兴领域的院线电影、竞技游戏、动漫IP,抑或是博物馆、美术馆展览活动等均受到广泛关注。以后者为例,许多展览规格、品质较高或小而精、小而美的文化、文物展活动备受年轻群体、亲子家庭等群体的青睐,甚至成为许多年轻人新时尚的"标配",体现出公众对于文旅消费和审美旨趣的深度需求,不时见诸报端的"排队看展"现象就是这一需求的真实写照。中国旅游研究院的一项调查显示,2019年国庆期间,全国66.4%的游客参观了人文旅游景点,59.45%的游客参观了历史文化街区,41.26%的游客参观了博物馆,86.36%的游客参与了两项以上的文化类活动。另外,据大麦和抖音艺术共同发布的《2022国内展览年终观察》统计数据,"淘宝造物节""百年无极:西方现当代艺术大师作品展""好奇无界:米奇艺术展""遇见敦煌 光影艺术展""现代艺术100年""中国国际动漫节""大师自画像——意大利乌菲齐美术馆馆藏展""文明的印记:敦煌艺术大展""'梵高再现'沉浸式光影大展""国家地理经典影像大展"等成为2022年度最热门的十大展览。通过大麦观展次数达到2~4次的用户占全部观展用户的31.26%,5~10次的用户占比为23.99%,10次以上的用户也有7.43%,甚至有超过14.42%的用户年度观展花费超过了3000元。

对于"为什么年轻人越来越爱逛展"的热搜话题,评论区的网友们总结为,拍照打卡、增添乐趣、缓解孤独、陶冶情操、有效社交等。可见,文旅消费已成为许多人的一种生活方式,成了一种"新民俗"。它可以让非专业群体提升文化素养、缓解工作压力、满足分享欲和表达欲等,也可以丰富专业人群的多重视野,促进交流学习、优化知识结构,可谓一举两得。

3.1.2 以本地游和周边游为主的短途休闲游爆发式增长

莱恩较早就指出，城市周边的乡村享有"强劲的日间游客交易"。陶力等基于第一批全国乡村旅游重点村空间分布数据的分析发现，以北京为中心的京津冀和环渤海区域，以上海、杭州、南京、合肥为核心的长三角区域所拥有的重点村数量较多。近几年，以本地游和周边游为代表的短途游更是迅速发展成一种十分受欢迎的新型旅游方式，家庭度假、工作度假等新需求层出不穷。根据携程发布的《2022年国庆假期旅游总结报告》以及马蜂窝旅行玩乐大数据，2022年国庆期间，携程平台上的本地游、周边游订单占比达65%，马蜂窝平台上的本地"微度假"订单较上年同期增长超90%。例如，北京市房山区发布了"寻秋攻略""美食推荐""假期好去处""博物馆之城""文化讲述"等主题宣传，并且融合中国文化、时尚元素、潮流理念，开启了"国潮京品""国韵京味""国风京典""国货京选"四个活动板块，串联国庆节、重阳节等促销节点，打造中国风主题的新消费场景，弘扬中国传统节日文化，突出情景式消费、沉浸式消费、体验式消费，满足消费者的多元化需求，展示大美房山的新品质、新形象，推动当地的乡村旅游成为"微度假"的热门目的地。

3.1.3 反向旅游的趋势性增长与新内涵

在短途休闲游爆发式增长的同时，反向旅游现象也迅速升温。去哪儿网平台的数据显示，2022年国庆期间，冷门旅游城市高星酒店的预订量同比上涨了30%，整个OTA（Online Travel Agency，在线旅行社）平台上冷门旅游城市高端酒店的预订量同比增长了40%。许多人还在微信、微博等社交平台上晒出自己的反向旅游行程，这些行程地点大多是商业化程度较低、原生态程度较高的小众景点、冷门目的地，或是三四线非传统旅游城市，其旅游行为特征则是不做攻略、不费腿到处逛、不打卡、睡到自然醒、饿了点外卖、无聊刷抖音等清闲安静的"宅"式度假。

实际上，反向旅游并非一个全新的概念，早在2005年，吴殿廷等就提出并论证了这一概念，只不过他们对反向旅游的定义是"追求景观差异极大化的旅游行为"，把旅游目的地景观与游客原驻地景观之间的"极端差异"称作"反向"。例如，城里人到乡下寻求自然野趣、到村里体验俭朴生活，西方人到东方古都访问胡同、四合院，内陆人到大海边欣赏波涛汹涌的浪花等行为都是反向旅游，这种情况在今天也依然普遍。徐家大院创始人在近年来的一次访谈中提到，农村客源和城市客源对农家乐的需求是相互矛盾的，如对环境和食材的选择，城市居民崇尚原汁原味、具有乡土气息、本土天然的食材和环境，而农村人则对大城市里的豪华餐厅、高端食材有着强烈的渴望，如何在同一个旅游地均衡、协调这种差异和矛盾，是非常需要智慧和创造性的。吴殿廷等的研究还认为，反向旅游可以解释乡村旅游的驱动力；反向旅游理论揭示了游客行为的心理规律，对于旅游区的景观建设、接待设施设置、景区文化打造和营销等有指导作用；少年或中老年游客、性格内向或自信心不强的游客，其反向旅游意向明显低于年轻人和自信心强的旅游者；反向旅游可能更适合于观光旅游、购物旅游，不大适合于度假旅游等。可见，反向旅游概念在十余年的发展进程中保留了与原始概念的相似之处，如年轻人反向旅游意愿比其他年龄段人群更加明显的特征没有改变，但在基本逻辑上却发生了显著变化。反向的对象和目的并非完全是追求"极端差异化"，而是在旅游路线、目的地的选择上以"非主流"为评判标准，在旅游行程的安排上以"不计划、不赶路、不打卡"为典型特征。这种新时期的反向"躺平式旅游"深刻体现了消费者对"千篇一律的风情街和坐地起价的'旅游刺客'"现象的抵制，极大地匹配了游客期待更省心省力、更沉浸式体验的消费需求，并且形成了一定的市场规模，展现出不可忽视的发展潜力。

3.1.4 乡村文旅体验需求持续升级

乡村旅游的出现和发展打破了三元结构和四元结构的固定范式和"魔咒"，直接从传统农业经济阶段跨越至农村服务阶段，旅游群体对乡村旅游有着回归自然需求、怀旧需求、求知需求以及复合型需求。近年来，年轻群体在乡村文旅领域异军突起，成为消费主力军，他们对高品质的文化创意和休闲度假旅业态的兴趣浓厚，对于体验化、个性化、定制化产品十分追捧，其在社交类平台上的游记评价也大多是针对旅游地文化、特色产品、生态环境、旅游项目、体验感等因素。大数据显示，2023年春节假期，越来越多的年轻人青睐民俗文旅，特别是在周边游搜索词条中，搜索量排名靠前的有特色民俗体验、非遗文化表演、新年祈福、创意市集、庙会灯会、音乐灯光秀等类目。此外，养生美食、温泉康养、品尝土特产等也持续吸引着大量游客，远离喧嚣、风光宜人且能愉悦身心的"疗愈度假"更是成了许多家庭的出游首选。

相比于以往走马观花式的浅观光旅游产品，90后、00后等年轻人更乐于通过亲身感受来获得有价值的深度体验。比如，乐此不疲地每到一处就要用脚丈量的方式"走街串巷"，还有打卡美食、与当地人闲聊、参与民俗活动、领略风土人情等。更多的旅游者在出游前还会提前做"功课"、找"攻略"，目的是预先获知他人经验、当地的旅游特色或"旅游陷阱"，从而在实地旅游中可以更全面、更深入地感受旅游吸引物，增强旅游感知与文化体验，同时"避雷""避坑"。旅游中则实时通过微信、短视频等即时通信工具发布、分享旅游信息，此时的旅游便成为具有文化交流与时尚社交属性的一种"新民俗"。

四川省旅游培训中心将我国乡村旅游的发展历程大致划分为农家乐旅游、乡村休闲旅游、乡村度假旅游和乡居生活旅游四个阶段。在此基础上，可以进一步描述为以农家乐旅游为开端的阶段、以休闲观光旅游所带动的"井喷"阶段、以度假旅游为主要形式的体验化阶段和以乡居生活为目标的可持续发展阶段。其中，以乡居生活为目标的可持续发展化旅游就是高品质、高质量乡村文旅的体现。在这个阶段，游客、消费者怀揣着浓浓的乡土情结，以旅游为形式、以回归乡居安宁质朴的生活为目的，深度介入乡村的真实生活，体验、共创、共享乡村生活新方式。同时，消费者需求也将不断裂变为更加细致的单元，对于产品、体验的评价也日益"苛刻"。特别是随着Z世代（新时代人群）消费力量的崛起和消费能力的跃迁，仅满足产品和服务端需求已显不足，每一次、每一个人、每一个产品单元的行为、态度和价值传递都有可能会影响消费者的最终评价，这也意味着对乡村文旅相关方的管理与服务能力提出了更高要求，需要在未来的发展中不断从产品与服务的售卖者转化为生活方式和理念的输出者，以满足消费者可持续体验的需求。

3.2 政策导向下的产业升级

乡村旅游被国际公认为是提高农民收入、促进农业发展、缩小城乡差距、推动多产业融合发展的重要举措。各国纷纷成立专门机构或在政府部门中设立相关职责机构，开展产业政策制定、产业发展推动等工作。在美国，有30个州明确制定了农村地区旅游政策，英国、德国、法国、澳大利亚、日本等发达国家也出台了多类型、多层级的乡村旅游发展政策。从2015年到2024年，我国几乎所有的中央一号文件都提出过有关大力发展休闲农业、乡村旅游，实施乡村文旅深度融合工程，使乡村文旅成为繁荣农村、富裕农民的新兴支柱产业等方面的政策，2018年的中央一号文件更是直接聚焦乡村振兴战略，营造了乡村旅游产业发展的良好环境，极大地增添了产业升级的新动能。

3.2.1 从休闲农业到乡村休闲旅游产业的融合

一方面，纵观多个中央一号文件，分别提出了要积极开发农业的多种功能，挖掘乡村的生态休闲、旅游观光、文化教育价值，扶持建设一批具有历史、地域、民族特点的特色景观旅游村镇，打造形式多样、特色鲜明的乡村旅游休闲产品，强调要大力发展休闲农业和乡村旅游。2017年，明确提出了推进农业供给侧结构性改革，大力发展乡村休闲旅游产业，这是中央一号文件发布以来首次从产业角度提出大力发展乡村旅游产业，我国的乡村旅游由此步入产业化时代。另一方面，相关部委随之制定了多项政策，进一步促进休闲农业和乡村旅游的融合，推动乡村休闲旅游产业发展。例如，早期从加强规划引导、丰富产品业态、改善基础设施、弘扬优秀农耕文化、保护传统村落、培育知名品牌等方面细化发展休闲农业的具体措施；后期强调休闲农业和乡村旅游融合发展的重要意义，并从用地政策、财政政策、金融政策、公共服务、品牌创建和宣传推介方面提出具体意见，同时对发展乡村旅游的基础设施建设和配套服务、扶持政策和长效机制、区域差异化发展做出部署。

3.2.2 以乡村振兴为统领的战略式发展

2018年的中央一号文件明确提出，要实施乡村振兴战略。在乡村旅游上，提出了要实施休闲农业和乡村旅游精品工程，发展乡村共享经济、创意农业、特色文化产业，有力推动乡村旅游政策的制定，为产业升级开创新局面。此后，又发布了一系列规划、行动方案和指导意见。2018年9月，中共中央、国务院印发了《乡村振兴战略规划（2018—2022年）》，从构建乡村振兴新格局、发展壮大乡村产业的高度，就乡村旅游融入特色村庄建设、乡村旅游精品工程建设提出要求。2018年10月，国家发展改革委、财政部、人力资源社会保障部等13部门联合印发《促进乡村旅游发展提质升级行动方案（2018年—2020年）》，重点就乡村道路等基础设施建设、农村人居环境整治、住宿餐饮服务标准规范、社会投资以及配套政策推进等方面深化乡村旅游的高质量发展。2018年11月，文化和旅游部、国家发展改革委、工业和信息化部等17部门联合印发《关于促进乡村旅游可持续发展的指导意见》，提出打造乡村旅游目的地，促进乡村旅游规模化、集群化发展；探索开展乡村旅游边境跨境交流，打造乡村旅游新高地；改善乡村旅游环境，提升乡村旅游的可进入性；推动建立乡村旅游咨询服务体系，推动乡村旅游智慧化，提升乡村旅游发展保障能力；突出乡村旅游文化特色，丰富乡村旅游产品类型；培育构建乡村旅游品牌体系，创新乡村旅游营销模式；探索推广"旅行社带村""景区带村""能人带户""公司+农户""合作社+农户"等发展模式；完善利益联结机制等多种具有指导性、现实性与前瞻性的发展策略，是新时期乡村旅游政策优化与发展的集中体现。

3.2.3 以"十四五"规划为指向的新发展

2021年4月，文化和旅游部印发《"十四五"文化和旅游发展规划》，要求开展乡村旅游精品建设，推出一批文化内涵丰富、风俗淳朴文明、产品特色鲜明、环境美好宜居、配套设施完善的全国乡村旅游重点村镇，培育一批全国乡村旅游集聚区，持续贯彻2018年中央一号文件中的乡村旅游精品工程建设精神。2021年12月，国务院印发《"十四五"旅游业发展规划》，从推进基础设施建设、传承提升乡村优秀传统文化、实施乡村旅游精品工程、推进乡村民宿高质量发展、构建乡村旅游品牌体系、扶持乡村旅游企业、建立健全利益联结机制、衔接乡村振兴战略、完善政策保障体系等多方面提出了乡村旅游发展策略，强调了乡村旅游的差异化、特色化以及规范化发展。2022年7月，文化和旅游部、公安部、自然资源部等10部门联合印发《关于促进乡村民宿高质量发展的指导意见》，对乡村民宿发展提出注重协调性、可持续性、文化性、安全性、通达性、便捷性、舒适性，以及多元化经营、品牌化发展、理性化消费等要求。2022年11月，文化和旅游部、中央文明办、国家发展改革委等14部门联合印发《关于推动露营旅游休闲健康有序发展的指导意见》，提出支持在乡村民宿等项目的基础上发展露营旅游休闲服务；鼓励有条件的乡村旅游点在符合相关规定的前提下，划出露营休闲功能区，提供露营服务；充分挖掘文化资源，丰富露营旅游休闲体验等意见。

3.3 产业演进中的模式、业态与产品创新

经过多年发展，我国乡村文旅产业已步入模式创新、业态升级、产品迭代发展的快车道，农文旅产业融合更为密切，产品体系更为丰富。同时，无论是在理论上还是在实践中，旅游模式、业态、产品三种称谓往往混杂在一起，有时甚至互相混用，如某种模式被称为业态，某种业态又被称为产品，虽不至于导致"差之毫厘，谬以千里"的后果，但对于产业的整体发展仍会造成一定影响。

本书从"因何而起""如何而为"两种不同视角将各类发展模式划分为产业驱动模式与产业开发运营模式，再将业态概念定位于不同产业间的组合，产品概念则更加注重"落地性"指标的判断。例如，在主题农园与农庄、现代化农庄、现代商务度假与企业庄园、乡村民俗文化村落、乡村旅游俱乐部、乡村主题博物馆、意境体验景观等类型中，虽然也有类型属于不同产业间的组合关系，如现代化农庄是"+农业"的组合，但由于其可被直接看作一个旅游对象，所以称之为旅游产品更为合适。由此，通过这些相对简练的规则对旅游模式、业态、产品概念进行区分。同时，为了避免一叶障目，可以根据实际情况增加其他机动性规则，如当某一旅游产品的影响力足够大时，该产品就可以上升为一种模式，农家乐就是如此。

3.3.1 产业驱动模式

乡村文旅产业驱动模式是指产业基于其得以形成的驱动机制所形成的发展模式，即"因何而起"的发展模式。一般来说，乡村文旅地自身的旅游资源是这一驱动机制的核心要素。《广东省乡村休闲产业"十四五"规划》将乡村休闲旅游资源描述为，在乡村地域范围内凡能对旅游者产生吸引力，以农业生产、农村生态、农民生活为主要内容，能满足旅游者审美、情感等需求，并且可产生经济效益、社会效益和环境效益的各种事物和因

素，涵盖乡村自然景观、特色产业、聚落建筑、历史遗存、民俗文化5个大类，以及15个亚类和47个基本类型。大到一条山脉，小到一份小吃，均是可以蕴含旅游想象的"大空间"，这些"大空间"自身就成了旅游发展的基础。

乡村文旅地建设及其产业发展单靠村民的自发行为难以取得成效，需要从内力、外力双重因素入手，整合各种资源要素，做好顶层设计。戴斌等指出，国内外乡村旅游主要有政府推动型、市场驱动型和混合成长型三种驱动类型；张树民等基于旅游系统理论提出了需求拉动型、供给推动型、中介影响型、支持作用型、混合驱动型这五种类型的主张；陶力等基于资源基础、发展动力、目标市场、发展方向等方面的区别，将乡村旅游产业驱动模式分为城市依托型、景区景点依托型、资源依托型三种类型；邓爱民等通过对全国乡村旅游重点村的大数据分析，认为存在城市依托型、农业观光型、景区依托型、文化依托型、功能复合型等基于乡村发展基础的发展模式；吕丽等将武汉乡村旅游驱动模式分为由政府主导的整村开发型、景区带动型、农企带动型与能人带动型；《湖南省"十四五"旅游业发展规划》提出了城市依托型、景区辐射型、民俗风情型、古村古镇型、红色文化型、产业支撑型等多种发展模式（表3-1）。可见，在多年的发展演进中，乡村旅游产业驱动机制涉及政府与市场、需求与供给及其混合因素，贯穿旅游产业链中的涉旅部门、企业、产品与消费者等各环节。

时至今日，刘德谦较早对乡村旅游成长模式的划分仍具有代表性意义，即客源地依托模式（或者称毗邻客源模式）、目的地依托模式（或者称毗邻资源模式）、非典型模式、复合模式。其中，前两种模式很容易理解和识别，"非典型模式"的提法则具有较强的概括性、典型性、前瞻性。他认为这类乡村旅游的资源优势是在自然环境中的现代创新，其产品要素主要是休闲，并且以早年最具代表意义的用"住水边、食海鲜、玩水面"为营销口号的珠海白藤湖农民度假村为例进行论述。

表3-1　产业驱动模式

产业驱动模式	来源／年份
政府推动型、市场驱动型、混合成长型	戴斌，等/2006
需求拉动型、供给推动型、中介影响型、支持作用型、混合驱动型	张树民/2012
城市依托型、景区景点依托型、资源依托型	陶力，等/2021
城市依托型、农业观光型、景区依托型、文化依托型、功能复合型	邓爱民，等/2021
政府主导的整村开发型、景区带动型、农企带动型、能人带动型	吕丽，等/2022
城市依托型、景区辐射型、特色文化型（民俗风情型、古村古镇型、红色文化型）、产业支撑型等	《湖南省"十四五"旅游业发展规划》/2021

3.3.2 产业开发运营模式

乡村文旅产业开发运营模式形成于产业驱动模式之后，是针对一处或多处乡村文旅地，讨论如何整合旅游资源，如何商业运作，如何兼顾利益相关者利益，如何平衡经济效益与社会效益的发展模式，即"如何而为"的发展模式。可以看出，开发运营模式包括开发与运营两项事务，相比于驱动模式要考虑的因素更为复杂，其成功与否具有很大的不确定性，需要结合具体情况具体分析，关键点就在于不能生搬硬套。

高颖等重点分析了世界各国的代表性开发运营模式，如美国和爱尔兰的"公司+乡村旅游协会+农户"模式，意大利的"公司+农户"模式，英国和法国的"个体农庄"模式，英国的"政府+公司"模式，韩国和罗马尼亚的"政府主导型"模式等。赵承华将其总结为"公司+农户"模式、"社区+公司+农户"模式、整体租赁模式、"村办企业开发"模式和循环经济新乡村旅游发展模式。张耀一则将其划分为农户自主经营，乡村旅游合作社，公司与农户结合，村办旅游企业，社区、公司与农户结合，股份制等模式。近年来，越来越多的乡贤、返乡青年投身于乡村振兴的热潮中，在开发运营组合上出现了新的变化。四川省旅游培训中心归纳了农户自主开发、"新乡绅"引领、企业主体开发、政府+创客（新村民）+农户、村级集体经济组织+农户整体发展等模式。其中，新乡绅、创客就是这些组合中的新生力量，同时因其往往是"带资入村""带人入村""带才入村"，所以愈发成了乡村开发运营队伍中的重要力量。

越来越多的研究与实践表明，"1+1+1+……"的多方联合开发经营模式最为广泛，相关要素涉及农户、社区、村集体、村办旅游企业、乡村旅游合作社，以及政府入股等。江西婺源篁岭景区就采用了"公司+农户"与整体租赁的开发模式，形成了一套以"整村开发、生态入股、就业创业、品牌创建"为特色内核的市场运营模式。曾有游客评论道，"篁岭的整体开发运营应该是最成熟和成功的，体验度也是最高的，原因之一就是在迁走了原住民后进行了整体开发和日常运行。"再如衢州的"乡村旅游根据地"模式就是一种"旅游公司+村集体+村民"的开发运营模式，主要通过旅游地核心要素、核心旅游吸引物的植入，将传统的乡村旅游模式向乡村旅游生活模式转化，不仅使乡村成了旅游者"可游""可住"的新乡村，而且通过"政府搭台、企业运营、农户唱戏"的方式，有效促进了产业发展，真正形成了各方参与、人人共享的新局面。此外，这种模式摒弃大拆大建，尽可能地保留了传统乡村的"符号""印记"和"乡野味""乡土味"，让游客真正走入农村、贴近农民，化身"原乡人"，深度融入乡居生活，打造了衢州乡村旅游的新现象、新符号。

3.3.3 产业业态与产品创新

无论是驱动模式还是开发运营模式都是产业"能不能"发展起来的重要前提，而根据一定模式开发出来后具体应该"发展什么",则需要依托旅游业态与旅游产品的创新。好的业态能催生出好的产品,有影响力的产品创新也可以反向形成一定规模的业态,两者可以是总分关系,也可以是相辅相成的互动关系。

一般来说,产业业态是不同类型产业间组合关系的反映,这样的业态创新显然具有促进产业融合的重要作用。波兰将乡村旅游产业与生态农业密切结合,是产业融合发展领域的典型代表。印度的农民教育旅游项目、泰国的Umphang社区旅游项目以及马来西亚的Kampungstay Desa Murni社区家庭旅馆项目,都是发展乡村旅游的成功经验和成熟做法。

马勇等对成都乡村旅游现状分析后,归纳出了村落式集群型、园林式特色农业型、庭院式休闲度假景区型、古街式民俗观光小城镇型的旅游业态与产品;陶力等将36个案例划分为农业观光、休闲体验、文化遗产、生态涵养、户外运动、业态创意、红色旅游、康养度假、科普教育、特色小镇、传统村落11个类型;单钢新等提出,要促进乡村旅游从以观光为主的旅游形态向技能型、体验型形态发展转变,对研学旅游、体育旅游、户外露营等新兴业态进行重点培育和规范管理,打造有特色、有文化、有内涵的红色旅游融合发展示范区、乡村旅游重点村镇、国家研学旅游基地等(表3-2)。

表3-2 乡村文旅产业发展业态

业态类型	产业融合对象
村落式集群型、园林式特色农业型、庭院式休闲度假景区型、古街式民俗观光小城镇型	农业、民俗文化
主题农园与农庄、现代化农庄、乡村民俗文化村落、乡村主题博物馆、意境体验景观、乡村旅游俱乐部、现代商务度假与企业庄园	农业、民俗文化、文化事业、商务(也可作为旅游产品)
农业观光、休闲体验、文化遗产、生态涵养、户外运动、业态创意、红色旅游、康养度假、科普教育、特色小镇、传统村落	农业、文化遗产、运动、创意、健康养生、教育、综合

从表3-2中可以看出,乡村文旅与农业、民俗文化的融合最为常见。其中,与农业领域的结合体现出乡村农业的本体属性,是最广泛、最容易进行参与性产品开发的领域。如安吉县鲁家村首创的"家庭农场集群模式",利用4000亩低丘缓坡打造了18个各具特色的家庭农场,每年吸引约60万游客,成为国家级田园综合体的标杆。再如,海南省立足当地热带农业资源和农村生态环境优势,在全国范围内率先倡议大力发展共享农庄,推进相关试点的创建与建设工作。共享农庄是以农业与民宿业相融合为主要特征的民宿聚落新形态,通过"互联网+"和"生态+"的形式,满足游客的多样需求,对资源进行高效配置,实现游客、农民与开发商三者之间的共建、共享和共赢。为了持续推进共享农庄建设,海南省还积极开展了标准化工作。2018年,海南省农业农村厅制定了《海南共享农庄建设规

范》，从制度上规范了海南共享农庄的建设。其中具有代表性的如仁里村的石斛居民宿聚落、冯塘村的冯塘绿园共享农庄、石桥村的田园梦想共享农庄，都是结合"生活、生产、生态"需求对空间进行合理规划，形成各自的聚落特色。目前，海南省已成为我国开展共享农庄建设成效较为突出的省份，共享农庄也为海南的乡村振兴、乡村旅游及乡村高质量发展贡献了重要力量。

随着数字科技的不断迭代和升级，早年多用于文化遗产保护的数字技术已渗透到文旅全产业链。虚拟现实（Virtual Reality，VR）、增强现实（Augmented Reality，AR）、混合现实（Mixed Reality，MR）等扩展现实（Extended Reality，XR）技术与大数据、移动互联网、人工智能等一大批既有技术和新兴技术在文旅领域获得广泛应用，更多的新业态、新场景和新模式层出不穷，文旅的资源观、时空观、产品观也开始被重构，数字文旅、智慧文旅成为传播优秀传统文化、建设文化强国的重要途径，并且逐渐成了一种科技特征明显的产业融合方式。例如，浙江德清下渚湖专注于对"沉浸式体验"产品的开发，以环湖观光带为纽带，串联下渚湖多个村庄，创设全国首个沉浸式治水实践体验馆、引力乐园、深海探险 VR 馆等。

从设计学、艺术学层面来看，如火如荼的乡建、文创、乡创活动深度介入了乡村文旅产业发展，催生出多姿多彩的新业态、新产品。从乡村休闲街区到微度假社区、从传统民宿到主客共享型公共文化空间，艺术设计视野里的乡村文旅业态和产品总是与乡村原生生活和生产方式密切相关，是"记得住乡愁"的业态创新思维。海南省以共享农庄的形式构建起民宿聚落新形态，并逐渐实现规模化发展。然而，最初的民宿是指利用自用住宅的闲置房间，结合当地人文、自然景观、生态、环境资源及农林渔牧生产活动，以家庭副业方式经营，给旅客提供乡野生活的住宿场所的一种旅游产品。这样的经营形式对于旅游者来说更具乡野趣味，更重要的是，这样的民宿和一般旅馆的差异化明显，即作为家庭副业经营的民宿是有主人的，其个性化经营及游客与主人之间的互动交流，有利于各有千秋、百花齐放的民宿生态的形成。从产业发展来看，并非所有以民宿为主要特色的乡村文旅地都能有足够的资金、人力、物力投入规模化的民宿发展中，更多的地方仍然适合以"慢"思维进行本土化、个性化经营。这种"慢"并非指产业发展慢，而是从慢游、慢赏、慢聊、慢体验等角度满足旅游者深层次的慢生活需求，实现微度假与深体验之间的有机平衡，使旅游者在旅游过程中脱离"表演的舞台"，像当地人一样体验"后台区域"，从而真正把握市场发展趋势，让乡村文旅发展回归初心。

此外，从民宿创新来看，在经历了原始发展、快速发展、规模化发展等阶段后，完全回归民宿产品的最初状态是不符合科学发展规律的，要在维系个性化和"慢"思维的前提下完善精细化、美学化、共享化的服务与管理。衍生于东道主和游客关系研究中的主客共享思维，可以作为新时期民宿创新，乃至乡村文旅业态与产品创新，以及乡村文旅地与旅游者关系设计的重要理念，前述共享农庄概念在一定程度上也运用了主客共享思维。主客共享中的"主"为东道主,"客"为游客,目前学术界对于主客共享的概念缺乏统一的界定,但"主客共享、近悦远来"已成为当前旅游目的地建设中十分重要的发展理念。乡村文旅业态与产品创新的主客共享,一方面,应关注社区居民与游客如何才能更好地共同使用乡村资源,使双方均能受益;另一方面,应在共享过程中注重良性的社会交往对于促进友好型乡村社会空间发展的重要作用,最终形成互惠互利、有序互动的"主客共享"的物理空间与社会空间。

3.4 新时代我国乡村文旅内涵

"方宅十余亩,草屋八九间。榆柳荫后檐,桃李罗堂前。暧暧远人村,依依墟里烟。狗吠深巷中,鸡鸣桑树颠。户庭无尘杂,虚室有余闲。久在樊笼里,复得返自然。"陶渊明的《归园田居》既表达了诗人的为人品格、人生理想及辞官归隐后的愉悦心情与乡居乐趣,也生动地描绘出清新古朴、恬静美好的农家生活,以及充满自然本色的田园妙境和真美意蕴。袅袅炊烟、鸡鸣犬吠、远山近水……这些意象在当代旅游境遇下早已成为一种符号、一种文化,承载着乡村生产生活方式的独特价值。情景交融间,是乡愁、是恬淡、是内心的宁静,更是乡村旅人在这凡世间最难掩的乡土情怀。

3.4.1 问题提出与思考

虽然,乡村旅游的本质日益体现为对"乡村性"的文化旅游,但是在概念、内涵上对乡村文旅与乡村旅游的区分和联系还没有形成明确共识,新时代背景下,迫切需要对这一问题作深入研究。

首先,从旅游与文化的历史结合来看,1977年,麦金托什(Robert McIntosh)和格波特(Shahikent Gebert)在其著作《旅游学:要素·实践·基本理论》中运用了"旅游文化"的概念,认为旅游文化概括了旅游的各方面,是游客、旅游设施、东道国政府和接待团体相互影响所产生的现象与关系的总和,人们可以通过旅游了解相互之间的生活和思想。1984年出版的《中国大百科全书·人文地理学》提出了"旅游文化"概念,认为旅游与文化有着不可分割的关系,旅游本身就是一种大规模的文化交流,游客不仅可以了解游览地的文化,同时也把所在国的文化带到游览地,使地区间的文化差别日益缩小,并且,从原始文化到现代文化都可以成为吸引游客的因素。麦克唐纳(Roberta MacDonald)等在整合代表性学者有关乡村旅游概念的论述的基础上,提出了文化乡村旅游的概念,并认为文化乡村旅游应该包括一个独特的农村社区,它有自己的传统、遗产、艺术、生活方式、地方性和世代相传的价值观,游客在游览这些地区时可以了解当地文化,体验民俗、风俗,参观自然景观和历史地标,还可以在乡村环境中享受其他活动,如接触自然、探险、体育活动、节日活动、手工艺和一般观光等。这些研究中所提到的关键词包括生活和思想、文化交流、原始文化、现代文化、生活方式、地方性、价值观等,对于理解乡村文旅概念有较大的启示价值。

其次,从乡村旅游概念本身及其延伸价值来看,现实中很多乡村旅游的定义主要以农村为主体,忽略了渔村和游牧村,乡村旅游的地点应该涵盖农村、渔村、游牧村,同时要有乡村的民族民俗、文化内涵。安传艳等认为,乡村旅游的研究价值在新时代有所转向,更加凸显全方位的人文关怀。具体来说,中国乡村旅游研究从最初关注"三农"问题的解决,到游客价值(主要为城市居民)需求的满足,再到思考乡村社区居民(主要为乡村居民)利益问题的回归,最终到国民的全面发展和生活质量的提高,研究逐步把乡村旅游作为民生工程、幸福产业,以人的发展作为落脚点。这种价值路径反映了学者研究视角的逐步开阔,全方位的人文关怀也逐步凸显。

再次,从文旅融合来看,针对文化和旅游深度融合、共同发展的问题,许多专家、学者提出了自己的观点。邓爱民等认为,文旅融合型的乡村可以分为乡土文化旅游、历史文化旅游和民族文化旅游三种类型。其中,乡土文化旅游突出农耕文化等乡村本体文化体验,如安徽省合肥市长冲村以田园农耕生活体验为核心吸引物,开发设计舂米磨面、播种插秧等农事参与项目,增强农耕文化体验。历史文化旅游则以历史文化村落、历史变迁等事物为核心旅游对象,感受历史氛围、学习历史知识,如安徽宏村、西递等著名的历史村落群等。民族文化旅游发展历史悠久,以体验少数民族文化为主,无论是住吊脚楼还是唱山歌、跳竹竿舞,都能感受到浓郁的民族风情和异乡风貌。陆超认为乡村旅游4.0阶段是深入的乡村旅居阶段,该阶段生活化居住氛围增强,逐渐成为主流。文创与旅游深度融合的重点应是根据家庭型、学习型、休闲型的度假需求,打造"旅游新场景",实现旅游产业供给侧结构性改革。

最后,从已有的零散的乡村文旅概念来看,发布于2021年6月的青海省地方标准《乡村文化旅游建设指南》(DB63/T 1927—2021)将乡村文化定义为乡村居民在长期从事农(牧)业生产与生活实践中逐步形成的历史积淀、风俗习惯、是非标准、理想追求等,表现为遗迹遗址、民俗民风、物质生活、行动章法等,是源于乡村、不同于城市、带有浓厚乡土气息的文化。同时认为,乡村文化旅游是通过挖掘、利用乡村文化和旅游资源,开展以游览参观、农耕(游牧)体验、休闲度假、康体娱乐、科普研学等活动为主要功能的文化旅游体验形式。

3.4.2 乡村文旅新概念探索

将旅游和文化以及乡村联系起来给出一个具有普适性意义的概念确实有些困难,其原因在于这三个概念本身就具有丰富内涵,无论是给旅游简单加上文化这一前置,还是将文旅限定在乡村领域就成了乡村文旅,都是过于简化理解且不太可取的。关于这一点困扰,国际古迹遗址理事会也认为,作为一个名词,文化旅游对众多的人意味着众多的东西,而它的优势和缺陷也均在于此。迪克罗(Hilary du Cros)等的知名著作《文化旅游》一书也对文化旅游这一矛盾特点作了阐释,他们认为文化旅游是最古老的一种特色旅游形式,同时也是一直以来最受误解的一种旅游形式,然后分别从旅游活动要素枚举、旅游动机、经验路径三个角度分析了与之对应的三类文化旅游定义,并认为这些定义都有其优点,但也都有范围上的局限,且在本质上都是循环的,特别是经常使用"文化旅游包括对……的访问"一类的描述。针对这些问题,他们将文化旅游定义为一种旅游形式,依赖于目的地的文化遗产、资产,并将它们转化成可供旅游者消费的产品。这一定义涵盖了四个关键要素,即旅游、文化资产利用、体验和产品消费、旅游者。其中,特别强调了文化资产包括体现某一群体或个体独特世界观的当代艺术或遗产艺术,即文化旅游不仅仅限于过去遗产型的文化,也包括现当代文化与正在延续的文化习惯、知识与生活经验等"活着"的文化。迪克罗等最后总结,对这一文化旅游定义最恰当的理解是将其作为一个伞式术语来使用,代表了一个产品种类(虽然在终极意义上也会显得有些武断),即那些包含在目的地文化遗产资产之中的体验和活动。今天看来,虽然这一定义早在2005年就被提出,但在比较了许多其他定义之后,依然可以发现这一定义具有较强的普适性,而且在以文化旅游为支点进行产业撬动、产业发展与产业融合时,定义中蕴含的"文化转化""消费""产品"内涵就更具优势了。

不过,联系当前文旅发展实际,这一定义依然有一定不足。一是在供需关系的均衡性体现上有所欠缺,也就是说,该定义的表述视角主要是基于文旅产品提供者,对产品接受者的旅游者需求视角表述不够明显。二是在服务经济、体验经济时代,服务与体验作为一种特殊产品的重要价值日益凸显,在定义中加以明确也是符合时代发展趋势的,同时避免了仅用消费一词代替所有旅游者行为从而忽略了单纯体验并无商业消费的现象。

本书在综合各类研究观点,特别是借鉴迪克罗等关于文化旅游的定义,以及乡村文旅发展实际的基础上,尝试提出乡村文旅新概念,即乡村文旅是乡村旅游发展到一定阶段的新表述,依赖于目的地过去与现在的文化资产,以及由这些文化资产转化而成的能满足旅游者不同需求的消费型、体验型产品与服务。这一定义一是说明了乡村文旅与乡村旅游的关系,即两者不是前者取代后者,也不是后者涵盖前者的关系,而是一体两面的、现实中并存的关系;二是用文化资产来对文化遗产、自然与人文景观、优秀传统文化以及各类乡土文化作统一表述;三是如前所述,使旅游者视角、体验与服务等内容得以体现。总体来看,这一新表述既继承了旅游学传统,又通过产品与服务两个关键词体现了设计学视角,以及服务设计介入乡村文旅领域的必要性与现实意义。

4 产业视角下核心利益相关者调研与分析

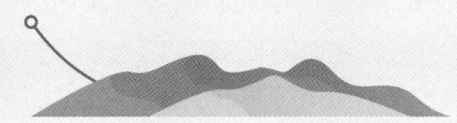

　　利益相关者的界定是挖掘乡村文旅各方需求、定义服务问题的先决条件。旅游业涉及面广，其利益相关者也十分广泛，乡村文旅利益相关者就是能够通过各种途径影响乡村文旅发展和产业目标实现的任何个人或群体，或者受到乡村文旅发展影响的任何个人或群体。李凡等根据利益相关者的紧密程度，分别将利益相关者分为核心层、紧密层与松散层3个层次，以及密切型、中间型与疏远型3个类型。从服务设计层面来看，通常将利益相关者分为3个圈层：一是主要利益相关者或直接用户，二是重要利益相关者或内部利益相关者，三是其他利益相关者或外部利益相关者。

4.1 产业链中的核心利益相关者

针对乡村文旅，赵静从管理维度、供给维度和需求维度将行政管理方、服务供给方、旅游消费方作为核心层利益相关者，将行业协会、旅游教学科研机构作为外围层利益相关者，将非政府组织、新闻媒体等作为边缘层利益相关者。本书在此基础上结合产业研究特点，将乡村文旅产业的利益相关者分为核心利益相关者、中间利益相关者、其他利益相关者。其中，核心利益相关者包括旅游者、文化旅游开发经营方、旅游地社区居民、行政管理部门，中间利益相关者包括行业协会、高校文化与旅游教学科研单位、文化与旅游科研院所，其他利益相关者包括新闻媒体、非政府组织等（图4-1）。依据重要度，本书主要对核心利益相关者需求展开分析，并结合服务设计理念探索我国乡村文旅产业服务升级的总体策略。

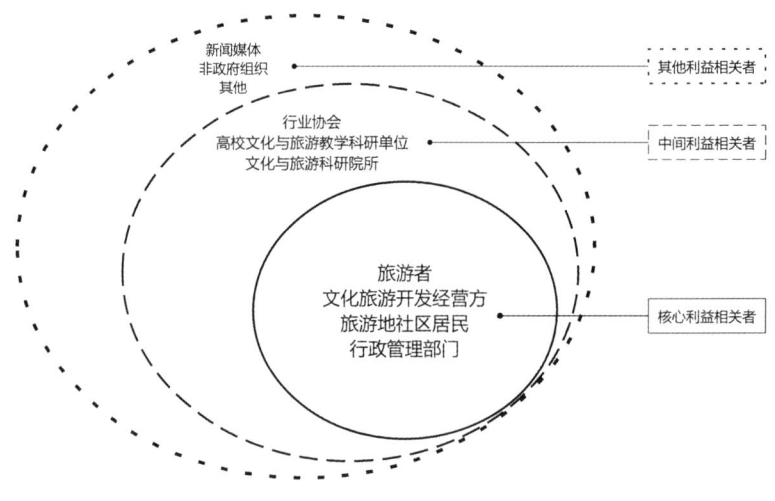

图4-1 乡村文旅产业核心利益相关者圈层图

4.2 旅游者需求调研与分析

4.2.1 相关概念

旅游需求是在一定时期内和一定价格水平上，旅游者到访某一特定目的地的真实意向和行为的总和。该定义同时包含了代表"需求程度"的意愿或动机，代表"需求什么"的内容和代表"需求多少"的数量。对于乡村文旅，"需求程度""需求什么""需求多少"有着其自身特征。以下将重点从动机和内容两方面进行分析。

4.2.1.1 旅游者的"需求程度"——旅游动机的理论分析

麦金托什认为旅游动机包括生理动机、文化动机、人际动机、地位和声望动机等；施润周等则认为追求社交满足、追求体验和追求意义是旅游的三种基本动机；其他西方学者在20世纪末、21世纪初，总结出了寻求后台体验、追求差异化的反向性、放松身心、寻找满足感与踏实感等乡村旅游动机。随着时代发展与社会进步，我国乡村旅游者的旅游动机呈现出多元化特征。陶玉霞将现代乡村游客诉求的表现归纳为乡野休闲放松、农家餐饮娱乐、优美环境颐养、田园理想追求、身份认同寻找、人性根基回归、文化传统皈依等七个方面。束良勇2015年针对桐庐县乡村旅游消费者需求的调查显示，不同旅游动机及其占比情况为：休闲度假（45.1%）、远离城市喧嚣（37.9%）、体验乡村生活（35.1%）、朋友聚会（33.1%）、户外运动（29.5%）、家庭度假（26.1%）、疗养身体（11.2%）、土特产购物（4.5%）和商务会议（4%）。随着各类社交媒体对日常生活的持续介入，旅游者还对旅游信息的分享具有强烈的需求，这种分享往往包含旅游地信息、旅游者见闻、旅游者感悟或体验，以及即兴或精心编排的文字、图片与视频综合信息等。杨睿等进一步将旅游者在微信朋友圈分享旅游信息的需求动机划分为信息性需求、娱乐性需求、认同性需求、社交性需求和时尚性需求五类。

综上所述，本书认为乡村文旅动机包括休闲放松、观赏田野风光、品尝乡村美食、购买乡村特色产品、体验乡村农事、体验乡村文化、体验乡村生活、追求田园理想、怀旧与寻根、康养度假、科普教育、研学、团队建设、社交、商务会议等。针对这些需求动机，旅游供给方需要及时调整产品与服务策略，动态监测旅游者需求变化，特别是如何将旅游短期需求与长期期望有机结合，如何充分开发具有社交属性的旅游产品与服务，优化旅游供给，乃至构建需求管理机制，这些都尤为重要。

4.2.1.2 旅游者的"需求什么"——旅游内容的理论分析

根据现有文献研究成果与国内大多数区域的产业发展实践经验，乡村文旅吸引物受欢迎程度的排名依次为：乡村自然生态景观、农家乐、乡村人文民俗活动、乡村遗产与建筑景观、生态与高科技农业园、乡村旅游商品与工艺等。其中，乡村自然生态景观、农家乐对游客的吸引度均过半，再加上乡村人文民俗活动、乡村遗产与建筑景观，这4种旅游吸引物对游客的吸引力占比相对较高。在亲子游中，最受欢迎的亲子活动是城郊公园野餐休闲和生态自然教育，科技馆游览、农耕采摘、传统手工学习、游乐园机械娱乐、民俗博物馆参观等的受欢迎程度紧随其后，所占比例均相差不大。更为全面的乡村文旅旅游者内容需求研究则有赖于旅游地形象感知分析、旅游地服务质量测量与游客满意度分析等多元化的深入分析。

（1）旅游地形象感知分析

提出旅游目的地形象概念的亨特（John Hunt）认为，旅游目的地形象是人们对旅游目的地信任、意见、印象及期望的综合。巴洛格鲁（Seyhmus Baloglu）等较早将旅游地形象划分为认知、情感和总体3个部分并提出"认知-情感"模型，这一观点也较大程度上影响了国内的相关研究。许多学者通过对旅游地形象认知分析以及对旅游者积极、消极情感研判，归纳出研究对象总体的旅游形象，形成了大批研究成果。在游客旅游总体形象方面，王敏提出了景区空间环境形象、旅游景观形象、旅游服务形象和旅游体验认知形象；彭丹等将其归纳为景观意象、文化意象、地方意象和情感意象。更多研究针对不同类型旅游地提出了与之相对应的具体主题，如山西平遥古城的旅游环境、旅游供给、旅游体验、旅游服务、旅游设施、旅游安全，福建土楼的旅游吸引物、旅游环境氛围、历史文化、旅游设施和服务、旅游体验、旅游宣传与保护和旅游资源评价，广西桂林龙脊的旅游景观、民族文化氛围、景区管理、游客活动、情感评价，重庆洪崖洞的独特环境、建筑风貌、夜景风情、美食购物和休闲氛围，新疆全域的旅游吸引物、旅游环境及服务、公共环境及服务与旅游者主观意向等不同层面、不同视角的解构。这些研究成果涵盖了自然景观、古建古村落、民族风情、民俗文化等主要文旅资源，且具有较高被引频次，可以作为我国乡村文旅目的地形象构成分析的重要参考。

为了适应本书需要并为后续研究奠定基础，笔者在综合借鉴已有研究成果和国家标准《旅游资源分类、调查与评价》（GB/T 18972—2017）以及《广东省乡村休闲产业"十四五"规划》中有关乡村聚落建筑、乡村历史遗存、乡村民俗文化三大乡村休闲旅游资源分类的基础上，提出了乡村文旅目的地形象属性基础类目（表4-1）。

表4-1 乡村文旅目的地形象属性基础类目

主类目	次类目				
区位与交通	地理位置		外部交通		
旅游氛围	旅游地知名度	居民友好度	生产生活原真性		安全性
旅游吸引物	自然景观	人文景观	历史遗迹	特色文化	特色活动	乡土生活
旅游设施	基础设施		特色设施		
产品与服务供给	土特产	实体开发产品	数字化开发产品		主题旅游服务产品
旅游体验与评价	积极		中性		消极

该基础类目表设置了6个主类目和21个次类目，主类目在已有研究的基础上，结合旅游形象各认知因素的重要程度，更加突出归纳性和不同类型形象的区分度。例如，对旅游设施的次类目进行简化，将常规的道路、停车场、游客中心、公共厕所等基础建设项目设置为基础设施，将其他各地依据自身情况开发建设的特色文化博物馆、展示馆、体验馆等个性化设施统一归为特色设施；对作为主要旅游形象感知的旅游吸引物则采取物质、非物质两大层面的划分原则，既注重对种类繁多的旅游吸引物的统一整合，又注重对不同性质旅游吸引物的区分，如以"特色文化""特色活动"来同时涵盖传统历史文化、传统民俗活动及能反映时代发展与社会进步的新的文化形态与活动类型。次类目在体现归纳性的基础上，还注重对旅游专业词汇的运用和整体易理解性的统一，以及对实体产品与服务产品的细分。

（2）旅游地服务质量测量分析

从服务管理、服务科学的层面看，服务质量测量常用的模型方法主要有SERVQUAL（服务质量）模型、SERVPERF（服务性能）模型、The Three-Component Model（三要素模型）和Hierarchical Factor Structure（分层因子结构）等。其中，SERVQUAL模型应用普遍，但无法有效证明对服务质量的衡量由服务期望与服务绩效差异之间的差距决定。SERVPERF模型认为服务质量的评价基础就是服务绩效，相对SERVQUAL少了半数有关消费者服务期望的调查项目，但其在信度、效度、预测能力等方面均优于SERVQUAL。The Three-Component Model认为服务产品、服务传递和服务环境共同构成了整体的服务质量，具体包括技术质量、功能质量和环境质量。Hierarchical Factor Structure也被称为BCM模型，该模型认为外部环境质量、互动质量、结果质量构成了服务质量的三大维度。其中，外部环境质量包括设施设计、周边氛围和社会因素3因子，社会因素是指人的数量及由其他顾客的行为所造成的影响；互动质量包括态度、行为和专业知识3因子；结果质量包括有形性、等待时间和效价3因子，等待时间是指从顾客进入服务场所到接受服务的时间，效价是指顾客对服务的总体信念。

旅游地服务涵盖范围及其服务主体十分广泛，既包括来自旅游企业、旅游经营户和旅游景区的各类商业化服务，也包括由当地政府所提供的基础设施服务，还包括由当地居民支持度所营造的"氛围"服务。因此，旅游地服务质量与企业服务质量在具体测量指标上有许多不同，差异化明显。此外，由于本研究基于服务设计理念，且强调乡村文旅的整体视角，因此，将主要通过以下途径确定乡村文旅地的服务质量测量指标。

其一，基于对各类测量模型的综合比较，笔者主要采用BCM模型所确定的外部环境质量、互动质量、结果质量为三大测量维度；其二，在各测量维度中沿用Hierarchical Factor Structure法的周边氛围、社会因素、设施设计、态度、行为、专业知识、等待时间、有形性和效价等9大测量因子；其三，从服务设计与文旅角度看，服务质量还需考虑包括旅游纪念品、文创产品等在内的有形文化产品，以及对旅游吸引物文化传承与保护性开发情况的测量，这类测量指标将被归类到结果质量维度中的有形性测量因子中；其四，除了沿用原始模型中的设施布置摆放情况外，在环境质量维度的设施设计因子中，增加有关设计学考量的美观度、人性化设计指标；其五，在互动质量维度的行为因子中采纳、整合SERVQUAL量表中的响应性、移情性指标，设定更符合本研究需要的指标；其六，将SERVQUAL量表中的可靠性、保证性指标，以及SERVQUAL量表所忽视的价格因素，筛选、充实到结果质量维度的效价因子中（表4-2）。

表4-2 基于BCM模型的乡村文旅地服务质量测量指标

测量维度	测量因子	测量指标
外部环境质量	周边氛围	风光优美或风貌怡人
		文化独特
		商业开发与乡村风貌维护均衡
		当地居民态度友好
	社会因素	游客量适中
		游客文明旅游情况较好
	设施设计	服务设施设计美观
		服务设施的设计人性化
		服务设施的布置科学合理
互动质量	态度	服务人员态度好
		服务人员有责任心
	行为	服务人员能够及时提供服务
		服务人员能体察游客的需求和利益并改善服务
		游客投诉或遇到困难时可以及时获得反馈与帮助
	专业知识	服务人员对于游客的问题能给予专业的回复
		服务人员的综合素质高
结果质量	等待时间	旅游服务内容能够及时提供并完成
	有形性	内部交通与停车场等设施完善
		厕所与垃圾处理等环卫设施完善
		餐饮设施完善
		住宿设施完善

续表

测量维度	测量因子	测量指标
结果质量	有形性	购物设施完善
		休息、休闲和娱乐设施完善
		标牌导引设施完善
		土特产丰富
		休闲娱乐活动丰富
		文化体验活动有特色
		传统工艺美术品、纪念品有特色
		文创产品富有创意性和设计感
		数字化产品具有趣味性和文化性
		旅游地文化保护情况好
		旅游地文化保护性开发适度
	效价	旅游消费价格与旅游收获相匹配
		旅游消费时感到放心与安全
		实际体验的服务内容与承诺的相符合
		获得了有价值的文化体验

4.2.2 网络文本数据调研与分析

4.2.2.1 基于网络文本数据的旅游需求研究

旅游目的地感知形象是游客对目的地各类要素的体验感知以及情感评价的综合，已成为决定旅游者忠诚度的重要前置变量。数字时代下，能直接反映旅游者对旅游地形象偏好和需求的在线评论、分享等海量网络文本具有重要的研究价值。

赵振斌等的《基于网络文本内容分析的太白山背包旅游行为研究》，以及付业勤等的《基于网络文本分析的旅游形象研究——以鼓浪屿为例》等研究成果均是国内发表较早且被引频次超300的重要文献。两组作者均充分利用了网络文本数据进行深度的内容分析，验证了网络文本内容分析方法的实用性与可靠性，引领着国内相关研究的开展。这些研究均以著名旅游景点、景区乃至旅游城市为具体案例，开展了深入的网络文本数据采集、分析与挖掘研究，获取旅游者在旅游前中后各环节中的关注点以及影响其情绪和体验的主要原因，形成旅游形象、游客感知的要素构成体系，从而掌握旅游者"需求什么""满意什么""不满意什么"等关键的旅游需求信息。也就是说，网络文本分析已经成为旅游业获取游客对旅游目的地形象感知信息的重要方式，还能够清楚地获知最吸引游客的内容和主题，以及游客满意与不满意的相关信息。同时，由于网络语境下的文本数据不受时空、发布者身份、其他观点等因素的影响，其时效性强，内容的真实度、可信度和全面性均较高，所产生的研究结论也较为可靠。因此，本书也将利用这些优势，针对乡村文旅领域的网络文本进行分析，以深入挖掘游客的真实需求。

具体研究方法：一是，与第三方数据提供商合作，并利用携程等在线旅游网站的公开信息，获取与目标旅游地相关的网络游记与点评文本；二是，在剔除干扰文本、整合相近文本、自主添加部分自定义词语等预处理后获得有效文本；三是，利用文本挖掘软件对文本内容进行词频、语义网络和情感分析，从而获得游客整体的感知形象并为后续分析提供研究基础。

4.2.2.2 若干乡村文旅地的网络文本数据调研分析

一是目标乡村文旅地的选取与分析。首先，从《全国乡村旅游重点村名录》中选择目标地。2019年，文化和旅游部、国家发展改革委以"文化和旅游资源富集、开发合理""乡村文化传承保护、转化发展较好"等条件作为重要遴选标准，联合启动了《全国乡村旅游重点村名录》建设工作，示范引领各地深入挖掘乡村文化的价值内涵和符号元素。目前，已陆续公布了四批《全国乡村旅游重点村镇名录》（第二批开始扩展为"村镇"名录），列入名录的村镇是国家层面发展乡村文旅的重要目的地，无疑具有很强的代表性。本书依据知名度、影响力、发展潜力等综合因素，分别选取了安徽省黄山市黟县宏村镇宏村、安徽省黄山市黟县西递镇西递村、江西省上饶市婺源县江湾镇的篁岭村、浙江省金华市兰溪市诸葛镇诸葛八卦村、陕西省咸阳市礼泉县烟霞镇袁家村、贵州省黔东南苗族侗族自治州黎平县肇兴镇肇兴村、山东省临沂市沂南县铜井镇竹泉村为第一批研究对象。其次，基于对乡村文旅连片发展趋势以及服务设计跨领域整合优势等方面的考虑，另外选取了福建永定、南靖土楼群所在的相关乡村，以及浙江省丽水市云和县崇头镇的云和梯田群旅游地为第二批研究对象。最后，依据所获得的网络数据文本量情况，重点对宏村、西递村、篁岭村、福建土楼等地展开具体分析。

二是网络数据分析。本研究主要利用ROST Content Mining内容挖掘系统软件及其分词、词频分析、社会网络和语义网络分析等功能开展数据分析。ROST Content Mining软件是武汉大学信息管理学院沈阳教授研发的一种内容挖掘系统软件，可以针对网页、论坛、博客、微博等网络信息源进行分词、词频统计，并且进行聚类、相关性、相似性、情感倾向、共现、同被引、时序、趋势、词频爆发、语义网络及社会网络分析，实现内容挖掘、文本分析、知识处理等目的。获得高频词汇文本后，先排除旅游地自身词汇（如宏村、篁岭等）和部分无意义词汇，整合部分含义相同或接近的词汇，再统计整理出排名前60的词汇及其频次数以制作高频词汇表格。需要说明的是，高频词汇表中带"/"符号的词汇代表具有同一含义但文字表述稍有差异的同一类词汇，如"景色"类词汇，除了"景色"的表述以外，还有"风景""景致"等含义相同的其他表述，在统计时就把该类词汇的频次数累计起来获得该类词汇的总频次数。带"（ ）"符号的词汇则是指同一含义词汇的两种出现方式，在频次统计时也进行了累计。对于网络文本的社会网络和语义网络，分析图中线条连接数越多的词汇意味着它在文本中出现的次数也越多，各线条间距离的远近则体现着词汇间的关系密切程度。

三是评论时间范围的确定。为了较全面地呈现出游客不同时期的旅游评价与感知，增大研究对象的时间跨度，同时结合数据源可见信息的实际情况，确定评论数据最早的起始时间为2015年10月1日，截止时间为数据采集结束时的2023年3月6日。

（1）宏村网络文本数据调研分析

A. 总体概况

宏村是安徽省黄山市黟县宏村镇下辖村，至今已有800多年历史，列入《世界文化遗产名录》，也是国家首批12个历史文化名村之一，拥有举世无双的古水系——水圳、月沼、南湖，保存完整的古代书院"南湖书院"，徽商故里"三立堂、乐叙堂"等重要文物。宏村网络文本有效评论达数千条。其中，来自宏村所在地的安徽省所属评论数最多，其次是江苏省，再次是上海市，其他数量较多的区域分别是浙江省、江西省、山东省、广东省、北京市、湖北省和福建省。相对来说，来自南方区域的游客较多，整体来看则遍布全国大多数省份，呈现出广泛的区域分布特征。

B. 高频词分析

运用ROST Content Mining软件对采集到的文本数据进行分词与词频分析，然后选取排名前60位的词汇组成高频词汇表（表4-3）。从整体词性来看，这些高频词汇包含名词、形容词和动词等，并以名词、形容词居多。名词主要体现宏村的旅游资源、地理位置、特产等，形容词则主要反映游客对宏村的印象、感受与评价等，动词相对较少，主要描述游览过程中的一些行为。

从表中可以进一步看出，出现频次最高的词为"景色"，说明宏村虽然因其世界文化遗产地的称号闻名于世，但游客的第一印象或在其总体印象中比较深刻的仍然是作为整体性的景观特征，即宏村印象是文化景观与自然景观交相辉映、自然交融的整体，并且首先体现在由湖水、倒影、小桥、古树、晨曦与落日等自然景观所构建出的"画里乡村"中。正如游客所说，"因为村中的湖水，村子显得更加美丽""湖水环绕，云雾缭绕，感觉置身于国画"，这样美不胜收的景致最终与人文景观共同绘就了"湖水清莲，拱桥如虹，四周山色与粉墙黛瓦倒映湖中，山、水、民居与人自然融为一体，好似一幅正在徐徐展开的山水画卷"的生动画面。

出现频次排名第二的是"建筑"。"建筑"一词一般都与"徽派""徽式""古"组合

表4-3 宏村旅游形象游客感知排名前60位的高频词汇

序号	词汇	频次	序号	词汇	频次	序号	词汇	频次
1	景色/等	954	21	民宿	184	41	江南	90
2	建筑	661	22	导游	182	42	书院	88
3	值得	558	23	安徽（省）	179	43	保存	87
4	村子/等	553	24	漂亮	169	44	热情	82
5	徽派/等	493	25	徽州	168	45	住宿	78
6	门票	421	26	历史	166	46	自然	72
7	商业（化）	418	27	古镇	164	47	味道	72
8	南湖	363	28	体验	156	48	遗产	71
9	黄山（市）	361	29	拍照	143	49	小吃	69
10	月沼	350	30	西递	138	50	安静	67
11	村落	325	31	民居	137	51	不值	67
12	景点	300	32	学生	115	52	票价	66
13	文化	233	33	老板	109	53	明清	64
14	方便	232	34	黟县	104	54	典型	64
15	晚上/等	211	35	有趣/等	103	55	严重	63
16	写生	202	36	好玩	101	56	皖南	63
17	水墨（画）	200	37	孩子	96	57	好吃	59
18	优美/等	196	38	好看	95	58	人文	58
19	性价比	195	39	服务	91	59	免费	58
20	环境	184	40	酒店	90	60	干净	58

在一起，在评论文本中以"徽派建筑""徽式建筑""古建筑"等形式出现，充分体现了宏村地域性古建筑在游客感知因素中的重要地位。"宏村的整体景色主要以徽派建筑为主，有较为本色的乡土气息，其中的院落错落有致""徽派建筑的集大成者""建筑上的徽派三雕——砖雕、石雕、木雕，像剪纸一样精细""徽派建筑的斑驳美到无与伦比""徽派建筑秀美的身影投射在灵动的湖面，构成了天然的山水中国画卷"。出现频次排名第三的是"值得"。通过对具体文本的分析可以发现，大多数游客对宏村的旅游推荐是"很值得、非常值得、值得一去、值得一看、值得一游"等正面评价，总体反映出宏村旅游发展的积极成果。"村子""乡村""村里""村庄""小村"等具有相近含义的词汇总频次排名第四，印证了宏村在游客心目中既是著名景区也是典型的乡村旅游地，如果把排名稍微靠后的

"村落"频次数一并计算,那么代表"乡村"内涵的词频数排名将升至第二位,进一步明确了宏村属于乡村文旅地的范畴。"徽派""黄山""安徽""徽州""黟县""江南""皖南"等词汇的高频出现,反映了游客对于宏村徽派文化特征、区域位置的清晰认知,也是宏村知名度高、文化特征明显的体现。基于这些认知与感知情况,"村落""文化""水墨""优美""历史""民居""有趣""好玩""好看""遗产""明清""人文"等相关高频词汇的出现也就顺理成章了。

C. 社会网络和语义网络分析

运用ROST Content Mining软件对采集到的文本数据进行社会网络和语义网络分析(图4-2)。

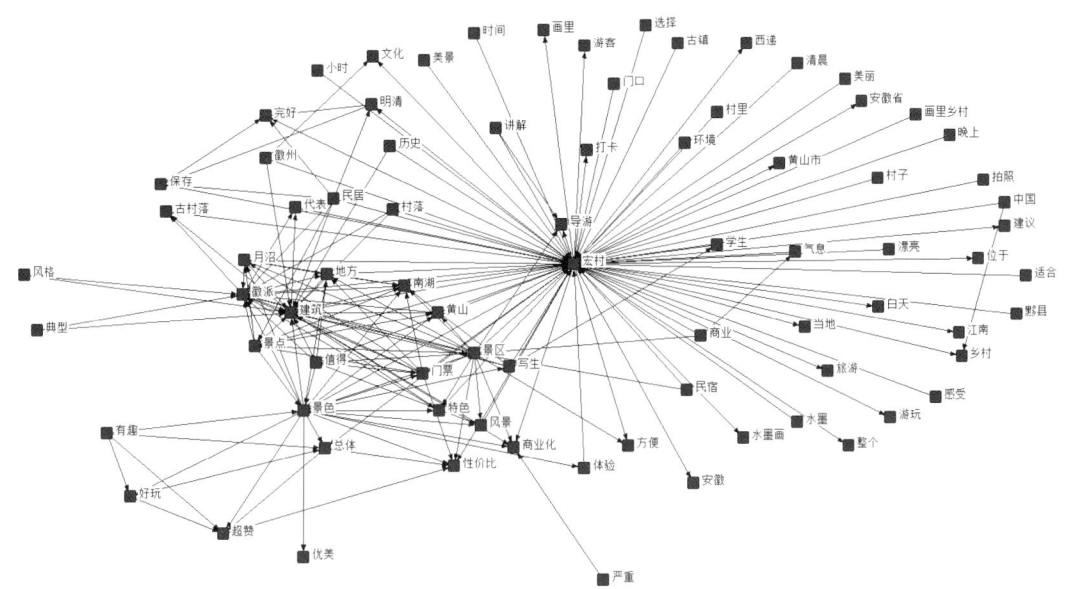

图4-2 宏村游客感知的社会网络和语义网络

从中可以发现,围绕"宏村"这一核心旅游对象,游客感知到的高频词汇呈单线条和相对聚集交叉的形式分布于四周。其中,单线条关联词汇代表宏村的多样化、独特化感知特征,如"画里乡村""水墨画""古村落""清晨""美景""打卡""文化""古镇""明清"等。相对聚集交叉范围内的高频词汇则表示若干组关系更为紧密的感知要素,如"建筑""徽派""南湖""月沼""黄山""景区""景点""值得""景色""门票""性价比""商业化""写生"等词汇之间形成了勾连交错的网状关系。从这些网状关系中可以发现,游客就"景色"的"总体"感知为"有趣""好玩""优美""性价比高",对由"徽派""建筑"所形成的"古村落"式的"典型""风格"十分认同,并认为宏村"明清"风格的"民居""建筑"的"保存"程度较为"完好"。从共词的角度来看也印证了这些网状关系词汇的高度关联性，如"徽派"与"建筑"的共现频次为385，"宏村"与"景色"的共现频次为245，"宏村"与"南湖"的共现频次为221，"宏村"与"月沼"的共现频次为211，"宏村"与"古村落"的共现频次为108，"学生"与"写生"的共现频次为108，"总体"与"超赞"的共现频次为94等。部分词汇共词矩阵如表4-4所示。

表4-4 宏村旅游形象游客感知部分词汇共词矩阵

词汇	宏村	景色	建筑	徽派	门票	风景	值得	黄山	景点	南湖	月沼	方便
宏村		245	293	236	166	111	116	196	181	221	211	82
景色	245		128	112	68	59	95	51	74	79	76	
建筑	293	128		385	73	60	80	64	72	102	91	
徽派	236	112	385		63		63	57	62	83	84	
门票	166	68	73	63					61	53	58	
风景	111	59	60				57					
值得	116	95	80	63		57						
黄山	196	51	64	57					57			
景点	181	74	72	62	61			57		65	56	
南湖	221	79	102	83	53				65		219	
月沼	211	76	91	84	58				56	219		
方便	82											

D. 优势与问题并存下的旅游者需求分析

在这些高频词汇里有一些比较特殊的词汇值得关注，它们一方面体现出宏村旅游发展中的积极因素，另一方面也暴露出一些问题，深刻反映了游客的内在诉求。

一是对"门票"和"性价比"的高关注度。"门票"的频次数排名为第6位，"性价比"的频次数排名为第19位，均是游客十分关注的内容。"门票"所关联的内容主要包括门票价格、门票优惠政策、门票预订和领取、门票使用方式等信息，"性价比"所关联的内容主要包括正负面两种评价，往往和"门票"结合在一起。例如，正面评价有"门票登记身份证可多次进出""买了景区门票后可以凭身份证、电子身份证进出景区""门票三天可用非常人性化""旅游淡季有门票半价的优惠活动，还比较划算""抢到黄山旅游局送的券，相当于门票半价，很划算"等。负面评价则是因旅游体验不佳而认为门票价格偏贵，如"门票贵，性价比不高""在哪里换票、如何实名登记，景区并没有清晰的指引""买票有点复杂，索道按照身高，门票按照年龄，全程服务态度最差的就是短驳车"等。对于大多数游客来讲，出游的消费成本、时间成本以及便利度是影响旅游决策、旅游行为、旅游体验的首要因素,需要相关方在开发经营中给予充分考虑。

二是"商业化"的取舍与均衡。"商业化"的频次数排名为第7位,仅次于"门票"的排名,高于"景点""文化""特色""水墨"等排名,深刻反映了游客对于宏村在商业开发经营方面的形象感知。通过对评论文本内容的抽取和分析,可以发现主要感知包括以下几方面。

"商业气息太重,2007年也就门口一点商业,其他地方都是当地人家,婆婆洗菜、吃饭都随处可见。现在不仅外边都是买卖,里面也都是民宿、咖啡店、工作室、饭店。""太商业化了,已经不是从前的宏村。""感觉就是个商业村,整个村子都是店铺。""宏村其实很美,它背靠黄山,徽式民居的规模也很大,但就是商业气息太浓了,本来期待的是一步一景,但实际情况是一屋一店铺。""宏村精华只剩外面一层皮,中央的月沼还行,其余商业化太盛,拍照完全避不开广告牌,酒店大集合。"

——商业化严重

"过度商业化让整个村子急功近利,大家都卖着一样的东西,一样的销售方式。""宏村太商业化了,而且各家各户同质化有点严重。""商业精致度不够,咖啡、茶馆都比较一般,餐厅菜式大同小异。"

——商业同质化严重

"很多人说宏村过于商业化了,随着对景区的开发,商业化是必然的,而宏村是涓涓细流的美,你品,你细品。过于浮躁的心看到的只有中心街的商铺以及南湖月沼的人群涌动。放下在城市中快节奏的心,既然是旅游就放轻松慢慢体会。""有人说宏村有些商业化,但我觉得生活在大城市里的人,已经习惯了现代化的生活方式,真的能接受过于原生态的现实吗?小小的一个村子,食住行游购娱都包括才更吸引我,我也会觉得去那里走走更安全。""商业气息是免不了的,但饿了有不错的饭馆可以选,逛累了能有个咖啡店发发呆,不好吗?""也不算特别商业化,主要取决于你的心态。""虽然宏村也很商业化,餐厅、咖啡厅、茶吧、酒吧一应俱全,但却不让人反感,反倒增添了一份门庭若市的气氛,与早晚的安静形成了对比。""商业化也并不都是坏处,它给游客带来了方便,给村民带来了收入。"

——商业化无法避免,商业开发与乡村文化要均衡发展

"这是一个商业化很明显但却不让人觉得反感的古镇,商店老板和出门洗衣服的居民都悠然自得。""虽然比较商业化,但是村民都很热情,不会很让人反感。""虽然偏商业化但不失温情,景区中充满住宿、餐饮、特产买卖等商店,各家老板见到人都

会亲切问候，让人走在景区中却并不感觉陌生。""在商业化和保留传统方面的平衡把握得比较好，村里确实还有村民居住而不全是商户。""在宏村住了三天，这是一个既有商业氛围又充满了原生态生活气息的村落，不虚此行！"

——村民的热情和原住民的生活气息是商业化氛围中难得的温暖和治愈

综上可见，游客对宏村的商业化认知具有两面性。一方面，较多的游客认为商业化削弱了宏村作为世界文化遗产、中国历史文化名村、国家5A级旅游景区的整体形象，与期待的差距较大，他们甚至用了比较激烈的语句表达了商业化开发所造成的严重问题。如"过分商业化，只是在想如何赚游客的钱，服务却跟不上""商业氛围也太浓重了吧，驿站的电瓶车横冲直撞，骑车的人一直按着喇叭。处处不和谐，卖东西的小贩也是各种叫嚷""过度商业化炒作，三轮车到处乱窜，里面竟然连个游客厕所都找不到"。如果这些评论属实，那么确实能在一定程度上反映出宏村在整体服务与治理方面还面临着不小的挑战。另一方面，一些游客认为宏村的商业氛围没有预想的那么浓厚，商业化虽是不可避免的，但也在餐饮、住宿服务以及安全性等方面为游客提供了保障，是合乎发展要求的。还有部分游客认为当地村民的热情态度，以及热闹、浓厚的乡村生活氛围弱化了商业化的不利影响，提倡用心去发现、感受，体验宏村独特的内在美。总体来看，商业化发展是乡村文旅地高质量发展的必由之路，不能因为发展会产生问题就因噎废食，更重要的是要认真对待这些问题，对于已经产生的问题及时制定措施加以解决，对于还未产生问题的地方则要未雨绸缪、防患于未然。同时，对于那些能显著提升游客好感度、有利于旅游地发展的"加分"因素则要进行正向引导与强化，如当地居民的友好态度、能真实体现乡土生活气息的各类现象等，均可以通过服务设计的介入形成可持续发展的多种路径。最终，通过对相关触点的优化设计，实现旅游者预期和旅游地效益的共赢。

三是"南湖""月沼""景点"等高频词汇所刻画的宏村知名景点特征。"安徽宏村景区，来黄山旅游必去的网红打卡景点""写意山水，梦幻宏村，一个值得一来的景点"。当前，对于大部分游客来说，景区、景点作为旅游的传统吸引物，在旅游认知中依然是不可或缺的、起主要作用的、具有普遍意义的旅游要素，哪怕是原本无景点的内容，经过一定布置、包装后，在宣传上也往往将其称为"景点"，以获取游客的关注，这显然比"有个地方""有个点"等模糊性介绍更加具有确定性。宏村作为知名的5A景区，其内部景点显然在数量和质量上具有先天优势。南湖、月沼等自然景观以及南湖书院、汪氏宗祠、敬德堂、敬修堂、承志堂、树人堂等一批人文景观，均具有"显赫"的景点属性，相关内容自然也出现在游客评论中。如"宏村的美，一多半美在了它的两大标志性景点——月沼和南湖""宏村的汪家宗祠是卧虎藏龙的拍摄地之一，是一个很有感觉的景点"。

四是"村落""文化""特色"等相关词汇所蕴含的文化认同与内在需求。"村落"的频次数排名为第11位，并且往往以"古村落""牛形古村落""牛形村落""徽派村落"等形式出现在评论文本中。"古村落的活化石""依山傍水的古村落,自然景色优美,中国著名画村""宏村是一座'牛形村',有着别出心裁的村落水系设计""穿行古村落,感叹传统民居建筑的博大精深""见证一下古村落的历史还是物超所值的"等评论均体现了游客对于宏村历史底蕴、传统文化的充分认同,以及对形式特征的印象认知。在"文化"方面,游客普遍认为宏村"具有深厚的文化底蕴,无愧于世界文化遗产之名""其文化底蕴体现在每一块砖雕、木雕上""徽州建筑文化的杰出代表……反映了明清时期徽州儒家文化的昌盛"。在"特色"方面,主要集中于宏村的建筑、景点、美食、民俗等。例如,"民风朴实,建筑独具一派特色""水墨画的景色,加上特色的徽式建筑,走在小巷中,别有一番滋味在心头""当地的特色菜臭鳜鱼、毛豆腐、笋尖炖肉让人百吃不厌""鲜笋炒酸菜很爱,米酒也特别香甜,适合常驻吟诗作画"等评价,正是各类特色的真实写照。

五是"方便"的相关评论体现出宏村在基础设施与基本服务方面的优势。"出游非常方便,基本无缝衔接""自驾去直接导航至景区的南大门停车场,旁边就是景区入口,很方便""在线买票即买即用,很方便,页面设置简单,清晰明了,有多种买票项目组合,规则和价钱都列举得清清楚楚,买的也明明白白""提前买好门票,到宏村直接刷身份证就可以了,很方便""找导游很方便""整个村子住宿吃饭很方便"。可见,宏村在经过多年发展后形成的有关交通出行、停车、购票取票和验票、餐饮住宿等便利性机制、人性化机制能被游客明显感知到,这些也是乡村文旅发展必不可少的基础性保障。此外,也有少部分游客提出节假日人流量大的时候,停车位置较远、停车排队时间长或停车场地不规范等问题,如"假期出行停车不太方便,远的停车场距离景区步行要15分钟""我们周末去的时候,停车就排了1小时,太受罪"等。虽然在假期遇到这些问题可能是一种通病,但还是可以通过提前发布客流量与停车预警信息、及时疏导车辆、提供更为细致化的服务等措施加以改善,强化全链条服务意识,从而避免出现更多的问题,不断提升游客的整体体验。

六是"晚上""夜晚""傍晚"等代表时间概念的高频词所映射出的独特情境。"到达宏村时,已经是傍晚时分,映入眼帘的是南湖黄昏,当时就被那种无以名状的静谧和美好震住了""傍晚,落日余晖洒在青青的稻田和白墙黛瓦间,华灯初上,倒映在潭水中""当各家门前的红灯笼亮起,便为这水墨般的宏村增添了几许人间烟火气""夜晚的到来让宏村进入了另一种景别,分外俊俏而又不失古朴,让人流连忘返"。许多游客都会被宏村夜晚时分的美所震撼,这既是宏村先天资源的巨大优势,同时也充分说明了合理发展夜间旅游的必要性。在相对静谧的时刻,借助自然情景与文化情境的综合设计,更能满足旅游者的内心需求、激发情感共鸣、形成积极体验,从而提升旅游地形象。

七是"写生""学生"这些高频词汇所体现的是这种独特的风景线及其影响。"风景很宁静、很美,配上艺术生的写生临摹,更是形成了一道独特的风景线""在这边写生的学生随处可见,仿佛在古典中看到了一丝活跃""湖边悠闲信步,看着学生们写生的画作，也是一件极惬意的事""听着导游讲解，看着年轻的孩子们排成排写生，生活真的如此美好""一大群学生围坐在湖边写生，让我回忆起30年前的自己也曾是这样，真的很感慨"等都表达出了游客的积极体验。同时也有"唯一的小问题，写生的学生较多，影响通行""写生的学生确实有点影响游客在最佳位置拍照观赏""宏村游客较多，加上数量庞大的写生学生，略显拥挤，所以只能走马观花，有点可惜"等消极体验或中立观点。对于这种已形成较为固定模式的，因"外来"文化元素融入本地环境、氛围并形成整体形象，从而对游客感知、体验带来积极与消极影响的现象，十分值得乡村文旅地进行深入思考，即如何综合协调外部、内部各文化要素，发挥1+1>2的整合效应，提前避免有可能导致冲突、不协调的不利因素，最终服务于旅游地文化形象建设。

（2）西递网络文本数据调研分析

A. 总体概况

西递位于安徽省黄山市黟县西递镇，至今已有900多年历史，列入《世界文化遗产名录》，保存有明清民居百余幢，有"中国明清民居博物馆"之美誉，有徽州三雕、徽派传统民居建筑营造技艺等国家级非遗。其中，来自西递所在地的安徽省所属评论数依然为最，其次是上海市，再次是江苏省，其他数量较多的区域分别是浙江省、北京市、山东省、江西省、广东省、湖北省等。相对宏村来说，排名第二位以后的区域不甚相同，且区域数量有所减少，说明西递在整体游客量与知名度上稍弱于宏村。

B. 高频词分析

运用ROST Content Mining软件对采集到的文本数据进行分词与词频分析，并选取排名前60位的词汇组成高频词汇表（表4-5）。从整体词性来看，这些高频词汇包含名词、形容词和动词等，并以名词、形容词居多。名词主要体现西递的旅游资源、地理位置等，形容词则主要反映游客对西递的印象、感受与评价等，动词相对较少，主要描述游览过程中的一些行为。

C. 社会网络和语义网络分析

运用ROST Content Mining软件对采集到的文本数据进行社会网络和语义网络分析（图4-3）。

可以发现，围绕"西递"这一核心旅游对象，游客感知到的高频词汇呈单线条和相对聚集交叉的形式分布于四周。与宏村游客感知的社会网络和语义网络有所不同的是，西递游客感知的社会网络和语义网络中有更多的词汇聚集交叉，显示出它们之间更强的关联性，且"宏村"也成了十分高频的词汇，居于网络较中心的位置，说明去过西递的游客往往会将其和宏村的旅游感知进行比较。这里单线条关联词汇所代表的多样化、独特化感知特征主要包括"牌坊""安静""环境""艺术""拍照""民宿"等。相对聚集、交叉范围内的高频词汇则表示若干组关系更为紧密的感知要素，如"西递""宏村""建筑""徽派"

表4-5 西递旅游形象游客感知排名前60位的高频词汇

序号	词汇	频次	序号	词汇	频次	序号	词汇	频次
1	建筑	879	21	好玩	152	41	石雕	78
2	值得	666	22	黄山	138	42	好看	73
3	景色/等	661	23	安静	138	43	古朴	72
4	徽派/等	446	24	优美/等	136	44	服务	71
5	村落	444	25	环境	135	45	干净/等	70
6	文化	400	26	古镇	128	46	学生	70
7	村子/等	386	27	灯光秀	127	47	明清	70
8	门票	335	28	有趣/等	127	48	木雕	69
9	商业（化）	302	29	免费	124	49	完好	68
10	导游	283	30	安徽（省）	118	50	油菜花	65
11	方便	265	31	漂亮	117	51	艺术	61
12	晚上/等	261	32	写生	106	52	便宜	61
13	景点	259	33	底蕴	100	53	拍照	59
14	保护/等	241	34	黟县	99	54	老板	55
15	历史	236	35	民宿	92	55	购票	55
16	徽州	201	36	典型	89	56	砖雕	53
17	民居	191	37	遗产	87	57	民风	50
18	性价比	189	38	牌坊	83	58	淳朴	50
19	体验	178	39	人文	82	59	古老	49
20	特色	178	40	皖南	81	60	韵味	49

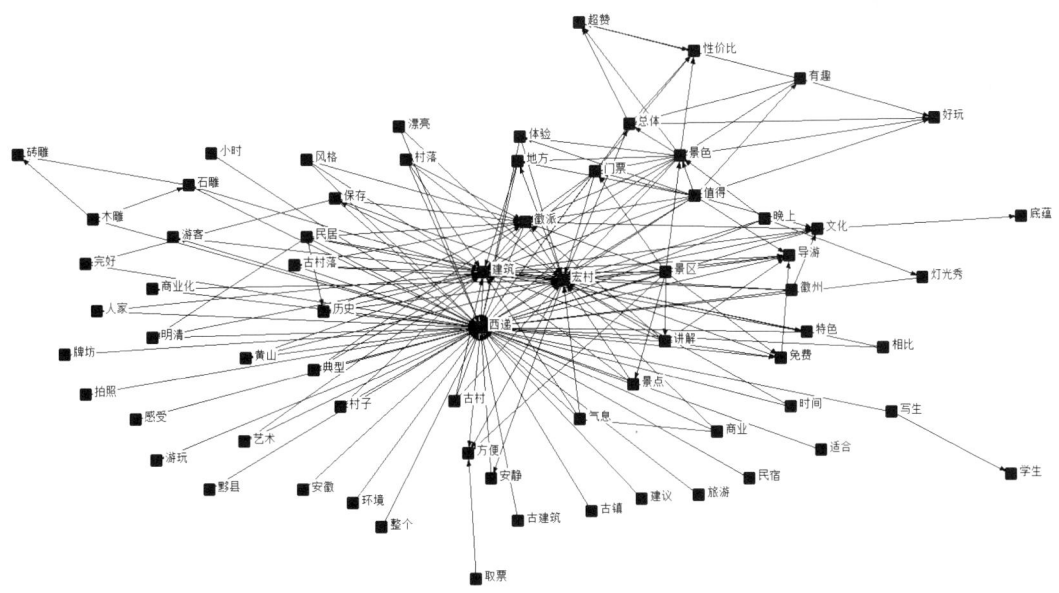

图4-3 西递游客感知的社会网络和语义网络

4 产业视角下核心利益相关者调研与分析 | 65

等中心词汇与"古村落""景区""景点""门票""风格""体验""讲解""晚上""灯光秀"等词汇之间形成了勾连交错的网状关系。从这些网状关系中可以发现,游客就"景色"的总体感知为"有趣""好玩""超赞""性价比高""值得"等,对由"徽派""建筑"所形成的"古村落"的"典型""风格"十分认同,并认为西递"明清"风格的"民居""建筑"的"保存"程度较为"完好",特别是对"木雕""砖雕""石雕"技艺超群的感受明显,成了西递的"文化""底蕴"。此外,"灯光秀""免费导游"等词汇体现出西递自身的旅游特色。从共词的角度来看也印证了这些网状关系词汇的高度关联性,如"西递"与"宏村"的共现频次高达606,"西递"与"建筑"的共现频次为387,这两方面的强关联度体现出西递旅游感知与宏村旅游感知的较大差异性,"徽派"与"建筑"的共现频次为381,"西递"与"景色"的共现频次为214,"西递"与"值得"的共现频次为167,"西递"与"文化"的共现频次为165,"西递"与"历史"的共现频次为160等。部分词汇共词矩阵如表4-6所示。

表4-6 西递旅游形象游客感知部分词汇共词矩阵

词汇	西递	宏村	建筑	景色	徽派	景区	值得	门票	文化	导游	古村落
西递		606	387	214	244	179	167	141	165	150	149
宏村	606		264	161	184	138	130	133	113	108	105
建筑	387	264		105	381	92	101	71	118	79	99
景色	214	161	105		72	62	159	73			
徽派	244	184	381	72		66	74	54	90		83
景区	179	138	92	62	66			88		80	
值得	167	130	101	159	74			60	59	58	
门票	141	133	71	73	54	88	60				
文化	165	113	118		90		59				
导游	150	108	79			80	58				
古村落	149	105	99		83						

D. 西递与宏村游客的旅游感知比较

由于西递与宏村均属于类型比较接近的古村落,旅游资源相似,区域位置上距离靠近,文化归属上也具有同质性。因此,对两地游客的旅游感知进行比较就具有重要的意义,比较所获得的启示也更具可行性、现实性。为此,特将两者网络评论中排名前15位的高频词汇进行整理、统计(表4-7)。

表4-7 宏村与西递网络评论中排名前15位的高频词汇比较

序号	宏村	西递	序号	宏村	西递	序号	宏村	西递
1	景色/等 954	建筑 879	6	门票 421	文化 400	11	村落 325	方便 265
2	建筑 661	值得 666	7	商业（化） 418	村子/等 386	12	景点 300	晚上/等 261
3	值得 558	景色/等 661	8	南湖 363	门票 335	13	文化 233	景点 259
4	村子/等 553	徽派/等 446	9	黄山（市） 361	商业（化） 302	14	方便 232	保护/等 241
5	徽派/等 493	村落 444	10	月沼 350	导游 283	15	晚上/等 211	历史 236

其一，频次数排名前5位的词汇具有高度一致性，其他高频词汇既重合又有所区分。虽然在具体名次上稍有不同，但两地排名前5位的高频词高度一致，其中"景色/等""建筑""值得""徽派/等"4类词汇完全一致，"村子/等""村落"在具体对象上实为同一表征，只因游客自身在表述上有所区别。这种高度一致的情况，一方面说明了宏村、西递两地在旅游资源、旅游吸引物等方面的类似特征，另一方面，极大程度上体现了游客评论的真实性，以及两地在形象传递上的有效触达。此外，两地排名在第5位之后的高频词也多有重复，如"门票""文化""商业（化）""景点""方便""晚上/等"6组词汇均重复出现，但差异也同时显现。如宏村排名第八位的"南湖"是专属于宏村的知名景点，排名第九位的"黄山（市）"在西递前15名排位中则没有出现，说明游客将宏村与黄山作一定关联的趋向更加明显。实际上，宏村在地理位置上距离黄山风景区也更近，在许多旅游线路中，宏村也比西递的出镜率高。"导游""保护/等""历史"等词汇虽然也出现在宏村的前60位高频词汇中，但排名均在20名以外。而在西递的网络评论中，这3组词汇则较为凸显，均排进前15名，在一定程度上说明西递在这3方面具有独特性，具体的相关评论及其启示后续再作分析。

其二，西递排名第1位的高频词为"建筑"而非"景色/等"。说明相比于宏村，"建筑"对于西递来讲是更为明显的特征，有游客评论道，"西递主要看的是建筑，宏村看的是水"，这种说法虽不尽全面，但也能反映出两地在游客感知上的整体差异性。同时，在西递的评论中，"建筑"一词虽然也多与"徽派""古"组合成"徽派建筑""古建筑"，但组合成"徽式建筑"的相对较少，取而代之的是"西递（的）（古）建筑"此类的表述。例如，"西递建筑的精美是徽州古村落中首屈一指的，让我流连忘返""西递建筑更加高大宏伟些""西递建筑大多为官宦所建，比较专注于石雕""西递建筑风格比宏村多样，更有文化内涵"。对于游客来说，似乎"建筑"在宏村无需表述为"宏村建筑"，而在西递则是另一种情况。实际上，这种表露在文字中的明确认知或潜意识感知是有一定依据的。虽然宏村、西递两地均为徽派建筑的代表地，但西递更以"中国明清民居博物馆""世界上保护最完好的古民居建筑群"等称号闻名于世。一方面，是因为西递自建村起就是李唐后人胡姓宗族为避战祸而选的清净幽雅之地，并在其后的近千年时光中，由于传承"耕读持家""孝悌传家"等宗族精神，从而使整个村落得到较好的保存。另一方面，明清时期徽商富甲天下，胡氏一脉自然是其中一员，在他们归乡后，往往将经商获取的财富用于家宅、祠堂、书院等场所的建造。例如，二十四世祖胡学梓曾斥巨资修建了祁、黟、浮、婺、歙、休等9条石板大路以及其他建筑，一度使西递盛极一时，成为坐拥600多幢宅院、99条巷道、1万多人口的庞大村落。"一个胡贯三，半个西递村"的美誉便由此而来。同时，由于封建礼制森严，官方对民居的建筑形制有十分严格的规范，不可逾矩，这就导致西递古建筑在单体规模及形制上均有所限制。为了追求精美效果并彰显身份，民居建造开始注重细节上的雕琢，石雕、砖雕与木雕由此而生，并成了西递徽派建筑的"三绝"。观徽派三雕，只见方寸之地现出花鸟虫鱼、人物故事、亭台楼阁，栩栩如生。雕刻取材广泛，儒释道三家经典俯拾皆是，四时景色尽收眼底。西递现有的120座古建筑就是那段辉煌历史的写照，特别是村口那座为表彰胡氏先贤刺史胡文光而建的牌坊巍然挺立，已然成为西递的重要标志。

其三，西递评论中"值得"一词的排名跃居第2位，说明游客的满意度较高。与宏村的情况类似，在游客对西递的评价中，"值得"一词出现的频率也很高且位居第2位。同时，这些与"值得"相关的评价往往与西递的建筑相关联，这和游客主要针对宏村的整体性作评价有所不同。如"古建筑群保存得比较好，值得推荐""是个非常值得去的地方！在这里可以真正领略到徽派建筑艺术的精髓""进村的牌坊很有特色，值得游览，也很适合拍照，房子大部分都是原汁原味的，是特色的徽派建筑""牌楼上的每个建筑细节都是故事，值得观赏""西递的建筑保存很好，很多宅子都很不错，对于学艺术、学建筑、搞摄影的来说值得一看""每个建筑所富含的文化元素都非常值得了解"。再一次印证了西递建筑的独特性和在游客感知上的异质性。除了对西递建筑的高度评价以外，"值得"一词还与西递的灯光秀、音乐喷泉、水幕电影以及舞龙舞狮等活动具有较强的关联性。例如，"特别是灯光秀非常好看，值得这个门票""牌坊边还有音乐喷泉，在湖边听歌看喷泉，很惬意""还有用喷泉水雾做幕布放的西递文化历史视频，很有看点""当喷泉遇上灯光和音乐，妖娆啊、明艳啊、极品啊"，以及"在西递还看到了徽派非物质文化遗产的舞龙舞狮表演，太精彩了！"可见，通过细致的规划与设计，将现代科技与历史文化背景有机融合，营造独特的氛围与在场体验，是一种增强旅游地吸引力、提升游客满意度的重要途径。当然，具体的设计规划方案需要因地制宜，并且要遵循保护与创新并重的原则，通过在不同触点上制造"惊喜"，以满足不同层面的用户需求。

其四，两地在"文化""门票""商业（化）"三个词汇的频次数排名上具有差异性。

在西递，游客对文化的感知更为深刻，"文化"一词的出现次数也超过了"门票""商业（化）"的次数。"西递村文化底蕴深厚，拥有徽州三雕、徽州传统民居营造技艺两项国家级非物质文化遗产""每一栋住宅都有历史，能够参观明清建筑、体验宗族文化""这里是个安静的小山村，风景宜人、民风淳朴、鸡犬相闻，还有很多文化古迹，适合慢慢溜达，累了就喝喝茶或是喝喝咖啡聊聊天，悠闲自在""古老而深厚的文化蕴含其中，不浮华、不张扬，悠然见南山般的一种娴静""这里的人文气息更浓厚一点，洗衣服的、站在门前吃饭的都有"。相对于宏村来讲，游客普遍能够感知到西递深厚的文化底蕴与传统的生活气息，并且有着比较深刻的体验。或许就像许多游客所评论的那样，"宏村是画，西递是书，各有千秋"。

其五，西递在商业开发与文化保护的均衡方面更具好评度。"静谧而不失本色，适当的商业化，美景尽收眼底""比宏村小些，商业气息没么浓""比起宏村，西递商业化气息要淡上许多，更安静更适合放松""村里的商业化程度不是太高，可以随心所欲地逛，体验感好""虽有一些民宿，但对整体景区影响不大，能感受到生活气息""商业化程度低，最大程度地保留了当地的生活气息和生活习惯，历史的沉淀随处可见，是一个放松心灵的好去处"等评论均说明了这一点。

其六，"导游""保护/等""历史"等词汇在西递评论中出现的频次数明显较高。在"游玩西递古村，务必先听导游讲解，而后再自己随意闲逛拍照，听讲时不拍照，不然的话，你就会错过许多有关文化和传统内涵的讲解""漫步青瓦白墙间，听导游诉说历史，很是惬意"等评论中，与"导游"有关的往往是建议游客跟随导游才能深入感受西递的历史文化，说明许多游客有请导游的经历并乐意分享其带来的文化体验。同时，也印证了西递具有深厚的文化底蕴，"历史"作为高频词之一正是对这一特征的回应。"保护/等"作为高频词主要呈现为"保护得好""保护到位""保留了原汁原味""保存了古朴风貌"等表述，如"当地对古建筑保护得很好，很多原住民还在大宅子里住""保存完好的村落形态"等，均反映出当地对历史文化遗产的保护很到位。

（3）篁岭网络文本数据调研分析

A. 总体概况

篁岭村位于江西省上饶市婺源县江湾镇，至今已有近600年历史，是婺源具有独特风格的徽派古村落之一，2019年被命名为"中国历史文化名村"。目前村内文旅资源已由婺源篁岭文旅投资打造成婺源篁岭旅游度假区，面积约为7平方公里，景区由索道空中揽胜、村落天街访古、梯田花海寻芳及晒秋民俗拾趣等游览区域组合而成。篁岭网络文本有效评论中，来自篁岭所在地的江西省所属评论数最多，其次是上海市，再次是安徽省，其他数量较多的区域分别是浙江省、江苏省、广东省、北京市和福建省。相对来说，来自南方区域的游客较多，整体来看则遍布全国大多数省份，呈现出广泛的区域分布特征。

B. 高频词分析

运用ROST Content Mining软件对采集到的文本数据进行分词与词频分析，并选取排名前60位的词汇组成高频词汇表（表4-8）。从整体词性来看，这些高频词汇包含名词、形容词和动词等，并以名词、形容词居多。名词主要体现篁岭的旅游资源、标志性特征、地理位置等，形容词则主要反映游客对篁岭的印象、感受与评价等，动词相对较少，主要描述游览过程中的一些行为。

表4-8 篁岭旅游形象游客感知排名前60位的高频词汇

序号	词汇	频次	序号	词汇	频次	序号	词汇	频次
1	景色/等	1323	21	季节	174	41	晚上	73
2	晒秋	843	22	体验	164	42	打卡	72
3	婺源	838	23	超赞	164	43	民宿	71
4	油菜花	803	24	优美/等	157	44	辣椒	62
5	值得	621	25	天街	136	45	老板	62
6	索道/等	608	26	山上	131	46	宜人	58
7	景点	392	27	江西（省）	121	47	典型	57
8	梯田	358	28	拍照	120	48	古镇	57
9	秋天/等	264	29	好看	117	49	热情	55
10	建筑	256	30	酒店	115	50	农作物	54
11	村落	247	31	商业（化）	102	51	民俗	54
12	性价比	242	32	春天	97	52	景观	53
13	特色	239	33	排队	97	53	垒心桥	52
14	好玩	230	34	文化	90	54	徽州	48
15	门票	214	35	服务	89	55	夜景	48
16	漂亮	201	36	天气	86	56	错落	48
17	村子/等	191	37	玻璃	82	57	壮观	46
18	方便	183	38	上山	82	58	山居	44
19	有趣	183	39	民居	79	59	干净	43
20	徽派	175	40	管理	76	60	停车场	43

与西递、宏村主要依托于古建筑、古村落等旅游资源不同的是，篁岭的旅游资源与特

色在涵盖了古建筑、古村落的基础上，更加集中于"晒秋""油菜花""梯田"等非物质遗产、自然景观及其综合而成的整体等，这种区分显著体现在排名前10位的高频词中。如作为整体的"景色/等"类词汇排名第1位，紧接着排名第2位的就是篁岭最具特色的"晒秋"文化景观，"油菜花""梯田"等高频词汇排名分别为第4位和第8位。这些旅游元素综合起来，使得"篁岭有梯田花海、鲜花小镇、篁岭冰雪馆、垒心桥、天街、户外体验、晒秋人家、花溪水街等美丽的风景画"，以及"篁岭不仅因'晒秋'闻名遐迩，其周边簇拥的万亩梯田、四季花海更是展示出惊艳的'大地艺术'"。此外，排名第3位的"婺源"是篁岭的所在区县，在文本表述时往往与"篁岭"同时出现，说明"婺源篁岭"在游客认知与大众传播层面均已成了一种"联结体""共同体"，这种现象在宏村、西递的相关表述中并未出现，且在其他旅游地中也不普遍，值得在传播层面给予关注。

C．社会网络和语义网络分析

运用ROST Content Mining软件对采集到的文本数据进行社会网络和语义网络分析（图4-4）。

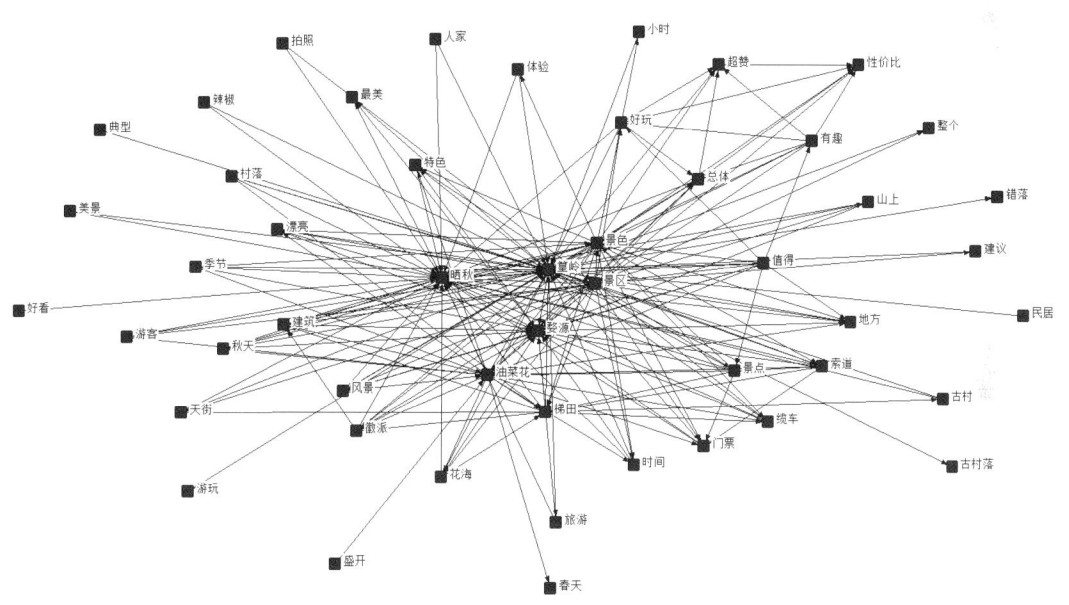

图4-4　篁岭游客感知的社会网络和语义网络

可以发现，围绕"篁岭"这一核心旅游对象，游客感知到的高频词汇更多地以相对聚集交叉的形式分布于四周，这一点与前述的宏村和西递有着比较明显的不同。也就是说，篁岭旅游形象的游客感知十分集中，相关感知要素之间的关联性以及旅游感知形象的整体性很强。其中，相对聚集交叉范围内的高频词汇以"晒秋""油菜花""婺源""景色"为核心，与"特色""体验""景点""门票""缆车""索道""梯田""花海""徽派""建筑""天街""季节""漂亮"等词汇之间形成了勾连交错的网状关系。从这些网状关系中可以发现，游客就篁岭的"总体"感知为"值得""有趣""好玩""超赞""性价比高"等，特别是对"晒秋"文化景观有着"最美""体验"，对"梯田""油菜花""花海"等"风景"以及旅游中接触到的"缆车""索道""门票"等触点有较多的感受，并认为如果游客"时间"充裕的话可以在篁岭多停留几天。从共词的角度来看，也印证了这些网状关系词汇的高度关联性，如"篁岭"与"晒秋"的共现频次高达423，"篁岭"与"婺源"的共现频次为385，"篁岭"与"油菜花"的共现频次为242，"晒秋"与"油菜花"的共现频次为209，"篁岭"与"梯田"的共现频次为208，"篁岭"与"索道"的共现频次为153，"篁岭"与"值得"的共现频次为111，"篁岭"与"徽派""建筑"的共现频次也较高，分别为124、122。部分词汇共词矩阵如表4-9所示。

表4-9　篁岭旅游形象游客感知部分词汇共词矩阵

词汇	篁岭	景色	晒秋	婺源	油菜花	景点	梯田	值得	索道	风景	缆车
篁岭		244	423	385	242	146	208	111	153	111	111
景色	244		213	177	202	106	107	147	93	80	87
晒秋	423	213		244	209	123	180	100	114	109	85
婺源	385	177	244		203	166	133	87	81	87	58
油菜花	242	202	209	203		109	193	67	112	94	86
景点	146	106	123	166	109		72	76	61		
梯田	208	107	180	133	193	72			114		78
值得	111	147	100	87	67	76				72	
索道	153	93	114	81	112	61	114				
风景	111	80	109	87	94			72			
缆车	111	87	85	58	86		78				

D. 优势与问题并存下的旅游者需求分析

一是对"晒秋""晒秋人家"等文化感知十分深刻。"假如你到过篁岭古村，见到层层叠叠的晒匾，依次从屋顶、窗沿上推出，由各种颜色组合而成。那晒秋的壮观场面，跟在平地上的晾晒完全是不同的风景""晒秋是一种典型的农俗现象，具有极强的地域特色。由于地势复杂，村庄平地极少，生活在山区的村民只好利用房前屋后及自家窗台、屋顶架晒或挂晒农作物，久而久之就演变成一种传统的农俗现象""勤劳的村民们总是每天清晨就开始晾晒农作物，春季可以晒竹笋、蕨菜，秋季可以晒辣椒、稻谷等""篁岭晒秋，真的有种老家的感觉，充满了浓浓的'乡愁'""游客来篁岭可以看晒秋、拍晒秋，也可以住下来体验晒秋,体验'朝晒暮收'、晒台'话桑麻'的田园生活,体验'晒秋人家'的农俗乐趣"。可见,"晒秋"已成为游客心目中标志性的民俗景观,"最美中国符号"的评价当之无愧。

二是四季适宜的旅游优势与高性价比提升了游客满意度。"不受季节限制的打卡必去点,看晒秋、看古屋、看曲径通幽的街巷、看重峦叠嶂的壮丽""一年四季景色各有不同,一步一景,购物吃饭都方便""虽然没有在最美的三月和最有名的晒秋时节前来,但天街、水街、千年古树,不一样的风景给我们留下了深刻的印象"。篁岭旅游业态十分丰富,从梯田、油菜花到古建筑、古村落,再到特色美食与"晒秋"民俗。各类业态的打造也十分用心,传统与现代、精致与古朴相得益彰,使得一年四季前来的游客均能获得较好的旅游体验,就像很多游客所评论的那样,"无论东线还是西线都有独特的风景和景点,能够感受到历史的厚重感,套票很值""非常有特色,文化底蕴深厚、环境优雅、服务很好,是一个十分值得去的地方""惊艳于高山梯田的美丽和村落的古朴,管理科学安全"。

三是开发保护的均衡与适度的商业化。"商业(化)"在高频词汇中排名第31位,远低于宏村、西递的第7位和第9位,这在一定程度上表明篁岭较好地处理了历史文化遗产保护与商业化开发之间的关系,形成了较为适宜的乡村文旅产业发展模式。所有老旧的土屋基本保持了原本的外形,其内部改造成为现代化的酒店客房,甚至还安装了电梯供住客上下。每栋土屋都被标注了号码,连接各栋房子的石阶小道仍然在,所有原本生活劳作场景中的设施也被保留下来成了游客参观的内容,"篁岭天街繁荣了婺源的旅游商业,其深厚的文化底蕴、鲜明的建筑风格,让年轻人感到非常时尚,让老年人感到非常怀旧,让外地人感到非常'婺源',让外国人感到非常'中国'""篁岭景区对风景、徽居、晒秋、梯田、玻璃桥等的管理都很不错!可以说将古老的民居与现代的改造,将过去的民俗和今天的表达完美结合""热闹但不嘈杂,开发但不过度,既能保持古朴的风貌,又不会脱离现实生活让游人感到不便"。这些游客评论充分说明了这一特点,同时也提醒相关方要重视传统文化开发与保护之间的协调关系,因为处理这种关系的合适与否早已不只是专业研究人员或纯学术层面的关注,而是实实在在地变成了所有旅游者越来越关注、期待的内在需求。

四是针对需求的体验氛围营造。在大部分游客被"晒秋"景观所吸引,"沉迷"其中并形成了优良体验的同时,也有部分游客发出了"晒秋景点是人为做的""晒秋已经是象征性的了,只是商家为了摆拍""现在的晒秋是景区聘请当地村民来晒公司的农产品,已经不是村民当年的日常生活场景了"等声音。诚然,"晒秋"景观最初的确是篁岭村民受自然环境限制而进行的劳作调适,并且是在数百年的历史长河中自然形成的。但在曾经一段时间内,村民们自给自足的传统农耕生活与快速发展的经济大潮不相适应,无法满足物质条件的改善,交通不便带来的影响也越来越大,村内人口日益流失,整个村庄呈现出半空心化的萧条景象,原有的古建筑、民居也逐步破败甚至倒塌,整体环境每况愈下,"晒秋"习俗更是逐渐消失,岌岌可危。针对这种情况,当地通过一系列保护性开发措施,特别是通过"人下山、屋上山、貌还原"的整体性改造,推动了对古村特色民俗文化的保护、传承和开发。其中,关于"晒秋"景观的呈现,确实也有专职人员进行布置。这不仅解决了原有村民再就业的问题,更重要的是,专职人员会根据不同情况更为灵活地进行优化,特别是只要天气情况允许就会"晒秋",使"晒秋"不是只有在秋季才能看到,而是一年四季均能体验到,充分满足了那些错过秋季出游的游客需求。实际上,即使是早期的农家晒秋也并非秋季专属,春晒山蕨、水笋,夏晒干菜、果蔬,秋晒五谷、辣椒,冬晒果脯、腊肉等,一年四季都有应季的农作物可晒。只是秋季的农作物更为丰富,所呈现的景象更为壮观、震撼。有了专职人员的设计布置,"晒秋"还可以形成更广泛、更有意义的传播效应。早在2014年国庆节前夕,"晒秋大妈"就用各类农作物"晒"出了一幅"国旗"为祖国庆生,得到了社会各界的热烈反响、高度关注和普遍赞赏。之后,每逢国庆前夕便会安排类似活动,通过设计化的"晒秋",极大地展现和激发了每个中国人的爱国情怀。从游客的角度来看,也正是因为这样的体验设计才显得"不虚此行"。

五是服务管理方面的双重性。一方面,游客对篁岭核心景区内的统一化管理与服务,以及景区周边的住宿餐饮服务给予了较高评价,在游客入住、游览等过程中提供了便利,提升了游客满意度。例如,"山上只有一家酒店,酒店房间是山里的民居改造,分散在古村落中的各个地方,酒店统一由管家服务管理,服务不错,设施不错""停车场很大很方便,景区服务设施建设都不错,购票方式多样快捷,行程时间适宜""景区线路设计和服务都很到位""景区设计管理比较合理,路线指示图比较清晰,不走回头路游玩一圈,感觉很好""缆车收费合理,景点内物价能够接受,服务态度也不错,值得这个价格""民宿收拾得很干净,床品没有异味。老板服务态度好,老板娘做菜手艺棒棒哒!价格非常公道"等。另一方面,也有部分游客针对一些问题提出了个人看法,如"篁岭游览区里的管理还算不错,可以打个七十分,还是有不少可以提高的空间""希望售票人员能改进下服务态度""十一长假期间游客太多,景区服务尚可""假日人多,进入景区的公路如果能加强管理,增加摆渡车就更好了""景区对上下索道时的管理一般,有人插队也没人管""两个索道之间没有接驳、没有提示,道路两旁及停车场车辆随意停放"等,包括在遇到突发问题时的抱怨,"验票口说是网络故障,然后几百人堵在大厅,没有服务、没有备用方案、没有解决方法"。这些问题有大有小、有急有缓,但都需要旅游地管理方及时掌握并进行统筹和解决。

(4)福建土楼旅游地网络文本数据调研分析

A. 总体概况

土楼是一种以生土为主要建筑材料,在与木结构相结合的基础上,不同程度地使用石材建造而成的大型民居建筑,其中数量最多、分布最广、品类最丰富、保存最完好的是福建土楼。福建土楼主要包括龙岩市永定区的永定土楼，漳州市境内的南靖土楼、华安土楼、平和土楼等。世界遗产大会专家认为，福建土楼是东方血缘伦理关系和聚族而居传统文化的历史见证，体现了世界上独一无二的大型生土夯筑建筑的艺术成就，具有"普遍而杰出的价值"。

由于福建土楼所在地分布较广，因此与宏村、篁岭等以村名为知名要素进行传播不同的是，土楼的知名要素往往不是其所在的村落名称。本书在综合考虑影响力和数据量等情况的基础上，分别以"永定土楼""田螺坑土楼群""云水谣古镇"等为关键词对网络文本进行分类，共获得有效评论数千条。这些数据中，来自土楼所在地的福建省所属评论数最多，其次是广东省，再次是上海市，其他数量较多的区域分别是浙江省、江苏省、北京市等。相对来说，来自南方区域的游客较多，整体来看则遍布全国大多数省份，呈现出广泛的区域分布特征。

B．高频词分析

运用ROST Content Mining软件对采集到的文本数据进行整体与个别的分词和词频分析，并选取排名前60位的词汇组成高频词汇表（表4-10）。从整体词性来看，这些高频词汇包含名词、形容词和动词等，并以名词、形容词居多。名词主要体现福建土楼的旅游资源、标志性特征、地理位置等，形容词则主要反映游客对福建土楼的印象、感受与评价等，动词相对较少，主要描述游览过程中的一些行为。

可见，虽然福建土楼主要以建筑物为典型旅游资源，但由于土楼所处的自然环境以及土楼群所形成的整体形象独具特色，使得"景色/风景"等类词汇相较于"建筑"一词在游客感知中更为高频化。也许正是因为这种自然景观与人文景观交叉出现的综合意象，促使"值得"一词的频次数以排名第2的"成绩"高于其他词汇的出现次数，在一定程度上说明了福建土楼在游客心目中具有较高的认同度和满意度。福建土楼具有几何形外观、生土夯筑的建造工艺、生态化与自然化的设计理念、互助友爱与以和为美的人文精神等独特内涵，有别于其他江南古建筑、古村落"粉墙黛瓦""小桥流水"式的旅游特征，在游客感知中形成了"智慧""壮观""震撼""神奇""悠久"等别样印象。"土楼恢宏大气，彰显了客家人独具匠心的建筑智慧和团结勤劳的人格品质""客家人的勤劳和智慧以及对子女教育的重视，具有鲜明的中原文化特征""亲眼看到会觉得很震撼，简直就是人间的奇迹""身临其境，更能感受到由客家人先祖创造的土楼文化所带来的震撼""土楼布局合理、错落有致，是人与自然完美结合、和谐相处的典范""'四菜一汤'的格局是无意中形成的，但这种无意的美更显自然""古老而神奇的建筑群，其建造艺术独特，堪称奇观"等评价，均体现了这些高频词所形成的土楼印象，是影响土楼继续进行自我传播的重要因素。

C．社会网络和语义网络分析

运用ROST Content Mining软件分别对福建土楼的全部数据，以及对"永定土楼""田螺坑土楼群""云水谣古镇"各自单独的数据进行社会网络和语义网络分析。

表4-10 福建土楼旅游形象游客感知排名前60位的高频词汇

序号	词汇	频次	序号	词汇	频次	序号	词汇	频次
1	景色/等	1655	21	性价比	342	41	好看	152
2	值得	1551	22	榕树	331	42	怀远楼	147
3	云水谣	987	23	好玩	302	43	夜景	146
4	景点	982	24	优美/等	287	44	便宜	132
5	特色	975	25	适合	273	45	圆形	127
6	建筑	864	26	电影	264	46	自然	126
7	四菜一汤	694	27	遗产	246	47	民居	117
8	方便	645	28	厦门	240	48	古老	116
9	永定	634	29	环境	237	49	当地人	115
10	福建（省）	611	30	漂亮	235	50	方形	114
11	田螺坑	560	31	晚上	235	51	神奇	114
12	文化	531	32	观景台	219	52	百年	113
13	土楼群	525	33	智慧	213	53	悠久	109
14	客家（人）	517	34	有趣	196	54	山路	109
15	门票	507	35	壮观	195	55	收费	109
16	导游	489	36	热情	191	56	居民	108
17	商业（化）	397	37	拍照	185	57	整体	107
18	体验	376	38	交通	166	58	风格	104
19	历史	347	39	服务	166	59	古道	102
20	南靖（县）	343	40	震撼	160	60	村民	99

从图4-5中可以发现，围绕"土楼"这一核心旅游对象，游客感知到的高频词汇呈单线条和相对聚集交叉的形式分布于四周。其中，单线条关联词汇代表土楼的多样化感知特征，如"客家""文化""神奇""壮观"等。相对聚集交叉范围内的高频词汇则表示若干组关系更为紧密的感知要素，如"四菜一汤""田螺坑""云水谣"等"景区"化的词汇与"土楼群""特色""土楼王""古镇""风景""景点""导游""榕树""电影""南靖""方便""门票"等词汇之间形成了勾连交错的网状关系。从这些网状关系中可以发现，游客就福建土楼的"总体"感知为"值得""有趣""好玩"等，对"田螺坑""云水谣"等几个主要"景点"以及"四菜一汤""土楼群""客家文化""榕树"等典型形象感知深刻，"南靖""永定"等土楼所在区域环境，以及"导游""讲解"等与此也形成了显著关联。从共词的角度来看，也印证了这些网状关系词汇的高度关联性，如"永定"与"土楼"的共现频次高达504，"云水谣"与"土楼"的共现频次为481，"土楼"与"建筑"的共现频

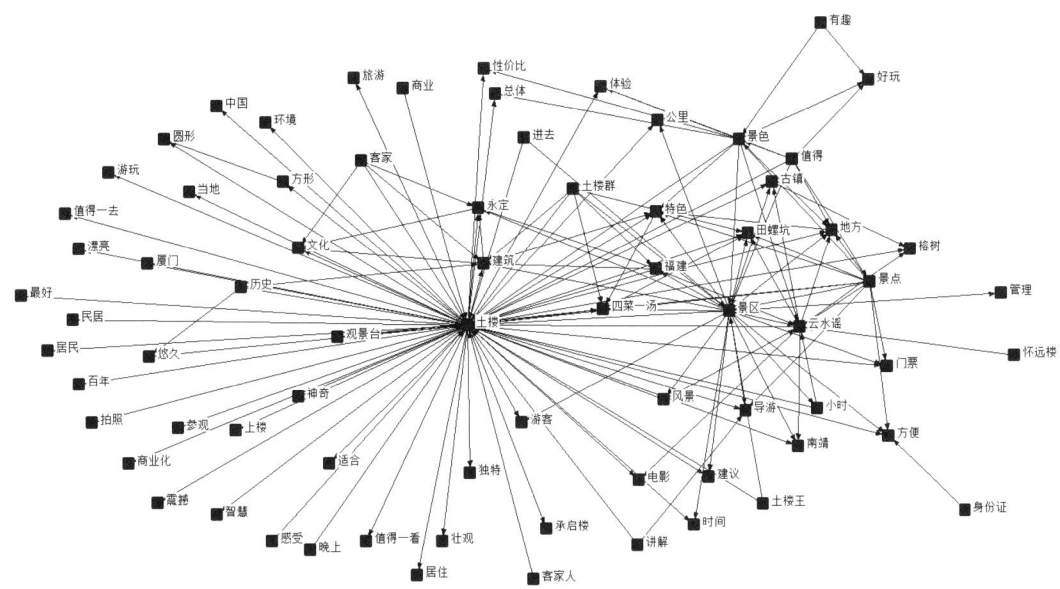

图4-5 福建土楼游客感知的社会网络和语义网络

次为468,"土楼"与"四菜一汤"的共现频次为404,"土楼"与"田螺坑"的共现频次为316,"土楼"与"文化"的共现频次为272,"土楼"与"客家"的共现频次为261,"土楼群"与"田螺坑"的共现频次为202,"体验"与"值得"的共现频次为127等。部分词汇共词矩阵如表4-11所示。

表4-11 福建土楼旅游形象游客感知部分词汇共词矩阵

词汇	土楼	景色	云水谣	景点	值得	特色	建筑	四菜一汤	方便	永定	田螺坑
土楼		359	481	474	321	439	468	404	234	504	316
景色	359		143	100	210	112					
云水谣	481	143		146							122
景点	474	100	146		96	129		124	119		106
值得	321	210		96							
特色	439	112		129			189	125			
建筑	468					189				144	
四菜一汤	404			124		125					201
方便	234			119							
永定	504						144				
田螺坑	316		122	106				201			

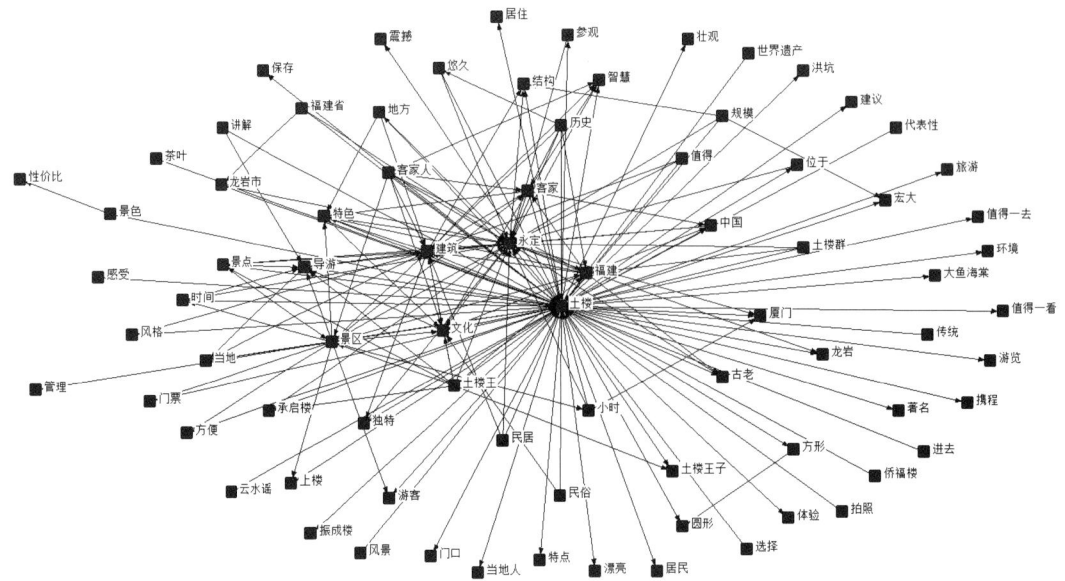

图4-6　永定土楼游客感知的社会网络和语义网络

从图4-6中可以发现，围绕"永定""土楼"等核心旅游对象，游客感知到的高频词汇呈单线条和相对聚集交叉的形式分布于四周。其中，单线条关联词汇代表永定土楼的多样化感知特征，如"圆形""方形""壮观""规模""震撼""大鱼海棠""振成楼""侨福楼""洪坑""世界遗产"等。相对聚集交叉范围内的高频词汇则表示若干组关系更为紧密的感知要素，如"永定""土楼""建筑"等词汇，与"客家""客家人""文化""古老""独特""悠久""结构""智慧""土楼王""承启楼""土楼群""门票""导游""讲解"等词汇之间形成了勾连交错的网状关系。

从图4-7中可以发现，围绕"田螺坑""土楼群"这一核心旅游对象，游客感知到的高频词汇呈单线条和相对聚集交叉的形式分布于四周。其中，单线条关联词汇代表土楼的多样化感知特征，如"客家""导游""智慧""历史""风景""商业化""夜景"等。相对聚集交叉范围内的高频词汇则表示若干组关系更为紧密的感知要素，如"田螺坑""四菜一汤"等"景区"化的词汇，与"土楼群""观景台""建筑""裕昌楼""圆形""方形""自驾""云水谣""南靖""门票"等词汇之间形成了勾连交错的网状关系，反映了游客对这些旅游景点、旅游吸引物、旅游管理与服务方面的高度关注与感知，应在旅游发展中给予充分重视。

从图4-8中可以发现，围绕"云水谣""古镇"这一核心旅游对象，游客感知到的高频词汇呈单线条和相对聚集交叉的形式分布于四周。其中，单线条关联词汇代表土楼的多样化感知特征，如"宜人""优美""古老""悠久""商业化""民宿"等。相对聚集交叉范围内的高频词汇则表示若干组关系更为紧密的感知要素，且这些高频词的数量较多，如

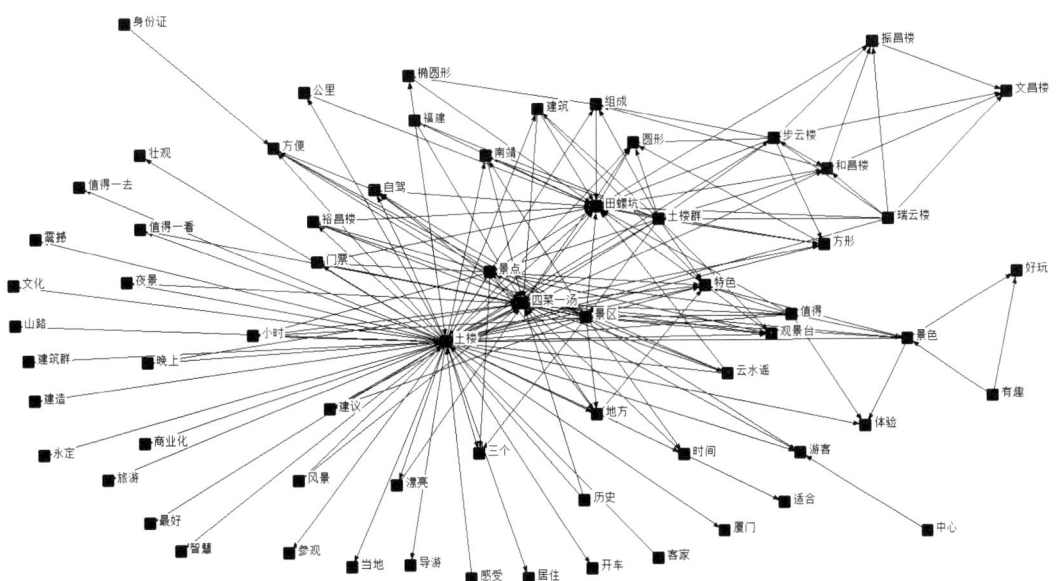

图4-7　田螺坑土楼群游客感知的社会网络和语义网络

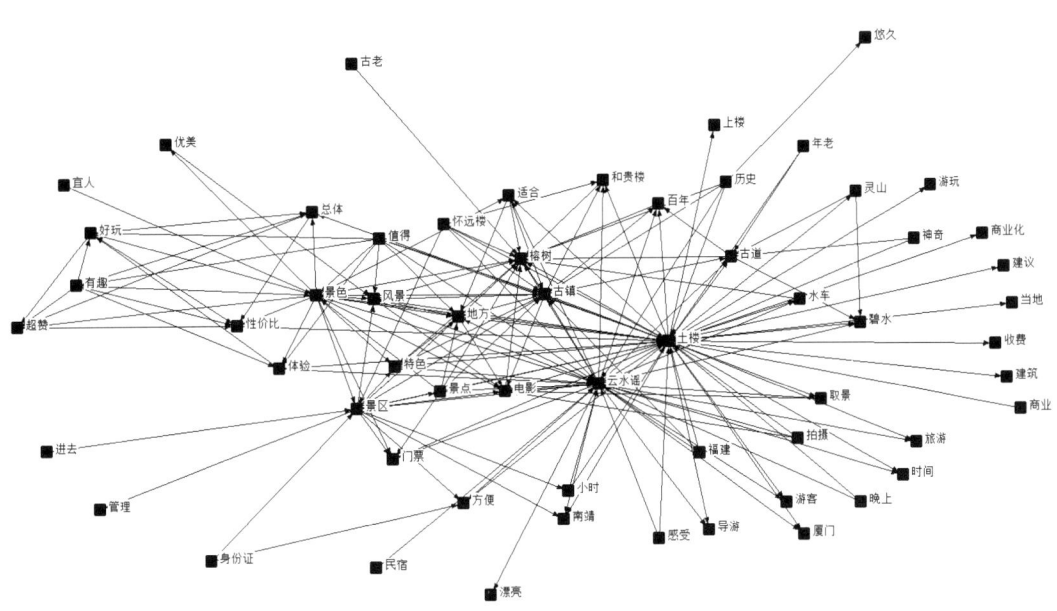

图4-8　云水谣古镇游客感知的社会网络和语义网络

"土楼""云水谣""古镇""榕树""电影""风景/景区/景色"等，特别是"电影""拍摄""取景"等词汇，明显反映出电影《云水谣》与景点云水谣古镇间的密切关系是游客感知的重要内容。其他高频词如"怀远楼""和贵楼""百年""古道""水车""碧水"等则与云水谣的自身特色相关，这些网状关系清晰地体现了游客对旅游吸引物、旅游管理与服务等方

4　产业视角下核心利益相关者调研与分析 | 79

面的关注与感知,应在旅游发展中给予充分重视。

D. 优势与问题并存下的旅游者需求分析

一是福建土楼的旅游基础形象感知度很高。"云水谣""建筑""田螺坑""文化""土楼群""客家（人）""榕树""永定""福建（省）""南靖（县）""圆形""方形"等代表福建土楼的典型景点、文化基底与建筑特征的词汇频繁出现在游客评论中,说明福建土楼的基础形象感知特征明显,游客易于感知且已经形成了广泛的传播效应。例如,"云水谣古镇拥有世界遗产和贵楼、怀远楼,有省内最高、最大、最为集中的千年古榕树群,还有一条百年老街、千年古道""云水谣的电影看过了,又来到了实地,真的是太梦幻了""云水谣,纯洁、浪漫、带点淡淡的忧伤。云在天上,水在地上,云在水中,水在云里""从厦门过去看土楼,田螺坑土楼群是我们最期待的地方,这里就是最知名的'四菜一汤',由一座方楼、三座圆楼和一座椭圆形楼组成,很多标志性的土楼风景照就是在这里拍摄的,独特精美的建筑组合堪称客家土楼群的典范""永定有2.3万多座土楼,被称为没有大门的'中国客家土楼博物馆'""中国客家的传统建筑,内住人、外抗敌,生活、御敌两不误""数十户、几百人同住一楼的居住习俗,反映了客家人聚族而居、团结一致、和睦相处的家族传统"。从传播的角度来看,旅游基础形象往往是该地的首要传播因素,是构成整体形象传播的关键,并且十分可能是未来IP形象设计与传播的主要来源,需要巩固已有优势,及时消除潜在的不利因素。

二是商业化的"双刃剑"现象与差异性特点。一些游客对于商业化现象的评价相对中肯,既看到了商业化问题,也清楚其中的一些优点。如"田螺坑的商业化开发气息不重,保留了当地人的生活痕迹,遇到的村民阿姨也比较淳朴""大家最常去的是高北土楼群和洪坑土楼群,主要是这两个土楼开发早、设施完善、交通方便,这也意味着它们更商业化""景区商业化不可避免,单单这个建筑就挺值得看的"。另一些游客则对商业化现象比较排斥,直接导致他们对整个景点的印象较差。如"商业气息过于浓厚,到处都是推销的小摊小贩,连土楼里面也有很多小摊小贩,还有很多额外收费项目,使得景点有些变味了""商业化非常严重,土楼里面全是饭店茶馆,千篇一律"。此外,由于这三处土楼群位于不同区域、发展历史、发展程度各异,游客往往不会只去一处,因此相互之间的对比自然就会产生。如"田螺坑最大的看点是上下景观台,内部比较商业化,不如洪坑土楼原生态程度高""塔下村是一个安静祥和的小村,没有被过度商业化""初溪土楼群商业化程度低,有原生态的感觉,我喜欢跟当地人聊聊生活"等。可见,总体上,游客的好感度与商业化程度有着密切关系,如何平衡好、处理好乡村文旅地的保护与开发是一个永不过时的问题。

三是旅游景点的热度与其他商业事件具有密切关系。土楼曾作为电影《云水谣》《花木兰》和许多综艺节目的拍摄取景地,尤其是作为动画电影《大鱼海棠》的场景元素来源,使许多游客产生一探究竟的"打卡"心理。如"从《大鱼海棠》开始了解到土楼,一直想去看看""因为是电影《大鱼海棠》的原型,所以非常期待""看了《大鱼海棠》,就带孩子们来实地感受一下中华民族的智慧""站在土楼之中,仿佛置身于《大鱼海棠》般的童话世界之中""大鱼海棠、花木兰的故事从这里走向世界"。因此,充分利用优质的商业导流与消费者"网红打卡"心理,对于适应当前游客的旅游心态具有重要的借鉴作用。

4.2.3 问卷调研与分析

4.2.3.1 问卷设计

在系统借鉴相关研究成果的同时,充分考虑本研究的主要目的,将问卷设计分为两部分:人口统计学特征与结构化问题。人口统计学特征主要包括游客性别、年龄、受教育程度、职业、收入等因素。结构化问题包括出游动机、出游行为特征、游客感知的乡村文旅地文化类型、游客感知的乡村文旅产品开发形式,以及一个包括36个测量指标的乡村文旅地服务质量测量量表。其中,将出游动机梳理为休闲放松、观赏田野风光、品尝乡村美食、购买乡村特色产品、体验乡村农事、体验乡村文化、体验乡村生活、追求田园理想、怀旧与寻根、康养度假、科普教育、研学、团队建设、社交、商务会议等。这些动机可被区分为物质体验和精神体验,适用于分析个体旅游意向和不同规模的团体旅游意向,能较好地体现当前乡村文旅的"需求程度"。量表采用李克特量表(Likert scale)形式即5点式量表,1表示"完全不同意",2表示"不同意",3表示"一般",4表示"同意",5表示"完全同意"。

4.2.3.2 问卷分析

本项调研主要通过问卷星等网络调研形式进行,并且指定具有乡村文旅经历的人群进行填写。共发放问卷350份,其中有效问卷328份,有效率为93.71%。回收数据显示,来自全国16个省份的游客填写了问卷,且所有省份均为乡村文旅资源较为丰富的地区。其中,来自广东省的人数最多,其次为河南省,再次为江苏省(图4-9)。

(1)人口统计学特征

问卷调研结果显示,在游客性别上,男性占比为52.43%,女性占比为47.57%;在年龄分布上,年轻群体占比较高,其中26~35岁的占比最高,36~45岁次之,25岁及以下的人数排名第三,其比例分别为60.07%、19.44%、15.28%;在受教育程度上,本科学历占比遥遥领先,高达75.69%,排名紧随其后的则是大专、硕士及以上、高中及以下,其比例分别为13.89%、5.9%、4.52%;在职业分布上,占比排名前三的是企业职员、学生、政府机关或事业单位人员,其比例分别为77.08%、10.07%、7.29%;在月收入上,较高收入

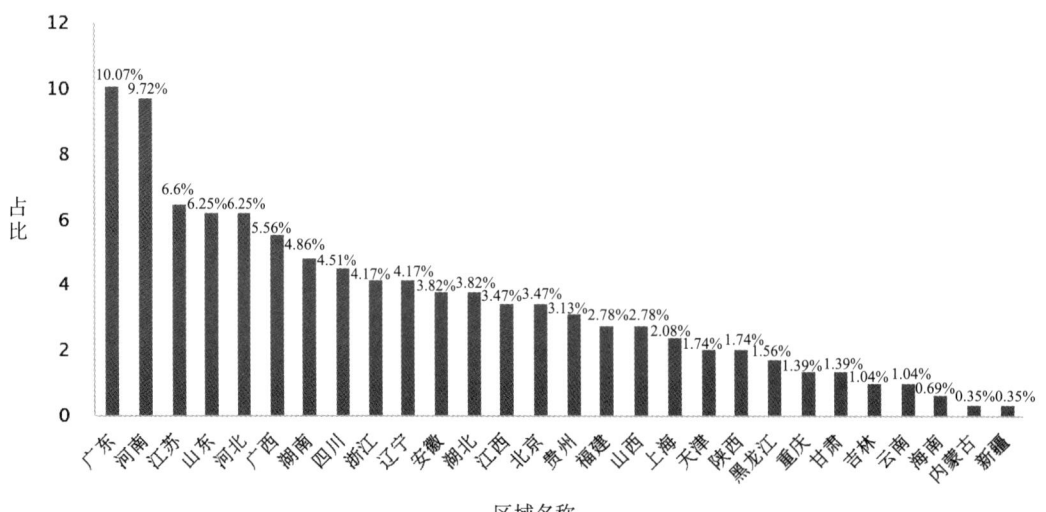

图4-9 问卷填写对象的所属区域

群体总体占比较大,其中10000元以上收入群体比例达17.01%,4001~7000元占比最高,为35.86%,7001~10000元次之,为26.29%,其他收入群体总占比为20.84%。

（2）出游动机

游客选择乡村文旅是因为他们有着多元化的内在需求。在所有出游动机中,休闲放松以82%的比例高居第一,其他占比较高的依次为观赏田野风光、品尝乡村美食、体验乡村文化、体验乡村生活、体验乡村农事、追求田园理想、购买乡村特色产品,康养度假、怀旧与寻根、科普教育等需求也有所体现,需求相对较少的是团队建设、社交、研学、商务会议等,占比均低于10%（图4-10）。

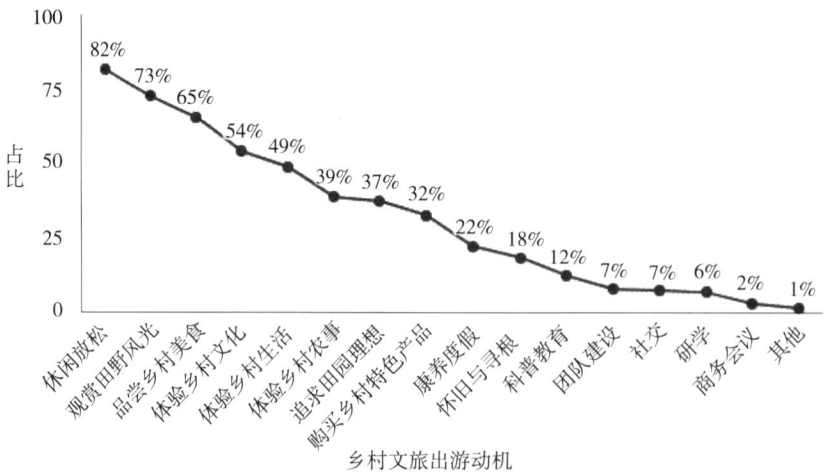

图4-10 乡村文旅出游动机占比

（3）出游行为特征

从出游目的地、出游方式、出游频次、出游时长等方面总结游客的出游行为特征。一是近距离出游是乡村文旅的首要特征。问卷结果显示，在出游目的地中占比最高的是"本市"，有37.15%的游客选择了该选项。目的地范围在"本省""本区（县）"的也分别占比24.65%和17.71%，而选择"周边省、市"出游的游客比例为18.4%，相对较少。二是自助游是乡村文旅的主要方式。有73.96%的游客选择了自助游的出行方式，因为自助游在时间安排和旅程规划上更加灵活机动，结合上述特征来看，大部分游客选择自助游是符合预期的，也与以往的许多研究结果相符合。三是"家庭游"占比过半。对于乡村文旅来说，和家人一起出游的形式更为常见，有56.94%的调查对象选择了该形式；和朋友一起出游的方式排名第二，占比为36.11%；单独一人出游的有5.9%；最少比例的是和同事一起出游，仅有1.04%，这一数据也和前述旅游动机中商务会议占比最少的情况相吻合。四是两次到过同一目的地的情况最为常见。在出游频次这一选项上，1次、2次、3次及以上频次去过同一目的地的比例分别为34.38%、45.83%、19.79%，显然，2次出游的情况最多，也有较多的游客属于首次到访乡村文旅地，这对于要持续加强目的地旅游建设来说是一个重要的信号。五是游客在目的地的停留时长分布广泛。虽然分布比例不同，但从半日游、1日游直到3日以上的停留时长均出现在本次统计中，反映出乡村文旅具有较高的包容度和接纳度。从数据上看，2天1晚的选择比例最高，占比为54.51%，1日游次之，占比为28.82%，半日游最少，占比仅为3.13%，3天2晚和3天以上的占比分别为8.68%和4.86%。

以上结果与庚君芳就武汉都市圈乡村旅游的调研结果相类似。例如，一级主力市场以亲子家庭、企事业单位、学校等消费群体为主，次级机会市场则以年轻未婚家庭、退休老人、大学生消费群体为主。这两大类消费群体具有不同的年龄、职业、收入和家庭构成等特征，因此存在不同的旅游需求。

（4）乡村文旅目的地的文化类型

根据问卷反馈数据，游客对乡村文旅目的地文化类型的感知情况如下。占比前三位的分别是饮食文化、民俗文化、村落文化，占比较高的还有历史建筑文化、农耕文化、民族文化、民间艺术与手工艺文化、生态文化、节庆文化、红色文化等（图4-11）。实际上，这些游客感知较高的文化类型正是最为常见的一些形式，它们广泛分布在全国的众多乡村地区，有着悠久的历史传统，应在因地制宜、文化基因提取、去芜存菁的基础上，加强保护性开发，助力乡村文旅的可持续发展。

（5）乡村文旅产品开发形式

根据问卷反馈数据，游客对全国范围内乡村文旅产品开发形式的感知情况如下。占比

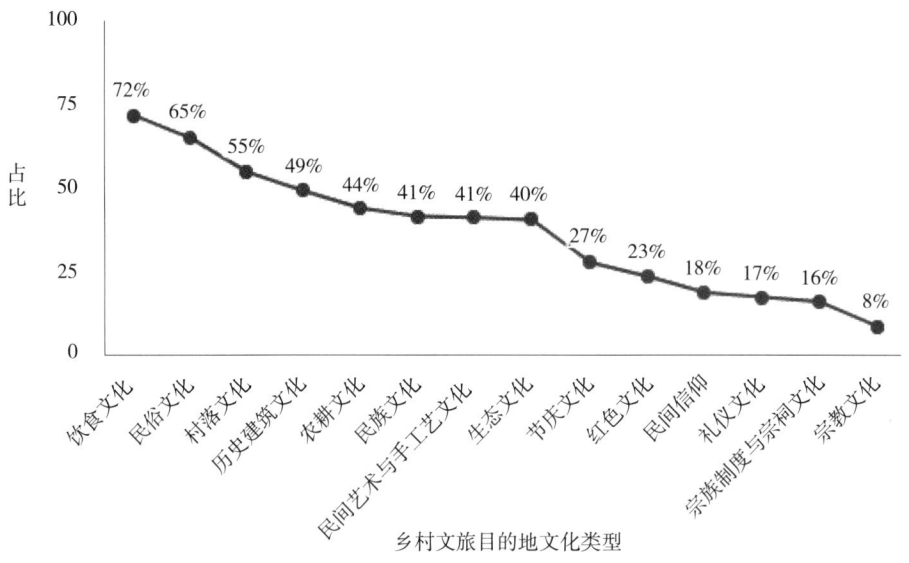

图4-11 乡村文旅目的地文化类型的感知情况

前三位的分别是传统工艺美术品与纪念品、文化展示活动和游客亲身参与的文化活动，这也是传统旅游地提供最多的旅游产品。其他占比较多的旅游产品有文创产品、节庆活动等。数字文化产品所占比例相对较低，但随着数字经济的长足发展，该类产品在未来将有较大需求（图4-12）。

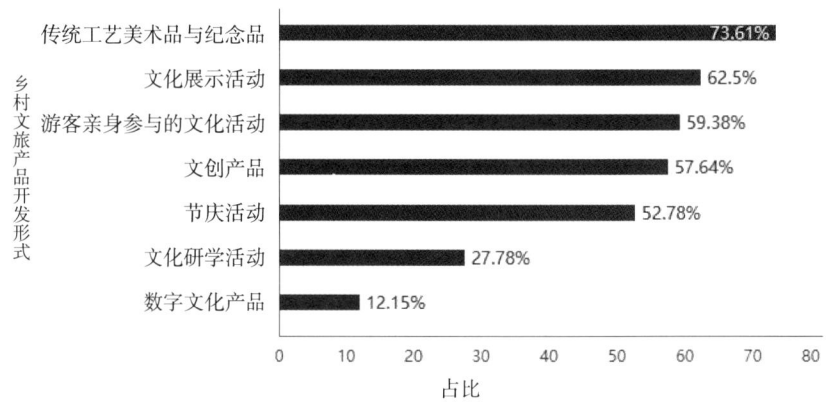

图4-12 乡村文旅产品开发形式的感知情况

（6）交叉分析

A. 游客性别与旅游动机的关系

将"游客性别"题项设置为自变量X，将"出游动机"相关题项设置为因变量Y，获得相应结果。从彩插4-1可以看出，男性与女性游客的出游动机基本一致。不过，女性游客对购买乡村特色产品和康养度假更感兴趣，而在体验乡村农事上，男性游客的选择会更多，这意味着这些旅游产品应适当考虑因性别差异而产生的不同需求。

B. 游客年龄与旅游动机的关系

将"游客年龄"题项设置为自变量X，将"出游动机"相关题项设置为因变量Y，获得相应结果（彩插4-2）。由于本次问卷没有66岁以上的人群填写，因此在数据分析时进行了剔除。从图中可以明显发现，在体验乡村文化上，虽然25岁以下人群的选择比例稍低于其他年龄段人群，但各年龄段人群均有较高的需求。不同年龄段的人群在观赏田野风光、品尝乡村美食、体验乡村生活、体验乡村农事、追求田园理想、购买乡村特色产品、怀旧与寻根等动机方面则具有较大差异。一是年龄较大人群比年龄较小人群对观赏田野风光、体验乡村生活、购买乡村特色产品更有兴趣，如在观赏田野风光上，25岁以下人群的选择比例约为64%，而46～65岁人群的选择比例约为87%；在体验乡村生活上，25岁以下人群的选择比例约为32%，而46～65岁人群的选择比例约为60%；在购买乡村特色产品上，25岁以下人群的选择比例约为14%，而46～65岁人群的选择比例约为53%，差异巨大。二是在体验乡村农事上，26～35岁人群的选择比例最高，25岁以下人群和36～45岁人群的选择比例接近，而46～65岁人群的选择比例反而最小，可能与该年龄段人群年轻时对乡村农事有所接触从而缺乏新鲜感有关。三是在怀旧与寻根上，25岁以下人群的选择比例最高，26～35岁人群和36～45岁人群的选择比例接近，而46～65岁人群的选择比例反而最小，这种反差可能和不同年龄段人群对怀旧与寻根的理解不同有关，如年轻群体的关注点主要集中于普遍意义上的历史厚重感，而年龄较大的群体则主要关注与其自身联系更为紧密的类似经历与传承。从总体上看，在乡村文旅产品设计上也应考虑不同年龄段人群的不同需求。

（7）服务质量分析

A. 量表信度检验

在本次问卷中，将前述确定过的基于BCM模型的乡村文旅地服务质量测量指标设置为李克特量表题项，所获数据共涉及A（外部环境质量）、B（互动质量）、C（结果质量）三个维度和36项指标。使用Cronbach.α（克隆巴赫）系数测量数据的信度质量水平：α系数值高于0.8，说明信度高；α系数介于0.7～0.8，说明信度较好；α系数介于0.6～0.7，说明信度可接受；α系数小于0.6，说明信度不佳。从表4-12中可以看到，A、B、C三个维度的α系数值均高于0.7。因此，本次所获数据的信度质量水平较好，数据真实可靠。

B. 部分服务质量指标分析

a. 外部环境质量维度指标分析。针对外部环境质量维度的9个测量指标的分析结果显示，"当地居民态度友好"指标最受游客认可，一定程度上说明了乡村文旅发展受到当地居民的普遍欢迎。"游客量适中"则是相对不被认可的指标，"人、从、众"这种游客量过多的"过度旅游"问题在前述网络文本分析中同样存在，且节假日期间更为突出，对于知

表4-12 乡村文旅地服务质量问卷数据信度

测量维度	测量因子	题项数	总题项数	Cronbach.α系数
A 外部环境质量	A1 周边氛围	4	9	0.784
	A2 社会因素	2		
	A3 设施设计	3		
B 互动质量	B1 态度	2	7	0.709
	B2 行为	3		
	B3 专业知识	2		
C 结果质量	C1 等待时间	1	20	0.851
	C2 有形性	15		
	C3 效价	4		

名景点来说，这也是一种全球现象，需要旅游地根据具体情况在应对方案的分级分类和对游客的分流、限流等方面采取更加有效的措施。此外，游客对"服务设施的布置科学合理"指标也存在较大分歧，说明服务设施提供方在整体规划、全局设计等方面仍存在短板。各项指标的平均值情况如下所示（图4-13）。

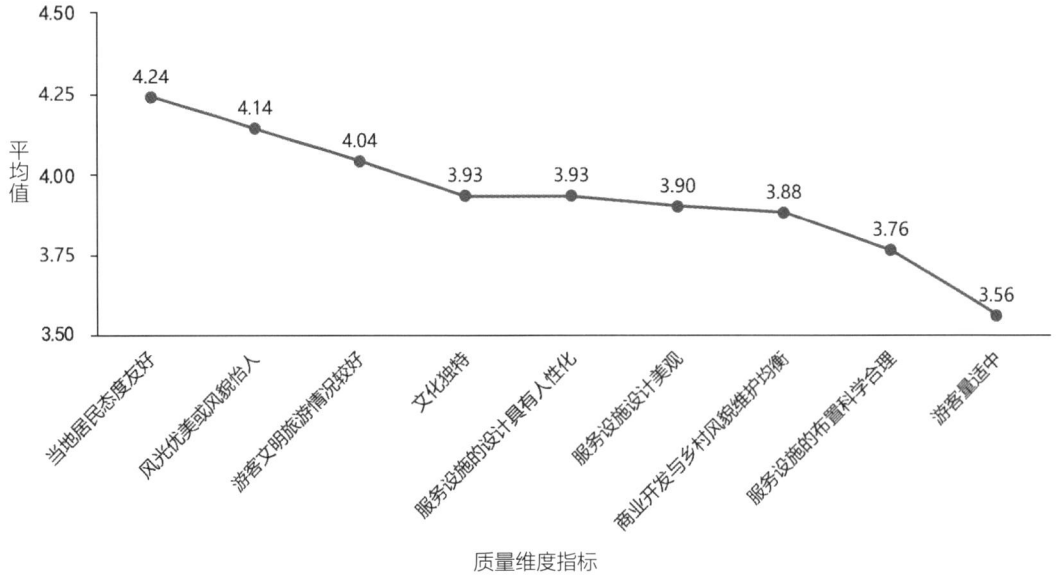

图4-13 外部环境质量维度测量指标的平均值对比

b. 互动质量维度指标分析。针对互动质量维度的7个测量指标的分析结果显示，"服务人员有责任心""服务人员态度好"指标在游客认可度上分别排名第一位和第二位，是对旅游服务提供方不断提升服务意识、加强服务人员管理成效的体现。同时，"游客投诉或遇到困难时可以及时获得反馈与帮助""服务人员的综合素质高"等指标的认可度较低，从另一方面说明，在具体服务工作中还有一些"最后一公里""最后一米"的细节问题需要给予重视，以形成更好的服务体验。各项指标的平均值情况如图4-14所示。

c. 结果质量维度指标分析。针对结果质量维度的20个测量指标的分析结果显示，"土特产丰富""获得了有价值的文化体验"指标在游客认可度上分别排名第一位和第二位，与乡村文旅自身的"乡土味""文化底蕴"等典型特征相吻合，也在一定程度上体现了游客对于乡村文旅发展的认可。不过，"内部交通与停车场等设施完善""数字化产品具有趣味性和文化性""购物设施完善""厕所与垃圾处理等环卫设施完善"等指标的认可度相对较低，特别是"内部交通与停车场等设施完善"是游客评价最低的指标，还有2个指标也是有关基础设施方面的问题，说明乡村文旅在基础设施建设与完善上仍有大量工作需要推进。此外，数字化乡村文旅产品的开发设计水平也有待进一步提升。各项指标的平均值情况如图4-15所示。

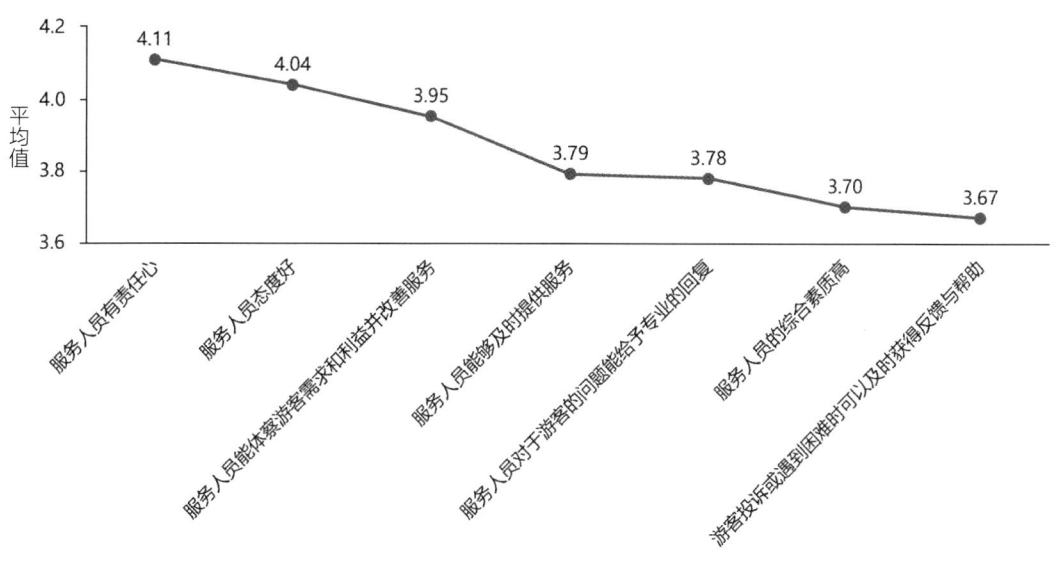

图4-14 互动质量维度测量指标的平均值对比

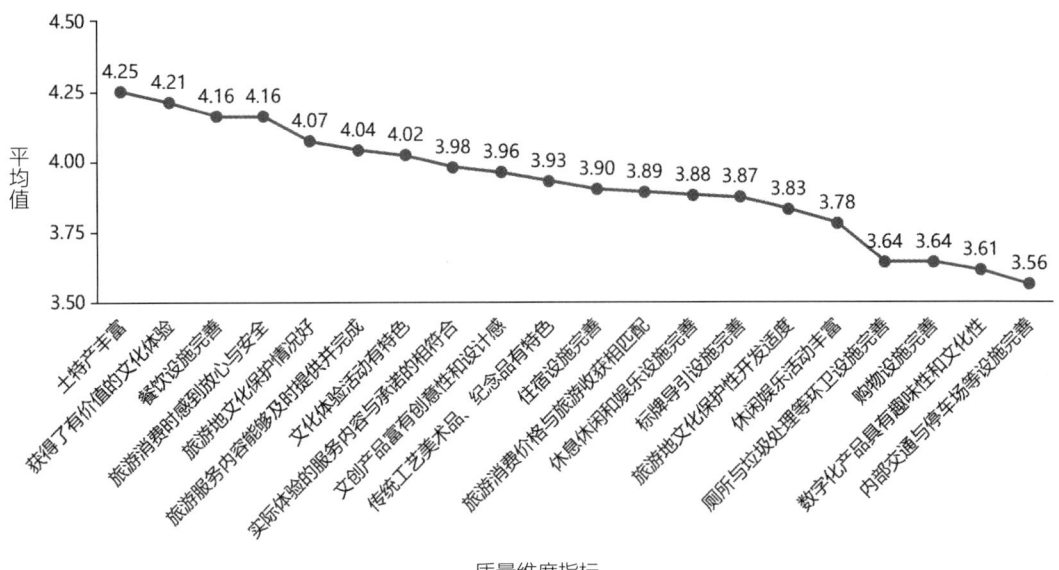

图4-15 结果质量维度测量指标的平均值对比

4.3 旅游地社区居民需求调研与分析

乡村旅游地居民的生产生活方式及社区历史文化与风貌等人文景观是旅游吸引物的重要组成内容，是旅游产品开发的重要资源。从利益相关者角度来看，包括原住民、外来定居人员、外来从业人员等在内的旅游地居民，也是各利益相关者中受到旅游开发影响最为突出的群体，他们的愿望和需求应该得到充分的重视和回应。因此，针对旅游地居民旅游感知及其态度的研究具有十分重要的意义。

4.3.1 相关概念

从研究历史来看，国外有关旅游中社区居民需求的研究起步较早，普遍认为起始于20世纪70年代，国内研究则于20世纪90年代兴起。在研究内容上，主要包括社区居民在经济、社会、文化和环境等方面的综合感知，态度的影响因素以及态度对于旅游发展的影响等。从总体上看，高密度旅游地居民往往比那些与游客接触较少的居民能更多地认识到旅游业的好处和重要性。社区居民对旅游发展的正面感知以及积极态度，不仅有助于增强旅游地的吸引力，还有助于增进游客的旅游体验，同时社区参与也是旅游业发展所必需的。然而，实践中以旅游为主开发商业利益的开发行为普遍存在，在主观或客观上缺乏对社区利益和社区居民需求的充分重视。传统的中国乡村是礼俗社会，在现代社会的冲击下日渐式微，并且仍未形成新的社会约束体系，缺乏社区共同体意识，使得乡村和村民难以发挥关键行动者的作用，无法真正成为自身发展与规划的主导力量。此外，游客的大量涌入给本地居民带来经济收益，但随之而来的外来文化入侵又会对本土文化和价值观形成剧烈冲击，加速着社区文化的变迁，甚至会导致传统信仰体系危机以及本土价值观颠覆。面对这种困境，许多学者针对旅游地居民旅游感知及其态度开展了大量研究。具有代表性的观点是，要在旅游开发中强化乡村社区本位和社区居民的主体地位，提升乡村社区居民对自有文化的认识与认同，保持社区文化独特性等。

4.3.2 调研与分析

4.3.2.1 调研设计

本项调研主要通过问卷调查（问卷星网站）、相关对象访谈等形式开展，调研内容主要从社区居民对经济、社会、文化与环境影响，居民参与乡村旅游发展的情况，发展规划与政策等三方面的感知进行设计。其中，经济、社会、文化与环境影响感知题项的设计参考了主流研究成果，相对突出文化领域的感知；居民参与乡村旅游发展的情况感知题项主要参考李（Tsung Lee）的研究成果并在活动参与题项上做适当增加；发展规划与政策感知题项主要围绕经济、社会、文化与环境政策对居民、社区以及产业的作用进行设计（表4-13）。各题项的测量尺度均采用李克特5级量表，1表示"完全不同意"，2表示"不同意"，3表示"一般"，4表示"同意"，5表示"完全同意"。

表4-13 乡村文旅地社区居民感知问卷题项设计

感知维度	感知题项
经济、社会、文化与环境影响感知	旅游业增加了我的就业机会
	旅游业增加了我的商业和投资机会
	旅游业提高了我的收入
	旅游业使本地居民外出务工人数减少
	旅游业促使更多本地居民返乡就业创业
	旅游业促使本地知名度更高
	旅游业使我对本地文化的自豪感增加
	旅游业使我有更多的参与本地文化活动与交流学习机会
	旅游业促使文化创意产品更为丰富

续表

感知维度	感知题项
经济、社会、文化与环境影响感知	旅游业促使文化展馆或博物馆数量增加
	旅游业树立了良好的乡村形象乃至文化品牌
	旅游业提高了我的生活质量
	旅游业提高了我的综合素质
	旅游业改善了乡村环境
	旅游业更好地保护了本地文化资源
	旅游业有助于本地文化的传承与创新
	旅游业提高了我的环保意识
	我支持本地发展旅游业
居民参与乡村旅游发展的情况感知	我可以了解到本地旅游发展信息和政策
	我可以参与本地旅游发展的讨论或决策
	我可以参与本地旅游发展情况的监督
	我可以发表不同意见且具有申诉权利
	我可以参与本地旅游教育培训等活动
	我对参与本地旅游业发展感到满意
发展规划与政策感知	我熟悉本地旅游发展规划或政策
	规划或政策促进了旅游基础设施建设
	规划或政策保障了居民利益
	规划或政策协调了利益矛盾
	规划或政策促进了旅游经营环境改善
	规划或政策体现了本地特色或文化
	规划或政策保障了旅游业可持续发展
	我对政府支持发展旅游业的措施感到满意

4.3.2.2 问卷分析

调研实际发放问卷120份，其中有效问卷109份，有效回收率为90.83%。调研对象主要来自浙江省内旅游地居民，包括从事乡村文旅经营业务的居民。

(1) 人口统计学特征

问卷调研结果显示，在性别上，男性占比为41.12%，女性占比为58.88%；在年龄分布上，中青年群体占比较高，其中，31~40岁占比为48.60%，41~50岁占比为20.56%，21~30岁占比为19.63%；在身份上，原住民的比例高达61.68%，其中有13.08%的原住民从事乡村文旅生意，有21.50%的群体为外来定居人员，外来旅游从业人员占比只有3.74%；在居住时间上，居住21年及以上的占比高达55.14%，其次是占比为18.69%的居住11~20年人群；在受教育度上，本科学历较高，占比为45.79%，其次分别是高中/中专、大专，其比例分别为29.91%和14.95%，学历是硕士以上与初中以下人群占比均较低，未超过5%。

(2) 社区居民总体感知分析

在积极影响方面，乡村社区居民普遍支持本地发展旅游业，对能参与本地旅游业发展以及政府支持发展旅游业的措施感到满意，均值分别为4.48、3.90、4.06。特别是在支持本地发展旅游业方面的认可度高达92.52%，其均值也在所有题项中位居首位，说明社区居民已充分认识到发展乡村文旅对于当地经济、社会、文化、环境发展以及自身需求的重要意义。其次，在所有的42个题项中，去除三个整体评价选项，均值达4.0以上的题项数量有12个，在39个题项中占比近三分之一，涉及的内容主要包括商业投资机会增多、经营环境改善、乡村环境改善、就业创业提升、知名度提升、文化自豪感提升、文创产品丰富、文化资源保护加强、文化传承与创新提升、文化特色彰显以及旅游业可持续发展等多方面。特别是文旅产业发展对于当地文化保护与创新的重要价值获得了广泛认可，居民在获得一定经济收益的同时，文化自豪感得到明显提升（选择4分以上的比例为79.43%）。

在消极影响方面，所有题项中均值最低的题项是"我可以参与本地旅游发展的讨论或决策"，有10.28%的居民选择了"完全不同意"选项，另有23.36%和37.38%的居民分别选择了"不同意"和"一般"选项。均值较低的题项还有"我可以参与本地旅游发展情况的监督""我可以发表不同意见且具有申诉权利"等，在一定程度上说明居民对于当地旅游发展的参与深度还有待提升，相关监督与共商机制也需要进一步完善。其次，居民选择"不同意"题项的主要原因集中于"物价房价上涨导致的生活成本上升""居民收入差距扩大""噪声、空气与垃圾污染"等三大类问题，占比均超50%。另外还有"交通拥挤""游客不文明现象增多""商业开发过度""旅游资源过度利用甚至被破坏""利益分配"等问题占比也超过了40%（表4-14、彩插4-3）。

可见，乡村文旅产业发展在获得居民大力支持的同时，还需要就这些问题深入研究"一揽子"统筹解决方案，一方面发挥政府总体协调优势，另一方面制定工作推进计划，有步骤、分阶段地开展工作。

表4-14 乡村文旅地社区居民感知各题项分析结果

感知维度	感知题项	各项打分所占百分比/%					均值/%
		1	2	3	4	5	
经济、社会、文化与环境影响感知	旅游业增加了我的就业机会	0.93	8.41	15.89	43.93	30.84	3.95
	旅游业增加了我的商业和投资机会	3.74	4.67	13.08	43.93	34.58	4.01
	旅游业提高了我的收入	1.87	5.61	29.91	35.51	27.10	3.80
	旅游业使本地居民外出务工人数减少	0.93	5.61	14.95	42.99	35.51	4.07
	旅游业促使更多本地居民返乡就业创业	2.80	2.80	15.89	46.73	31.78	4.02
	旅游业促使本地知名度更高	0	2.80	9.35	40.19	47.66	4.33
	旅游业使我对本地文化的自豪感增加	1.87	3.74	14.95	45.79	33.64	4.06
	旅游业使我有更多的参与本地文化活动与交流学习机会	0	7.48	14.02	50.47	28.04	3.99
	旅游业促使文化创意产品更为丰富	0	4.67	15.89	44.86	34.58	4.09
	旅游业促使文化展馆或博物馆数量增加	3.74	8.41	28.97	34.58	24.30	3.67
	旅游业树立了良好的乡村形象乃至文化品牌	1.87	8.41	14.02	48.60	27.10	3.91
	旅游业提高了我的生活质量	2.80	9.35	21.5	42.06	24.30	3.76
	旅游业提高了我的综合素质	2.80	6.54	17.76	50.47	22.43	3.83
	旅游业改善了乡村环境	1.87	7.48	10.28	46.73	33.64	4.03
	旅游业更好地保护了本地文化资源	2.80	2.80	20.56	30.84	42.99	4.08
	旅游业有助于本地文化的传承与创新	0.93	2.80	11.21	45.79	39.25	4.20
	旅游业提高了我的环保意识	1.87	5.61	16.82	45.79	29.91	3.96
	我支持本地发展旅游业	0	1.87	5.61	35.51	57.01	4.48
居民参与乡村文旅发展的情况感知	我可以了解到本地旅游发展信息和政策	0	7.48	21.50	46.73	24.30	3.88
	我可以参与本地旅游发展的讨论或决策	10.28	23.36	37.38	17.76	11.21	2.96
	我可以参与本地旅游发展情况的监督	10.28	14.95	29.91	33.64	11.21	3.21
	我可以发表不同意见且具有申诉权利	7.48	14.95	29.91	40.19	7.48	3.25
	我可以参与本地旅游教育培训等活动	5.61	13.08	20.56	44.86	15.89	3.52
	我对参与本地旅游业发展感到满意	2.80	4.67	21.50	42.06	28.97	3.90

续表

感知维度	感知题项	各项打分所占百分比/%					均值/%
		1	2	3	4	5	
发展规划与政策感知	我熟悉本地旅游发展规划或政策	6.54	6.54	28.04	46.73	12.15	3.51
	规划或政策促进了旅游基础设施建设	0.93	8.41	23.36	39.25	28.04	3.85
	规划或政策保障了居民利益	0	4.67	20.56	50.47	24.30	3.94
	规划或政策协调了利益矛盾	3.74	10.28	26.17	41.12	18.69	3.61
	规划或政策促进了旅游经营环境改善	0.93	1.87	9.35	55.14	32.71	4.17
	规划或政策体现了本地特色或文化	0.93	4.67	14.95	42.06	37.38	4.10
	规划或政策保障了旅游业可持续发展	0.93	4.67	14.95	46.73	32.71	4.06
	我对政府支持发展旅游业的措施感到满意	0.93	2.80	15.89	50.47	29.91	4.06

（3）交叉分析

A. 居民身份与"支持本地发展旅游业"的关系

将"居民身份"题项设置为自变量X，将"支持本地发展旅游业"题项设置为因变量Y，获得相应结果。从彩插4-4可以看出，同意"支持本地发展旅游业"的人群比例非常高，不同身份的群体均达到了90%以上。其中，外来旅游从业人员中有高达75%的人对"支持本地发展旅游业"持"完全同意"的态度，占比最高；外来旅游从业人员和从事乡村文旅生意的原住民均对"支持本地发展旅游业"持"同意"或"完全同意"的态度，没有一人选择"一般、不同意、完全不同意"选项。

B. 居民身份与"对能参与本地旅游业发展感到满意"的关系

将"居民身份"题项设置为自变量X，将"对能参与本地旅游业发展感到满意"题项设置为因变量Y，获得相应结果。从彩插4-5可以看出，同意"对能参与本地旅游业发展感到满意"的人群比例总体较高，不同身份的群体均达到了50%以上。其中，从事乡村文旅生意的原住民满意度最高，"同意"与"完全同意"比例共计92.86%，原住民与外来定居人员的满意度也较高，"同意"以上选项比例均接近70%。同时，需要注意的是外来旅游从业人员中虽然有50%的人选择"同意"，但选择"完全同意"的为零，且各有25%的人选择了"不同意"和"一般"。说明在参与乡村文旅发展方面，原住民较外来旅游从业人员可能更具有本地化优势，对相关事务的参与面与参与程度更广、更深，是各地鼓励原住民参与产业发展的体现。同时，也要注意综合协调原住民与外来旅游从业人员之间的关系，在同业经营上形成公平竞争、互助共赢的良性发展格局，在就业聘用上遵守劳动法等法律法规，保障劳动者合法权益，健全从业制度。

C. 居民身份与"对政府支持发展旅游业的措施感到满意"的关系

将"居民身份"题项设置为自变量X，将"对政府支持发展旅游业的措施感到满意"题项设置为因变量Y，获得相应结果。从彩插4-6可以看出，同意"对政府支持发展旅游业的措施感到满意"的人群比例总体较高，不同身份的群体均达到了50%及以上。其中，从事乡村文旅生意的原住民满意度最高，"同意"与"完全同意"比例共计92.86%，原住民与外来定居人员的满意度也较高，"同意"以上选项比例均在80%左右。同时，需要注意的是外来旅游从业人员中虽然有50%的人选择"同意"以上，但选择"一般"的占到了50%。结合之前外来旅游从业人员有高达75%的人对"支持本地发展旅游业"持"完全同意"态度的数据，说明该部分受访者对乡村文旅发展的措施感知程度并非完全正相关。一方面的原因可能在于外来旅游从业人员在本次调研中所占比例最少，另一方面的深层次原因还需要通过更为细致的调研加以分析。总体上，乡村文旅产业的良性发展需要充分考虑各方利益相关者需求，激发社区参与的积极性，兼顾利益的综合协调，最终找到更为合适的发展方案与推进路径。

4.4 开发经营方发展现状分析

4.4.1 乡村文旅类企业发展概况

历经多年发展，我国乡村文旅企业发展步入快速道且已具有较大规模。首先，企业数量多。分别以"乡村旅游"和"乡村文旅"为关键词，在企查查网站进行检索（检索时间为2023年2月12日），对应获得310792条、83926条检索结果，反映出乡村旅游企业庞大的群体数量。其次，产业链完备。以"乡村文旅"为关键词的搜索结果为例，相关企业的所涉行业十分广泛，涵盖上下游，如农、林、牧、渔业，住宿和餐饮业，文化、体育和娱乐业，制造业，建筑业等20类行业。其中，租赁和商务服务业占比最高，有23104条搜索记录；文化、体育和娱乐业占比次之，有19480条搜索记录；占比排名第三位的则是批发和零售业，有10892条搜索记录（表4-15）。再次，这一年内新注册企业数高达24493家，占比29.2%。最后，单个规模较大的企业日益增多。将83921条以"乡村文旅"为关键词的搜索结果按照"注册资本从高到低"的顺序进行排列后可以发现，成立于2022年8月5日的中汇合文旅康养产业发展（云南）有限公司以注册资本300亿欧元排名第一。其他企业，如成立于2022年5月23日的云南天下和文化旅游开发有限公司拥有注册资本555亿元，成立于2021年12月8日的广西领尚文化旅游投资集团有限公司拥有注册资本200亿元，成立于

2022年6月1日的江口县红云金顶旅游投资有限公司拥有注册资本100亿元等。

表4-15 经营范围含"乡村文旅"等内容的企业数及其所属行业情况　　　单位：个

企业所属行业	企业数量	企业所属行业	企业数量
租赁和商务服务业	23104	信息传输、软件和信息技术服务业	2834
文化、体育和娱乐业	19480	住宿和餐饮业	2259
批发和零售业	10892	建筑业	1999
农、林、牧、渔业	6610	制造业	1744
科学研究和技术服务业	5650	居民服务、修理和其他服务业	1298
水利、环境和公共设施管理业	4235	房地产业	1086

进一步来看，一是乡村文旅企业的服务属性、文化与娱乐属性十分明显，符合乡村文旅企业经营的主要定位；二是批发和零售业企业数量较多可以反映出乡村经营户群体规模较大，旅游地零售配套服务体系较为完备；三是数量较多的农、林、牧、渔业所属企业在一定程度上使得乡村产业自身属性得到较好体现；四是住宿餐饮、公共设施管理、建筑与制造等行业企业数量分布较为均衡，旅游地基础设施建设与服务能够得到一定保障。从乡村文旅相关企业需求研究的角度来看，这四个方面的信息也可以给予重要启示，即应深入研究企业的旅游服务定位、服务流程、服务模式以及在文化挖掘与保护等方面的价值主张，充分发挥乡村既有产业在乡村文旅领域的自然联系与有机融入作用，有力支持批发和零售业企业服务乡村文旅产业发展的保障措施，继续完善旅游地基础设施升级改造机制等。

再从这些企业的分布区域来看，企业数量与所属区域的地理区位条件、乡村文旅资源、乡村文旅产业发展等因素密切相关。根据表4-16所示数据可以发现，一是浙江省所属企业数量具有明显优势。超过1万家企业活跃在浙江大地上，为浙江省乡村文旅发展注入产业力量，也为美丽乡村、乡村振兴建设贡献了力量。实际上，"十三五"期间，浙江乡村旅游的部分数据就已领跑全国，有民宿1.98万家，总床位近20万张，就业人数超15万，总营业收入超100亿元。此外，在2020年中国县域旅游综合实力百强县中，浙江占25席。在我国已公布的五批共计3610个子项的国家级非物质文化遗产代表性项目名录中，归属于浙江省的就有257项，不仅数量位居全国第一，同时也是唯一一个超200项的省份。这些居全国第一位的数据为乡村文旅企业的发展提供了丰厚土壤和良好氛围，得天独厚的文旅资源和蓬勃发展的产业实践充分耦合、相得益彰，"诗画浙江"的品牌影响力持续扩大。二是海南省所属企业数位居第二。海南拥有独特的旅游核心吸引物和文化遗产，拥有得天独厚的旅游资源，整体旅游业发达，培育出海南国际旅游岛欢乐节、海南乡村旅游文化节、海南世界休闲旅游博览会、海南"三月三"节庆活动等具有鲜明海南本土文化特色、大众参与性强的旅游文化节庆品牌,"阳光海南 度假天堂"的旅游形象深入人心。这些优势立足于海南自由贸易港建设战略,围绕着建成国际旅游消费中心发展目标的宏观布局,未来必将进一步吸引越来越多的企业加入乡村文旅发展大军,并且形成高质量的乡村文旅企业聚集地。三是企业数量处于第三层次区域的所属企业数均在4500家以上。在企业数排名第一、第二的浙江省、海南省之后,陕西省、广东省、湖南省、福建省和江苏省等区域的所属企业数分别为4875、4860、4843、4528和4526家,显示出比较均衡的企业发展态势。这几个省份乡村文旅企业数较多的原因,一方面归功于丰富的文旅资源,另一方面也是各省持续推动产业发展的结果。例如,陕西省致力于打造传承中华文化的世界级旅游目的地、国际文化旅游中心、中华优秀传统文化示范区、革命文化继承弘扬样板区,以及"国风·秦韵""文化陕西""了解中国从陕西开始""丝绸之路起点、兵马俑的故乡"等本土品牌;广东省乡村旅游资源丰富,乡村基础设施发达,消费群体潜力巨大,打造出广州"花漾年华"、佛山"百里芳华"、茂名"精彩100里"、汕尾"蚝情万丈"和陆丰"滨海走廊"等200多条美丽乡村风貌带,570多条美丽乡村精品线路等。这些省份都十分重视培育壮大市场主体,纷纷通过打造文旅上市企业,设立省级文旅发展企业或综合性文旅集团,引进国内外知名文旅企业,支持文化企业与乡村旅游发展深度融合,推动旅行社转型升级,支持企业孵化器、创新平台、创客空间、创客基地等新型众创空间建设,培育细分领域"冠军"企业等举措,构建行业龙头企业、骨干企业与中小微企业齐头并进、共同发展的主体化格局。"十三五"期间,陕西省农村双创经营主体个数达到1.7万个,农村双创人员总数达到6.2万人。

表4-16 经营范围含"乡村文旅"等内容的企业数及其区域分布情况　　　　单位:个

所属区域	企业数量	所属区域	企业数量	所属区域	企业数量
浙江省	10405	江苏省	4526	广西壮族自治区	3097
海南省	8296	河南省	3970	重庆市	3047
陕西省	4875	湖北省	3726	四川省	2239
广东省	4860	贵州省	3643	山东省	2029
湖南省	4843	安徽省	3591		
福建省	4528	云南省	3438		

4.4.2 旅游小企业在乡村文旅经营阵营中的价值日益增强

如何看待、定义旅游小企业的三类视角，即小企业、家族企业与创业视角。小企业视角主要关注企业规模对小企业概念的决定性作用，但众说纷纭，世界各地也没有形成统一的标准。尹寿兵等认为，旅游小企业是旅游休闲行业的重要组成部分，是依托旅游地，完全或部分地为游客提供服务、占有较小市场份额、雇员人数低于50人的经营实体，也有很多学者认为这个标准应该是客房量低于50间或员工数低于10人。家族企业视角将"家"的温馨感、氛围感作为自身营销发展的核心，有助于为旅游者创造"极致体验"。创业视角的独特性在于"生活方式创业动机"。此外，实证研究也发现，发展中国家与发达国家的旅游小企业之间存在较大差异，一些研究结论不具有普适性。

在对旅游企业的传统研究视角中，旅游小企业往往没有得到足够的重视。然而，基于乡村文旅点分布区域小而散、整体经济体量不大、商业活动本土化程度高等因素，旅游小企业恰恰是旅游地最活跃的经济组织单元，也是农村社区居民参与旅游发展的主要途径。因此，旅游小企业在乡村文旅产业阵营中具有重要价值。

历经多年发展，我国乡村旅游小企业已初具规模且形成了较为鲜明的成长特点。尹寿兵等通过对宏村旅游小企业多年发展历程的深入调研，总结出模仿创新、代际传承、连锁扩张、抱团经营和品牌加盟等成长方式。由于宏村具有特殊的旅游资源和世界文化遗产地的名号，在吸引旅游资本、诞生旅游小企业方面起步较早、积累优势较大，所以这项研究结果具有一定代表性，清晰地展现了旅游小企业在我国幅员辽阔的乡村大地上勇毅先行、赓续奋斗的缩影，对于后继的乡村文旅发展具有参考意义，也为不同发展阶段、模式的旅游小企业开展针对性的调研提供了思路。例如，一旦有本地居民开办小企业获得成功，或者有外来企业在当地引入较先进的经营模式，就会激发更多的本地居民效仿，加入小企业经营阵营中，这也是大多数农村地区居民经营文旅业的一般路径。虽然，最初的模仿属于一种"纯"模仿，且模仿企业不一定像被模仿企业一样获得成功，但这样的一种主动型、自发式的模仿可以在短时间内形成本土化小企业经营热潮。一部分人获得成功，另一部分人可能失败，但人们总是会在总结经验后重新出发，以自我改进的精神不断解决原有的"纯"模仿的问题，实现一定程度的创新，乃至最后升级为抱团型、连锁式、品牌化的转型发展之路。实际上，模仿是普遍的，完全的创新则是罕见的。后发企业通过模仿创新吸收借鉴先进企业的经营理念、模式与方法，少走弯路、快速成长，成为产业发展的新鲜血液与新生力量。在这个过程中，深入研究后发企业模仿创新的成功经验与失败教训对于该类企业的良性发展无疑具有重要价值。再如，走代际传承型成长路径的旅游小企业是当地旅游小企业整体发展中的关键因素。一方面，成功的本土旅游小企业主在多年的经营实践中积累了充分的实战经验且富有企业家精神，二代企业主在继承父辈企业经营资源的同时又能及时更新经营理念，满足不断变化、日益细分的消费者需求，实现本土居民家族企业间的"自然更新";另一方面,本土旅游小企业"生于斯,长于斯"的历史与现实使其先天具有保护和传承本土文化的内在情结,有助于乡村文旅产业的文化根植与守护。深入挖掘、激发该类企业的这些优势显然也是十分重要的研究内容(表4-17)。

表4-17 旅游小企业价值挖掘元素

小企业类型	价值挖掘
先发本土旅游小企业	敏锐的市场意识、自身资源利用、企业家精神、文化内生
外来旅游小企业	先进的经营理念与模式、新产品开发、本土化策略、文化跟随
后发本土旅游小企业	模仿成功与失败经验、改良创新措施、差异化道路、文化内生

乡村文旅行业的壁垒较低,旅游小企业主在经营乡村文旅前往往有多种非旅游类行业的职业经历,如农业、教育、零售、建筑或营销等。此外,旅游小企业主创立企业的目标与动机也是影响旅游小企业成长的重要调节变量,如一些旅游小企业主的经营目标经常包含非财务因素(表4-18)。

表4-18 旅游小企业发展影响因素调研分析

旅游小企业发展影响因素		各因素分析
内部因素	旅游小企业主人口统计特征	大多数旅游小企业主为男性
		年龄范围主要介于25~50岁的中青年阶段
		受教育程度占比在不同国家地区的表现不具有一致性
		以往的职业经历具有多元化特征
	旅游小企业主自身素质与资源	企业管理的专业性与技巧、社会资本、企业家精神等个人因素对企业发展起决定性作用
	旅游小企业主经营动机	多数为营利型动机,也有一些可以被称为生活型动机且不以营利为主要目标
	旅游小企业员工	旅游小企业员工对于企业发展的作用不容忽视,除了业务能力以外,性格、忠诚度和对积极工作氛围的营造能力是被看重的主要因素
	旅游小企业创新力	避免同质化,提升产品与服务创新的能力对于旅游小企业来说十分重要
	经营成本	人力成本占比最高
外部因素	地理环境	主要包括旅游地吸引物的优势程度、分布情况及其竞争程度等因素
	政策与制度环境	主要包括政府政策的支持度、匹配度,以及良好的营商氛围等因素

总体来说,国内的旅游小企业发展可以视为一种"家庭生产模式",依托这种模式在

服务质量上加强硬件的完备性与优越性，在体验质量上注重共睦感，在总体体验上维护真实性，从而更好地适应新时期乡村文旅的发展需求。

4.5 行政管理部门最新政策分析

麦克唐纳等人特别强调规划的制定对于乡村旅游产业发展的重要意义。在我国，文化和旅游部、国家发展改革委及其下属各类行政管理部门是乡村文旅产业政策、发展规划制定的主体。自2018年文化和旅游部正式挂牌成立以来，从中央到地方，全国乡村旅游政策频出、力度空前，有力指导与促进了产业的高质量发展。据不完全统计，各地文化和旅游部门已陆续编制了2000多个乡村旅游相关规划，积极推进资源开发与文化和旅游的深度融合。"十四五"时期，全国各地更是加大了扶持力度，纷纷发布一系列政策，从发展目标、重点任务、专项工程以及保障措施等方面开展周密的顶层规划与指标细化，充分营造政策导向的良好氛围，加快助推产业升级。通过对这些高规格、多部门联合推动、多产业深度融合的各类政策梳理与具体内容的分析，可以清晰、深入地理解行政管理部门对与乡村文旅产业发展相关的从整体到局部、从宏观到微观的各类需求。

4.5.1 从基础需求到高质量需求的全面升级

经过多年发展，乡村文旅政策在满足基础需求的同时，逐步聚焦于对高端需求的回应，产业高质量发展趋势十分明显。总体来看，《中共中央国务院关于实施乡村振兴战略的意见》《乡村振兴战略规划（2018—2022年）》《关于进一步激发文化和旅游消费潜力的意见》《全国乡村产业发展规划（2020—2025年）》《"十四五"文化和旅游发展规划》《"十四五"旅游业发展规划》《农业农村部关于落实党中央国务院2022年全面推进乡村振兴重点工作部署的实施意见》，以及各省份相关文件均明确提出要实施乡村旅游精品工程、开展乡村旅游精品建设，打造更多体现文化内涵、人文精神的旅游精品等。

具体来看，乡村旅游产业高质量发展政策导向有以下几个方面（彩插4-7）。

一是在乡村公路自身改造提升的基础上，强调乡村旅游地的可进入性、进入通达性和便捷性，即加强乡村旅游地与外界的连通，特别是与交通干道、重点旅游景区之间的道路交通建设。

二是有针对性地开设乡村旅游公交、乡村旅游直通车等交通专线，促进城市居民与乡村旅游地之间的畅通连接。

三是因地制宜发展旅游步道、登山步道、自行车道等慢行系统，完善旅游绿道体系，提升乡村旅游地休闲旅游价值。

四是实施乡村绿化、美化、亮化工程，提升乡村景观，如在"厕所革命"中建设一批示范性旅游厕所，更加注重厕所与周边、厕所与整体环境的协调并尽力体现地域文化特色。

五是基层公共文化设施建设提速保质、公共文化服务提质增效，如创新打造一批"小而美"的城市书房、文化驿站、文化礼堂、文化广场等新型公共文化空间，在有条件的乡村地区建设非物质文化遗产工坊，推动公共文化服务与旅游、教育和居民日常生活等融合发展。

六是充分考虑特殊群体需求，健全无障碍旅游公共服务标准规范，加强老年人、残疾人等便利化旅游设施的建设和改造，推动将无障碍旅游内容纳入相关无障碍公共服务政策。

七是深化"互联网+旅游"，加快推进以数字化、网络化、智能化为特征的智慧旅游发展，培育云旅游、云直播，发展线上数字化体验产品，推动文化和旅游资源借助数字技术"活起来"。

八是综合提升旅游的文化内涵，把优秀传统文化、革命文化、社会主义先进文化纳入旅游的线路设计、展陈展示、讲解体验，让旅游成为人们感悟中华文化、增强文化自信的过程。

九是扩大和引导文化消费，把文化消费嵌入各类消费场所，建设集文化创意、旅游休闲等于一体的文化和旅游综合体。

十是在全国范围内顶层规划旅游空间格局，充分发挥区域优势，即东部地区在比较优势基础上，通过完善休闲度假体系、提升旅游核心竞争力等措施加快推进旅游现代化建设。中部地区通过继续加大旅游资源整合力度，促进旅游品牌升级等措施，加快完善旅游业体系。西部地区通过加强旅游基础设施和公共服务体系建设，发挥自然生态、民族民俗、边境风光等优势，重点发展特色旅游。东北地区通过推进旅游业转型升级，提升旅游服务水平等措施，大力发展寒地冰雪、生态旅游等特色产业，打造具有国际影响力的冰雪旅游带。革命老区、民族地区、边疆地区和欠发达地区通过发挥特色旅游资源优势，加快培育旅游产品，打造一批红色旅游融合发展示范区、休闲农业重点县、美丽休闲乡村、少数民族特色村镇、民族文旅示范区、边境旅游试验区和跨境旅游合作区。

4.5.2　产业各要素发展需求的分类细化

从中央到地方，多数政策文件均在基础设施、管理服务水平、业态、产品文化内涵与品质、旅游品牌与宣传、文明旅游等方面细致地提出相关要求，反映出这些领域在产业发展中的关键作用，同时也构成了政策文本中的高频词汇（彩插4-8）。

在基础设施方面，包括道路、步行道、停车场、游客综合服务中心、导视系统、餐饮住宿、购物娱乐、公共厕所、垃圾污水处理、供水供电、网络通信、公共休闲设施、公共服务设施、应急救援等硬件设施建设，以及旅游信息网站、移动端App、社交平台等信息服务体系、智慧旅游体系的软件设施建设。其中，加强乡村旅游公路和旅游标识标牌体系建设、大力推进"厕所革命"、大力推进乡村旅游垃圾资源化利用与无害化处理是乡村旅游基础设施建设的若干关键点。

在管理服务方面，推动旅游服务向优质服务转变、实现标准化和个性化服务的有机统一，运用连锁式、托管式、共享式、会员制、分时制、职业经理制等现代经营管理模式提升乡村旅游的运营能力和管理水平，推进"互联网+旅游"，提升智能化服务水平，建设智慧旅游乡村。

在旅游品牌与宣传方面，打造主题突出、传播广泛、社会认可度高的乡村旅游目的地品牌，将乡村民宿纳入各级文化和旅游品牌建设工作，培育具有区域特征和地方特色的乡村民宿品牌，推动星级旅游民宿品牌化发展，鼓励优质乡村民宿品牌输出民宿设计、运营管理、市场开拓等成熟经验。培育富有红色文化内涵的旅游品牌，探索推进文旅融合IP工程，构建全方位、多层次的乡村旅游和文旅融合品牌体系。围绕"旅游是一种生活、学习和成长方式"的理念，树立系统营销和全面营销理念，创新旅游宣传推广体制机制，丰富营销内容，推进现代化、市场化、专业化运营。

在文明旅游方面，建立文明旅游法规体系、落实旅游文明行为公约和行动指南，提升当地居民旅游观念和服务意识、提升文明习惯，开展文明旅游主题实践活动，培育文明旅游活动品牌，树立文明、健康、绿色的旅游新风尚。

在业态与产品方面，推动乡村旅游与新型城镇化的有机结合，合理利用民族村寨、古村古镇、文化村镇，建设有历史记忆、地域特色、民族特点的旅游特色村镇，以及一村一品、一村一景、一村一韵的美丽村庄。大力发展旅游观光、农耕体验、乡村手工艺、创意农业、休闲度假、康养度假、冰雪娱乐、红色旅游、生态旅游、夜间文旅、研学旅行等新型业态，打造休闲农庄、休闲农园、乡村酒店、特色民宿、汽车旅馆、自驾车旅居车营地等创新产品，培育一批乡村旅游精品线路。引导文化和旅游场所增加参与式、体验式消费项目，发展基于5G、超高清、增强现实、虚拟现实、人工智能等技术的新一代沉浸式体验型文化和旅游消费内容，培育文化和旅游融合发展新业态。在保证安全、避免扰民的情况下开展夜间游览服务，优化文化和旅游场所的夜间餐饮、购物、演艺等服务，鼓励建设24小时书店。践行绿色旅游消费观念、倡导绿色消费方式，推动绿色旅游产品体系建设，创建一批特色生态旅游示范村镇和精品线路，打造绿色生态环保的乡村生态旅游产业链，实施绿色认证制度、健全绿色发展监管制度。

在文化内涵与品质方面，注重挖掘农业文明和文化特色，保护性利用文物古迹、传统村落、传统建筑、民族村寨、农业遗迹、灌溉工程遗产、农业文化遗产、非物质文化遗产等文化资源，开发高品质的文创产品和旅游商品。合理利用自然环境、人文景观、历史文化、文物建筑等资源突出乡村民宿特色，将农耕文化、传统工艺、民俗礼仪、风土人情等融入乡村民宿产品建设，注重与周边社区的文化互动，鼓励乡村民宿参与公共文化服务。推广"创意下乡""创意进景区"模式，全面推进"非遗在社区"工作。强化游客参与体验，建立以游客评价为主的旅游目的地评价机制，推进旅游标准化建设。

4.5.3　不同区域发展需求的差异化定位

在贯彻落实国家政策基础上，全国各地结合自身发展优势，积极探索符合当地乡村文旅发展规律的政策机制，纷纷提出了独具地方特色的乡村文旅发展意见，形成了不同的差异化定位。

东部地区在比较优势基础上，通过完善乡村文旅产业体系、提升核心竞争力等措施加快推进旅游现代化建设。根据《浙江省旅游业发展"十四五"规划》相关内容，"十三五"期间，浙江省乡村旅游发展态势迅猛，就业人数超15万，总营业收入超过100亿元，其中民宿1.98万家，总床位近20万张，三类数据均居全国第1位、领跑全国。浙江省委、省政府把旅游业作为战略性支柱产业培育，已制定《浙江省旅游条例》《浙江省全域旅游发展规划（2018—2022）》《浙江省乡村旅游促进办法》等文件，出台与乡村文旅运营、数字文化产业高质量发展相关的一系列政策。其中，《浙江省文化和旅游厅推进文化和旅游高质量发展促进共同富裕示范区建设行动计划（2021—2025年）》提出，2025年，基本建成新时代文化高地、中国最佳旅游目的地、全国文化和旅游融合发展样板地，并创建全国乡村文化和旅游创客创业创新试点省，培养乡村旅游带头人1000名，搭建"青年回农村、乡贤回农村"乡村旅游发展平台，办好长三角乡村文旅创客大会，推动各地成立乡村旅游创业指导中心，探索设立乡村旅游创业基金，支持当地村民和回乡人员参与乡村旅游经营和服务。探索"入股联营"村集体主导的旅游开发模式，吸收村民广泛参与，建立村民合理利益分配机制试点。引导文化和旅游龙头企业发挥示范辐射作用，发挥文化和旅游创业"孵化器"作用。实施中小微文化企业扶持计划，支持青年创新创业。开展非遗助力乡村振兴试点，支持创办传统技艺企业，开设手工艺等传统产品制造工作室，振兴1000项乡村传统工艺。山东省规模化乡村旅游点达3500余个，拥有33个国家级休闲旅游和乡村旅游示范点，数量位居全国第一，乡村旅游经营业户8.4万户，吸纳安置就业52万人，乡村旅游接待规模占全省旅游规模的半壁江山，涌现出一批特色鲜明、具有示范效应的县域乡村旅游创新发展目的地，彰显"好客山东·美丽乡村"的"齐鲁样板"。"十四五"期间，山东瞄准"形成具有地域文化特色的山岳型、滨海型、沟峪型、林湖型、庄园型、牧场型、村落型、田园型等形态多元、特色鲜明的乡村旅游聚落，更好地满足人民对生态、乡土、田园体验消费的刚性需求"等目标，构建起日趋完善的新型乡村旅游产业体系。广东省乡村旅游产业资源丰富，消费群体潜力巨大且高端消费群体占比高，乡村基础设施发达，已打造出广州"花漾年华"、佛山"百里芳华"、茂名"精彩100里"、汕尾"蚝情万丈"和陆丰"滨海走廊"等200多条美丽乡村风貌带、570多条美丽乡村精品线路。"十四五"期间，更是大力建设城边、景边、海边、村边等"四边"，交通干道、碧（绿）道、南粤古驿道等"三道"，以及少数民族特色居住区、古镇古村特色村落等"二特"乡村休闲区（带），推进"乡村+节庆""乡村+非遗""乡村+文创""乡村+演艺""乡村+游乐"等文化和旅游业态融合，推动传统村落、历史建筑、文物古迹、农业文化遗产、非物质文化遗产等文化资源融入乡村旅游产品及线路，进一步保护乡村文化生态。

中部地区通过继续加大旅游资源整合力度，促进旅游品牌升级等措施加快完善旅游业体系。例如，河南省强力实施文旅文创融合战略，厚植中华优秀传统文化优势，坚持创意驱动和科技赋能，推动文化旅游在新的历史起点上实现全域深度融合，使"行走河南·读懂中国"文化旅游品牌形象深入人心，瞄准"建成中华文化传承创新中心、世界文化旅游胜地"等目标，重点以太行山、伏牛山、大别山为主要区域，按照文化引领、艺术点亮、美学提升、消费驱动的原则，布局精品民宿、乡村酒店、艺术聚落等人文体验空间，打造一批彰显中原文化底蕴、承载现代生活方式的乡村旅居目的地，培育形成一批生态康养、文物古建、非遗活化、名人典故、红色传承、农俗体验、研学科考等主题特色鲜明、文旅文创业态突出的特色旅游村、乡村旅游消费街区。湖北省瞄准"打造世界知名旅游目的地、全国旅游循环大节点和中华文化传播示范区，以及'到荆楚名县、进荆楚名镇、访荆楚名村、逛荆楚名街、品荆楚群艺、走荆楚绿道、赏荆楚美景、住荆楚人家、尝荆楚美食、带荆楚好礼'的乡村旅游新格局"等目标，形成了武汉环城游憩休闲、江汉平原水乡、宜昌柑橘之乡、恩施土苗风情、鄂西北山地生态、鄂东四季花木等六大乡村旅游片区。

西部地区通过加强旅游基础设施和公共服务体系建设，发挥自然生态、民族民俗、边境风光等优势，重点发展特色旅游。东北地区通过推进旅游业转型升级，提升旅游服务水平等措施，大力发展寒地冰雪、生态旅游等特色产业，打造具有国际影响力的冰雪旅游带。革命老区、民族地区、边疆地区和欠发达地区通过发挥特色旅游资源优势，培育旅游产品，打造一批红色旅游融合发展示范区、休闲农业重点县、美丽休闲乡村、少数民族特色村镇、民族文化旅游示范区、边境旅游试验区和跨境旅游合作区。

4.5.4 服务标准需求的快速增长

标准是为了在一定范围内获得最佳秩序，经协商一致制定并由公认机构批准，共同使用的和重复使用的一种规范性文件。我国《国家标准化发展纲要》明确指出，标准化在推进国家治理体系和治理能力现代化中发挥着基础性、引领性作用。近年来，旅游行业服务标准需求日益增长，相关标准的制修订工作进程显著加快，从国家标准到地方标准，从行业标准到团体标准，各类不同层面、不同适用范围的旅游服务标准体系逐渐成形。为了充分掌握乡村文旅相关标准现状与标准需求，笔者通过全国标准信息公共服务平台官方网站对现行相关国家、行业、地方与团体标准进行了检索（检索时间为2023年6月30日）与梳理，并就相关需求作了进一步分析。

4.5.4.1　相关国家标准情况

首先以"旅游"为关键词进行检索，共得到30项相关度高且现行的国家标准。其中，较早实施的为《旅游区（点）质量等级的划分与评定》（GB/T 17775—2003），较新实施的为《旅游度假区等级划分》（GB/T 26358—2022），时间跨度达20年。26项归口单位为全国旅游标准化技术委员会的国标所涉及领域主要包括，旅游厕所质量要求与评定，旅游民宿基本要求与等级划分，旅游景区可持续发展，旅游度假租赁公寓基本要求，旅游资源分类、调查与评价，旅游业基础术语，旅游景区游客中心设置与服务规范，旅游景区公共信息导向系统设置规范，城市旅游公共信息导向系统设置原则与要求，旅游景区数字化应用规范，旅游景区服务指南，民族民俗文旅示范区认定，旅游娱乐场所基础设施管理及服务规范，旅游购物场所服务质量要求，旅游信息咨询中心设置与服务规范，旅游餐馆设施与服务等级划分，旅游饭店星级的划分与评定，旅游规划通则等。可见，这些国标针对旅游业"食住行游购娱"各环节的服务规范、服务质量做了基本要求，形成了总体标准框架，还特别针对民族民俗文旅示范区制定了认定类标准。4项归口单位为全国服务标准化技术委员会的国标则涉及老年旅游服务规范，工业旅游景区服务指南，海岛及滨海型城市旅游设施基本要求，山岳型旅游景区清洁服务规范等，进一步丰富了旅游领域的国家标准体系。其次，以"乡村"为关键词进行检索，仅获得5项现行国家标准，内容涉及乡村民宿服务质量规范、美丽乡村建设评价与美丽乡村建设指南等。最后，以"乡村旅游"为关键词进行检索，所获结果为零，说明在国家层面上，尚未制定与乡村旅游直接相关的国家级标准。

4.5.4.2　相关行业标准情况

首先以"旅游"为关键词进行检索，共得到归属于旅游业且现行的64项行业标准。这些行业标准的涵盖范围比较广泛，涉及多种旅游业态与产品，如滑雪旅游度假地等级划分、旅游休闲街区等级划分、包价旅游产品说明书编制规范、红色旅游经典景区服务规范、国家康养旅游示范基地、国家人文旅游示范基地、温泉旅游服务质量规范、旅游演艺服务与管理规范等，体现了行业细分领域的服务标准需求。其中，与文旅直接相关的标准为《文化主题旅游饭店基本要求与评价》（LB/T 064—2017）。其次，以"乡村"为关键词进行检索，没有获得归属于旅游业的行业标准。最后，以"乡村旅游"为关键词进行检索，所获结果也为零，说明在行业层面上，也尚未制定与乡村旅游直接相关的标准。

4.5.4.3　相关地方标准情况

首先以"旅游"为关键词进行检索，共得到归属于全国不同省份与地市的、现行的786项地方标准。为了更为精准地获取信息，一方面，直接以"乡村旅游"为关键词进行检索，共获得77项现行地方标准，与相关国家标准、行业标准为零的情况相比，乡村旅游标准在地方上获得了更多支持与发展。这些标准的内容涵盖乡村旅游重点村基本要求与评价体系、乡村旅游示范村建设与管理指南、乡村旅游集聚区建设与管理指南、乡村旅游服务基本规范、乡村旅游民宿质量要求、乡村旅游度假区评定规范、乡村旅游服务人员规范、乡村旅游经营单位等级划分与评定、乡村旅游特色业态基本要求及评定、乡村旅游服务质量要求与评定等，涉及全国数十个省份、地市。其中，北京市分别于2018年、2019年实施了乡村旅游特色业态基本要求及评定系列标准，内容包含通则与其他9种特色业态标准。安徽省于2016年实施了乡村旅游服务质量要求与评定系列标准，涵盖通则与其他6种旅游业态与产品标准。这些系列标准的制定与实施，与北京市、安徽省乡村旅游产业发展态势密切相关，是产业发展到一定规模、阶段的必然反映。同时，也启示着应充分发挥标准前置的作用，在产业起步或发展初期就着手相关标准的规划与制定工作，从而更好地引领产业高质量发展。另一方面，以"文化旅游"为关键词进行检索，共获得15项现行地方标准，由14个省份、地级市分别发布实施。从内容上看，各地主要围绕区域性的文旅特色进行标准制定，如内蒙古自治区的《游牧文化旅游 民族手工艺品术语》（DB15/T 1432—2018）与《游牧文化旅游 饮食文化术语》（DB15/T 1431—2018），阿坝藏族羌族自治州的《藏文化旅游服务规范》（DB5132/T 68—2021），淮南市的《淮南特色文化旅游产品经营服务通则》（DB3404/T 5—2021），柳州市的《柳州螺蛳粉文化旅游服务规范》（DB4502/T 0039—2022）等。此外，还有两项标准名称明确含有"乡村文化旅游"，分别为唐山市的《乡村文化旅游服务中心建设与服务规范》（DB1302/T 493—2019），以及青海省的《乡村文化旅游建设指南》（DB63/T 1927—2021），这在一定程度上说明了将乡村文旅从乡村旅游大范畴内单独出来进行标准研制已成为现实需求。

4.5.4.4　相关团体标准情况

首先以"旅游"为关键词进行检索，共获得来自全国不同团体且现行的170项团体标准。从中可以发现，团体标准的内容针对性、区域适用性、归口灵活性均较强。如中国茶叶流通协会的《茶文化旅游示范区评定规范》（T/CTMA 001—2017），湖北省标准化学会的《羊楼洞旅游民宿服务规范》（T/HBAS 020—2022），湖南省旅游民宿协会的《旅游民宿管家职业能力等级划分与认定》（T/HTBA 001—2023），山西省公用品牌建设联合会的《世界文化遗产旅游景区服务规范》（T/SXJP 033—2023），成都市温江区标准化促进会的

《"温江礼物"特色旅游产品评选及管理规范》（T/WJBZ 6—2023）等。此外，2020年以来，团体标准数量增速明显加快，三年多时间内共发布了118项，整体占比高达69%，其中，2022年以来公布了61项，整体占比近36%。这种比较密集的发布速度，一方面归因于政府对标准化政策的支持，另一方面也说明各类团体具有较高的积极性，能针对快速变化的旅游市场制定相应的团体标准，及时促进产业发展。为了进一步获取信息，笔者又分别以"乡村旅游""文化旅游"为关键词进行检索，共获得24项现行团体标准。这些标准直接针对乡村文旅领域标准需求进行标准研制与发布，日益成为其他类型标准的有力补充。

  总体上看，国家标准从更为宏观、整体的层面构建了旅游业标准框架，特别是给出了产业各要素的基本要求及等级划分与评定等关键标准，对其他标准的制定起到了指导性作用。行业标准的制定主要针对具有一定影响力的不同业态展开，如针对旅游演艺这一大型业态制定标准，对于规范、促进特定行业的长期发展具有重要意义。地方标准着力体现各地自身的旅游特色，具有较强的地域性特征，大力促进地方标准制修订与实施，符合乡村文旅区域性、差异化发展要求，应充分鼓励引导，推动开展更大范围、更有针对性、更高质量的地方标准制修订工作，从而彰显不同风格、不同文化特色的地方旅游特质。团体标准是近年来积极倡导的标准类别，其制定周期短、与企业结合密切、对市场反映灵敏，具有更大的灵活性，推广应用也较为便捷，有效促进了产业发展。

5 服务设计推动我国乡村文旅产业发展的若干路径

　　旅游资源、旅游设施、旅游服务是旅游业赖以生存和发展的三大要素。乡村文旅资源与单纯的自然资源、单一遗产地资源相比更具多元性、动态性和复杂性，这对相关的旅游设施与旅游服务系统构建、内部具体产品与服务的开发设计、旅游吸引物的整体规划、消费者需求的满足及整体产业的可持续发展，都带来了巨大的挑战。

5.1 多元化、综合化的路径研究导向

以具有整体、系统、可持续思维特质的服务设计理念助推产业发展，促进产业深度融合的路径研究，离不开多元化、综合化的路径。

一方面是路径自身的多元与综合。乡村文旅产业自身的复杂性以及服务设计的系统化要求，决定了产业发展的推动路径不是单一的而是多元的，不是单轨的而是综合交叉的，不是按序次第展开的而是在不断互动中并行不悖的（图5-1）。

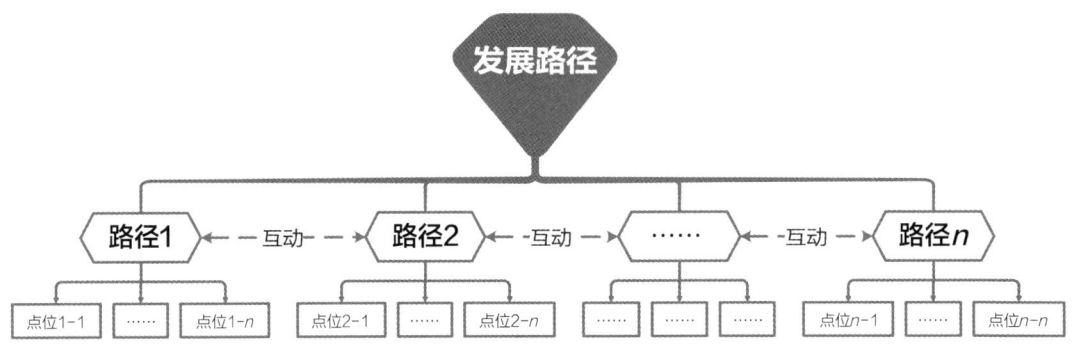

图5-1　服务设计理念下乡村文旅产业发展路径的多元化与综合化

另一方面是路径生成的内部机制。首先，根据前述分析，乡村文旅产业的核心利益相关者包括旅游者、文旅开发经营方、旅游地社区居民和行政管理部门，这就决定了产业发展路径的设计也必然涉及这些对象，涵盖旅游相关产品的开发与创新、旅游营销传播、旅游企业的服务管理与服务创新、旅游地社区居民参与、旅游行业管理政策与措施等方面。其次，密切结合服务设计理念，将乡村文旅产业中的用户体验、商业价值与社会价值统筹转化为可以被识别的路径导向话语，明确产业发展的目标。最后，将产品升级与开发、服务流程优化与再造、服务模式迭代与创新、服务系统调适与构建以及产品意义重塑、组织文化与社会文化的意义创造等设计内容与产业价值涌现有机结合，最终形成多元、综合的发展路径。

5.2 面向服务触点与旅程体验优化创新的产品开发设计路径

产品既包括有形产品，也包括"服务"类的无形产品，即人造物、"人造物+服务"与服务。服务设计主张通过触点与用户旅程等概念梳理用户遇到的问题或需求，从而加以优化或创新。其中，旅游者需求与需求的满足构成了旅游世界内部要素的相互关系，以及

旅游活动发展方向和模式的基本动力，在解决现有问题的基础上如何更为主动地、充分地挖掘需求、满足需求，将成为乡村文旅产品开发设计的主导性方向。

5.2.1 服务触点与旅程体验的优化创新

5.2.1.1 相关概念

（1）服务触点

服务触点简称触点，也称为接触点，是服务设计中十分关键的基础概念，是用户与对象间相互接触的一种载体、界面或媒介。触点可以被划分为物理触点、媒介触点、服务人触点等，也可以被划分为人际触点、物理触点、信息触点。本书从所接触的对象的性质维度将触点分为物理触点、数字触点和人际触点三种类型。其中，物理触点主要是指可见、可听、可嗅、可品尝、可触摸的物质性载体，数字触点主要是指通过数字技术呈现出来的信息化界面，人际触点则主要是指人与人之间在场性的互动交流方式。触点是用户与服务系统各环节相互沟通的媒介，触点设计既包括对原有触点的改良设计，也涵盖对新触点的创新设计，直接决定着用户体验的质量与整体服务设计水平。如在人际触点中，常常会遇到服务接待人员态度不好、不够专业等问题，极大地影响了顾客体验。不过，改良的方法有很多，使用高效倾听模型就是其一。高效倾听模型主要包括"SOFEN"五个步骤，即Smile（微笑）、Open Posture（开放姿态）、Forward Lean（前倾）、Eye Communication（眼神交流）和Nod（点头）。使用SOFEN技巧可以使对方切身地感受到自己在被认真倾听，从而提升整体体验（图5-2）。

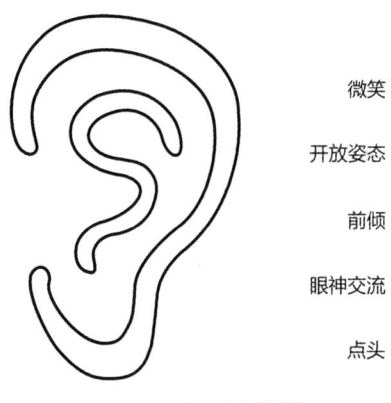

图5-2 高效倾听模型

（2）峰终定律与关键触点

对于整个旅游服务流程来说，触点的种类和数量是一个十分庞杂的体系，以满足不同阶段、不同服务需求下的多元化用户体验。哪些触点应该被重点设计？哪种体验应该被强化？一种被称为峰终定律的概念被广泛应用于体验设计中。峰终定律由心理学家卡尼曼（Daniel Kahneman）提出，他认为人们对一段经历的感受取决于两个时刻，即峰值（最好或最坏的时刻）和结尾（图5-3）。此后，峰终定律被广泛应用于营销管理等各领域，也与"关键时刻/瞬间"等概念以及在服务接触中体现的"关键时刻/瞬间"关联起来。

将峰终定律应用于触点概念中就自然形成了关键触点的概念，即关键触点是对峰值

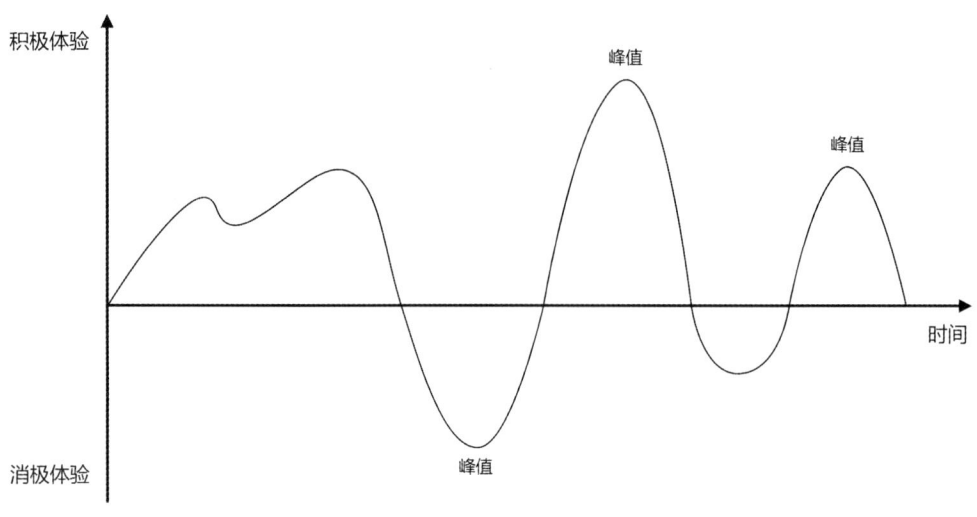

图5-3 峰终定律

（最好或最坏的时刻）和结尾体验起决定作用的触点。理论上，服务设计中的触点设计可以涵盖所有触点的改良或创新设计，但根据峰终定律和对关键触点的要求，关键触点的设计显然处于更高的优先级。关键触点的挖掘包括两方面，一个是用户最重视的触点需求，另一个是用户最不满意的触点问题。这两方面信息可以通过各类调研方法进行挖掘分析，就像前述对乡村旅游地游客调研所呈现的那些优势与问题一样，在对其进行系统梳理后，可以明确获得游客体验较好和存在问题较大的关键信息，以及相关信息之间的关系特征，从而为关键触点的设计提供清晰的设计思路。此外，用户对自身真正的需求往往无法给出详细、具体的说明，需要通过"在惯常中制造惊喜、在异域中创造统一、在细微中再造细微"的服务意识加以挖掘，如延长产品购买和体验过程，将售卖货物本身变为提供情绪服务，深入发掘客户不曾察觉的潜在痛点并进行细节改善，从而在常规服务流程中获取更多创造惊喜体验的机会。

（3）用户体验地图与服务旅程地图

从问卷调查、网络文本分析等多种形式的调研中获得的旅游者需求，映射出当前乡村文旅需求侧对供给侧的内在要求。通常情况下，许多研究将根据这些需求所聚焦的问题直接提出针对性的对策建议，但服务设计秉持的是全链、闭环理念，从而更加注重对需求、问题产生的源头、阶段进行回溯与分析，以及对各需求之间、各阶段环节之间的关联性、整体性进行思考，即基于服务流程与服务触点进行全局化研究。

客户旅程地图是同时具备服务流程与服务触点要素的服务设计工具。《服务设计思维：基础、工具与案例》（*This is Service Design Thinking: Basics, Tools, Cases*）一书中是这样描述的，客户旅程地图是一种服务于用户体验的生动而结构化的可视化表达。在地图中，通常将用户与服务交互的所有接触点构建出一个"旅程",这个"旅程"也是一个基于用户体验的引人入胜的故事,该故事以一种非常容易理解的方式详细地描述了用户的服务互动及其产生的情绪。另一本书《这才是服务设计》(*This is Service Design Doing*)认为,旅程地图可将一个人在一段时间内的经历可视化。例如,端到端的客户旅程地图能够可视化客户对服务、物理/数字产品或品牌的整体体验,可能包括识别需求、搜索特定服务、预订并支付、使用该服务,以及如果出现问题可能会投诉或再次使用该服务……它们可用于可视化的现有体验以及潜在的未来体验。

在国内设计界,交互设计、用户体验设计先于服务设计得到了广泛应用。当服务设计在国内也产生较大影响时,无论是学术研究还是行业实践,有关客户旅程地图的称谓已是琳琅满目、各有千秋,如客户旅程地图、顾客旅程地图、用户旅程地图、用户体验地图等。酒店、餐饮、住宿等传统服务业往往沿用"Customer Journey Map"的直译概念,即客户旅程地图,而一些侧重于用户概念而非顾客概念的新兴消费领域则倾向于用户旅程地图的表述。从设计学科的角度来看,用户体验地图的使用也许更为广泛。吴春茂将用户体验地图和顾客旅程地图作了明确区分,认为用户体验地图是一种从用户角度出发,将一个体验中的用户与产品、服务、系统之间交互关系可视化的工具,它分阶段展示了用户的个体体验,包括用户行为、满意度、触点、痛点与机会点等几部分构成要素(彩插5-1)。顾客旅程地图则是研究服务系统中顾客整体旅程体验的关键工具,能够使服务提供者的研究视角从关注个体体验延伸到关注整体旅程体验,降低顾客在旅程中的体验波动,以提升服务系统体验的流畅性。因此,顾客旅程地图主要用于体验规划设计与服务流程设计,侧重于服务提供者视角,而用户体验地图侧重于用户的个体视角、个体研究。

本书为了更好地区分二者的关系,将侧重于用户视角、以触点体验为主要分析内容的地图称之为用户体验地图,将侧重于服务提供者视角、以整体服务流程体验为主要分析内容的地图称之为服务旅程图。这种分类的优势在于,既从字面上避免了在用户、客户、顾客、服务提供方的管理人员、具体服务人员等多种用户称谓之间难以抉择的困境,又以"服务"两字替代了原有的多种称谓,有助于强化设计师、服务提供方的整体意识,使其重视关键触点与非关键触点间的关系协调及其对整体服务体验的设计,同时更为密切地保持沟通以完成共创设计。

总体而言,用户体验地图将用户不同阶段的不同行为与其接触点一一对应起来,根据用户感知与体验,"地毯式"地挖掘问题点、寻找产品与服务改良或创新的机会点,使所有阶段特别是以往容易被忽视的阶段得到了更为深入的分析,有效提升了设计师与其他利益相关者全面、深入地开展用户研究的能力。

此外,在绘制用户体验地图前,十分关键的一步是明确用户特征并进行用户画像,不同性别、年龄、学习工作背景、兴趣爱好以及有着不同产品与服务期待的用户,在行为、感知与体验的描述上也有所差异,从而影响着对问题与需求的看法。一般来说,需要构建用户体验地图的用户主要是能代表主要市场的大约3~7个核心角色。对于乡村文旅来说，其用户对象可以参考迪克罗与麦克彻（Bob Mckercher）对文化旅游者类型的划分，即偶然型文化旅游者、随意型文化旅游者、意外发现型文化旅游者、观光型文化旅游者和目的型文化旅游者。该划分框架经一系列研究证实具有较高的可信度，相关内涵如表5-1所示。

表5-1 文化旅游者类型

文化旅游者类型	特征
偶然型	不以文化旅游为目的的旅行者，但也在偶然或无意间接触或参与了一些文化活动，文化体验深度较浅
随意型	以文化旅游为目的的动机较弱，文化体验深度较浅
意外发现型	不以文化旅游为目的的旅行者，但在接触或参与文化活动后却获得了深刻的体验
观光型	文化旅游是其访问某一旅游地的首要或主要目的，但文化体验仍不高
目的型	文化旅游是其访问某一旅游地的首要目的，而且获得了深刻的文化体验

以下选取文化属性较高的宁波天一阁为旅游目的地，进行用户体验地图的制作以作启发（彩插5-2）。首先，该用户属于目的型文化旅游者，去天一阁的目的十分明确，就是去观赏古籍、书画、碑帖等文物，感受文化氛围。其次，整个旅程阶段划分为到达景区、进入景区、游览景区和离开景区四大部分，主要接触范围涵盖网约车服务、领取地图服务、购票服务、检票服务、参观游览服务、食品服务、纪念品服务等方面。再次，体验较好的服务包括顺利领取地图、顺利检票、自主听取讲解、较深入的文化体验、风景好、拍照好看等。其中，地图服务主要是通过地图机自助领取手绘地图，体验设计的爽点有两个：一是自助领取、优化服务流程。2017年，天一阁引进用于自助领取地图的智能终端，助力智慧旅游服务。据数据统计，该设施投放当年的五一假期，天一阁共接待游客数约16600人次，自助领取地图数3034张，考虑到大多数游客为多人出行或团队游，一般无需重复领取，因此，自助领取的地图数基本覆盖了大多数游客群体，极大地方便了游客出行。二是该地图为手绘风格，深受游客喜爱，甚至可以作为不错的纪念物加以收藏。在检票进入景区后，积极的期待心情是大多数旅游者的普遍心理，对体验设计来讲，一定要充分利用好这种难得的"第一印象"，强化优质服务体验。二维码扫描自主收听或观看文化信息已成为大多数旅游地常用的智慧旅游服务措施，但也需要根据实际情况在获取方式、呈现方式与互动方式上进行设计，目的是创造高效、有价值的使用体验。特别是像天一阁这样博物馆性质的旅游地，其中的大多数文化资源是不可触摸、不可拍照的，自助式讲解、虚拟数字展示与互动就成为旅游者深入感知文化遗产的重要途径，应在实践中不断创新。除了珍藏文物外，天一阁作为明朝兵部右侍郎范钦的私家宅第，还有着与苏州园林相媲美的园林艺

术,并且错落分布着天一阁、范氏故居、东明草堂、尊经阁、戏台等历史建筑,共同构成了天一阁文化遗产的一部分,成为人们文化体验的对象。最后,体验不佳的服务有:地图机周围挤满了人且没有排队,担心地图机内地图被领完,全面电子化门票后对于想收藏纸质门票的游客来说有些遗憾,检票口需要花费较长时间排队,对于景区内游客量不能提前了解,观看文物时被许多扫码的游客遮挡,缺少游客可以参与体验的文化项目,文创产品种类较少且创意性不高,缺乏月湖等周边景点的"可接驳"信息介绍等。可见,对于目的型文化旅游者来说,即使在天一阁获得了一定的文化体验,但仍存在诸多可优化完善之处。

实际上,就上述文化旅游者类型划分来看,有两种类型的游客十分看重文旅体验,另外三种类型的游客则不以文化旅游为首要目的或文化旅游动机较弱。另一些研究还证明了,在文旅市场中,偶然型和随意型游客量占据主要份额,能够获得深度文化体验的目的型游客规模最小。不过,仍有部分游客属于观光型文化旅游者,再加上目的型文化旅游者的占比,使以文化旅游为出游目的的游客数达到总体的三分之一以上。因此,对于乡村文旅来讲,一是要充分满足这批文化旅游目的性强的游客需求,在一些触点上加强专业性的文化体验设计,以文化的深度感知为游客创造"超额"的、超预期的用户体验,培育一批忠诚度高的用户群体。二是要积极打动文化旅游目的性不强的这些游客,通过提升文化娱乐水平,增强文化体验互动设计及其吸引力,以文化的生动性为游客创造"惊喜"的、额外的新发现、新体验。总体来说,要通过对产品与服务各触点与流程的综合设计,使文化体验目的性强的用户自然而然地获得超预期的价值体验,从而不虚此行、适得其乐;使文化体验目的性较弱的用户也能发现一个令其流连忘返的场所,通过分享一个不经意间的美好体验而激发新兴趣、促进新消费,从而为所有类型的游客创造积极的峰值体验与结尾体验,以满足旅游者愉悦体验需求,提升乡村文旅吸引力。

5.2.1.2 服务触点与服务旅程中的感性价值创造

(1)感性价值在乡村文旅触点与旅程优化创新中的核心作用

感性价值创造被公认为是实现产品高附加值和品牌差异化的关键。许多学者就感性价值进行了深入研究并提出了自己的独特见解,如认为情绪(Feeling)、品味(Taste)或情感(Sentiment)、感情(Emotion)等是感性的构成元素,通过"惊喜、共感、感动"可以构建出感性进化模型等。日本经济产业省还将感性定义为大脑的高阶函数活动,包括灵感、直觉、快乐、痛苦、品味、好奇、审美、情感、敏感、依恋和创造力等。

从服务设计的要求来看,用户体验地图中的痛点感知与情绪曲线就是用户感性指标的具体体现。诺曼在用户体验概念的提出和推广中发挥了重大作用,他认为体验包括本能层、行为层和反思层三个层次,涵盖了方方面面,是人们体验世界、体验生活、体验服务的方式。本能层体验是使用者对产品外观形态、质地、手感等的基本感受,先于意识和思维,是外观要素和第一印象形成的基础;行为层体验是在使用过程中,产品的功能和可用性带给人们的使用感受,强调产品在性能上能够满足用户的需求,在使用中为用户带来乐趣;反思层体验包含了信息、文化、产品及效能的意义,是一种涉及情感、记忆,直到认知、意识的体验,关注产品体验对使用者意识、情感等更为深入的感受的影响,以及这种感受所带来的使用者在思想和意义层面的反思。可以明显看出,这三个层次对人们感性价值的影响来自不同维度,具有顺序性、递进性特征,这一特征也符合人们在事物感知、认知上的发生、发展规律。不过,对于今天的产品体验来说,除了有形产品体验以外,无形产品体验越来越不可以被忽视,需要将感性价值创造的载体、适用范畴进行扩展。

当产品或服务能吸引并唤起消费者情感上的共鸣时,即实现了其感性价值。游客对乡村文旅服务质量和满意度的感知与所接触的物理、数字与人际触点以及整体的服务流程密切相关,他们会因为一声简单而温暖的问候、一束美丽而芳香的鲜花、一件精巧而宜用的产品被瞬间感动,也会对一些亲身参与过、深度体验过的情景印象深刻,这其中均是感性价值在发挥着关键的核心作用。因此,如何挖掘、把握服务触点与服务流程中的感性价值创造机会是创新乡村文旅产品的核心环节。

(2)无意识设计与PPR模型服务产品设计等感性价值创造途径

认知心理学研究发现,人脑存在着两种不同的信息加工系统,即意识加工与无意识加工。其中,无意识加工是一种基于技能与经验的自动化的、无需意志努力的加工。就像冰山理论所言,无意识是那些隐藏在水面以下的部分,占据了整个意识层面的绝大部分。因此,无意识虽然是一种下意识的、隐藏于内心深处的心理现象,但它却影响了人们大部分的日常行为。

从产品设计角度来看,无意识行为内在地、自然地反映了人们潜在的、深层次的各类需求,对于感性价值的创造具有重大意义。国际知名设计师深泽直人就十分注重无意识设计,其设计要点包括将无意识的行为转化为可见之物、消除不必要的装饰和冗余功能、回归设计的本源等。如著名的壁挂式CD播放器、可自然放置饭勺的电饭煲、托盘台灯、带凹槽的伞等产品。其中,壁挂式CD播放器打破了一般播放器在开关上的操作方式与产品的放置方式,而是借用了"吊灯拉绳""排风扇拉绳"这些原本与播放器没有太多交集的开关方式。其设计逻辑就在于,"吊灯拉绳""排风扇拉绳"是设计师及许多人记忆中不可磨灭的烙印,在人们的感性认知中已经成了一种无意识符号,当人们再次看到"拉绳"这一"关键触点"时,就会产生下意识拉动的想法,而在拉绳被拉动的那一刻,吊灯把"光明""温暖"带给了家人,排风扇把"透气""清新"充盈至每个感官,CD播放器则将美妙的旋律填满了心灵。无意识的关联性设计为产品注入了有意义的感性价值,使同样的行为、类似的情感体验,跨越时空、穿越山海,创造了直击内心的积极体验。

此外，深泽直人还十分重视"可供性"概念。"可供性"简单来说就是指环境为人或动物行为提供的一种可能性，如远古人类会用树枝做武器，但树枝自身并未标明可以被用作武器，其背后的原因就是当树枝在粗细、长度、硬度以及锋利度等特征上具有攻击性、防御性时，树枝就具有了作为武器的可供性。基于这种概念，深泽直人认为日常生活及工作中处处充满了"可供性"，但人们往往没有关注到，通过"可供性"的无意识设计，可以使人们的行为、周围的物体乃至整个环境变得更有意义。如带凹槽的伞就来源于深泽直人对日常生活环境的深入洞察，即人们在携带长柄雨伞和其他物品等待或驻足时，往往会不自觉地将物品挂在手柄顶部以减轻物品负重。但一般雨伞的手柄顶部为弧形，物品挂在上面容易滑落，深泽直人就顺势而为地在手柄顶部设计了一个具有"可供性"特征的小凹槽，从而自然地解决了这一问题。可自然放置饭勺的电饭煲、托盘台灯等其他的产品设计也异曲同工，都是在原有产品的基础上设计出"可供性"的新环境，充分满足了人们无意识的行为需求，在产品与使用环境间形成了良好互动。李翠玉等从隐性需求角度对无意识设计进行了再研究，认为感官刺激、情绪等属于本能水平上的隐性需求，情感记忆、文化背景、用户习惯等属于反思水平上的隐性需求，从而将无意识设计扩展为本能水平的无意识设计与反思水平的无意识设计。

总之，无意识设计有的能够唤起美好记忆，有的能够满足心理预期，将人、产品、环境在意识的不同层面上不断耦合，为用户营造出一种"似曾相识""自然而然"的熟悉感、亲切感与认同感，为用户提供"你怎么这么了解我，怎么知道我会喜欢这个东西""啊，原来我是想要这样的东西"等"意料之外，情理之中"的优良体验。对于乡村文旅产品设计来说，由于游客具有显著的群体性、聚集性特征，其无意识行为更为集中、更为多见，天然地蕴含着大量的无意识设计机会，深入洞察并充分挖掘这些设计机会是一种创造感性价值、提升游客体验的重要途径。

近年来，楚东晓等在总结感性价值各类观点的基础上，从生理、心理和关系3个方面，构建了面向服务产品创造感性价值的PPR（Physiology→Psychology→Relationship，生理→心理→关系）模型框架。其中，生理层面主要关注产品在五感上带给人的生理方面的感受；心理层面主要关注用户在与产品交互时情感状态的变化情况，涉及用户行为和产品意象等；关系层面侧重于从系统角度研究"人—机—环境"系统中各要素之间的关系，重新审视人造物和人造物的使用者——"人"之间的交流与互动，从而实现产品效用的最大化、用户体验度的最佳化以及生态和谐度的最优化。PPR模型跳出了以"用户"为核心的传统视角，转而从"系统"的视角看待产品的感性价值创造问题，关注用户与产品、用户与服务、用户与环境的关系，由具体元素（产品、设计对象）到利益相关者（用户、服务对象）再到产品—用户交互系统（环境、交互场），层层递进。这种"系统"的思路在一定程度上与服务设计的价值创造思维有着相似性。

5.2.2　乡村文旅产品开发设计模式与原则

5.2.2.1　服务主导逻辑下的感性价值创造模式

楚东晓将产品设计发展划分为形态设计、以用户为中心的设计与"造义"设计三个阶段。前两个阶段是人工制品主导时代下产品设计的主要模式,在这种模式下,也可以划分出以功能主义为导向的设计、以问题为导向的设计和以用户为中心的设计三个发展阶段,但无论是两阶段划分还是三阶段划分,其本质都是一种"造物"设计,以挖掘、满足消费者日常生活和生产需要为主要任务。"造义"设计则是服务主导时代下的产品设计模式,强调通过产品向消费者讲述故事的重要性,关注产品内在含义的挖掘、传统文化的传承与弘扬,以及产品与消费者、使用环境、社会之间互动关系的构建,以挖掘、重构产品内涵和社会、文化属性为主要任务。进一步来看,"造义"阶段的设计范式是服务设计范式,在这个阶段,服务内涵从与有形产品相对应的具有IHIP(Intangibility,Heterogeneity,Inseparability,Perishability,无形性、异质性、不可分离性、易逝性)四大特征的具体服务的概念,扩展到包含有形产品、具体服务产品在内的价值创造过程的概念,服务既是一种特殊的无形产品也是一种系统化过程。设计所创造的产品或服务与系统层面下的环境、市场、终端消费者之间的关系是否和谐是评价设计优劣及服务好坏的关键。就像本书对服务设计新概念的表述那样,商业价值与社会价值的创造是设计的出发点和落脚点,价值创造体现在设计的全过程中,同时,要遵循整体、系统与可持续的总体设计原则,协调人员与行为、物料与设施、场所与情境、TPM(技术、政策与市场)等要素之间的关系,以进行系统化的共创设计。

因此,服务设计理念下乡村文旅产品开发设计的内涵,既包括问题导向和以用户为中心导向模式下的有形产品设计与无形服务产品设计,又以重构产品意义,实现前中后全过程化的价值创造,以及协调过程与过程之间,商业与环境、社会文化之间的关系为最终目标。将这种产品内涵与感性价值创造机制相结合,就可以形成"有形产品+无形服务产品+价值创造过程—生理感觉+心理情绪+关系系统—本能层体验+行为层体验+反思层体验—惊喜+共感+感动"这一相互交叉、相互融合的,服务主导逻辑下的乡村文旅产品感性价值创造模式。

5.2.2.2　层次化与共生化原则

触点的多样性、流程的复杂性与感性价值创造的系统性使得乡村文旅产品开发设计不能局限于单一的、机械的、浅层的视角,而应在综合思考以何种触点、何种流程能实现何种感性价值,以及整体关系如何平衡、整体体验如何获得最大优化等基础上,充分运用服务设计整体、系统、可持续的设计原则进行深入设计。一是触点问题、需求与设计机会点的优先级分层。服务设计理念下的乡村文旅产品开发设计，首先是针对整个乡村文旅服务流程中各类触点存在的问题以及潜在的需求进行剖析，如物理触点上的产品缺失、产品使用不方便，数字触点上的产品体验不佳、功能不完善，人际触点上的产品不规范、不够人性化等问题，以及对游客在各类触点中所期望的产品功能、产品服务等需求的挖掘。其次，尝试在概念上针对这些问题提出若干设计机会点，同一问题可能有多个设计机会点，不同问题也可能汇集整合到同一设计机会点。最后，罗列所有问题及其设计机会点并进行优先级排序，即将最迫切需要解决的问题、普遍存在的问题以及潜在价值较大的游客需求赋予较高的优先级，优先进行产品改良或开发，对于那些确实存在但短时间内无法切实解决的问题，以及经过梳理后认定的"假性"问题则赋予较低的优先级，采取暂时搁置或排除措施。二是产品设计指向的感性价值分层。根据前述有关感性价值创造的研究观点，感性概念往往涉及3个层面，分别体现了感性价值发生、发展的不同阶段，使得感性价值的创造涵盖了从表层到内部、从观感到内心全方位的用户情感体验，以及从商业发展到环境与社会可持续发展等全产业链的系统协调。具体到乡村文旅产品设计中，就是要结合具体触点的特性、优势进行合理的感性价值分配设计，即一些触点的产品设计指向可能侧重于无意识层面、本能层面、生理层面的感性价值创造，而另外一些触点的产品开发则需要在行为层面、反思层面或心理层面给予更多的感性价值设计，最终形成基于感性价值分层的系列化产品体系。三是全服务流程中整体感性价值的共生化。感性价值具有层次性，同时也是系统化的、整体化的。一方面，体现在PPR模型所倡导的"人—机—环境"交互的关系系统；另一方面，不同层面的感性价值之间并不是割裂的，而是相互关联、相互转换、互为整体的。再从服务设计角度来看，有形产品或无形服务产品的开发设计及其感性价值的创造均要遵循循环往复设计机制，以使产品体验、服务流程最优化，使整体感性价值最大化。

  从产品体系构建上来看，也需要运用层次化与共生化原则。首先，基于对某个环节、流程中的物理触点、数字触点、人际触点的问题与需求的分析进行新产品开发，这些新产品构件既包括物质态的实体类产品，如旅游设施、旅游用具、旅游农文科创产品等，也包括非物质态的数字化、项目化、IP化产品，如旅游App、VR旅游、AR旅游，以及主题游、休闲游、文化体验游、IP游等产品。其次，新产品的开发需综合考虑各产品构件之间及产品构件与周围环境之间的关系，通过提升游客乡村文化认知、构建体验甜蜜地带、优化居民感知等方法，构建各具特色的、不同类型的创新性产品簇。这种创新性产品簇是植根于旅游前、中、后不同情境中且具有独特性与连贯性的，互为补充、互为整体的一体化产品共同体。最终，通过一系列创新性产品簇的再组合，形成服务设计理念下的乡村文旅产品体系。

  总之，乡村文旅产品的开发设计既要注重基于不同触点和阶段性感性价值的层次化区分，以满足不同节点、不同体验水平的用户需求，也要统筹各层次产品及其感性价值的整体效应，甚至还要考虑不同用户因其自身经历经验、知识结构、认知观念等方面的差异而导致的"体验落差"等问题，以整体化、共生化的设计思维谋划产品线、整合产品关系，最终形成层次化与共生化的产品系统。

5.2.2.3 "妙"原则——传统哲学、古典美学概念与现代话语的交汇

当你雨后推开窗看到天空中那一抹绚丽的彩虹，当你夜晚仰望星空震撼于那一场流星雨，当你身处光怪陆离的钟乳石溶洞，当你在偌大的城市街头偶遇儿时的伙伴……这些瞬间使人不得不感叹大自然的鬼斧神工，以及人世间存在的机缘巧合。虽然，此情此景往往可遇而不可求，但人们却依然锲而不舍地期待着再次与之相逢。服务主导逻辑下的感性价值创造机制与服务设计理念为再现这一"相逢时刻"、留存这一"感动瞬间"提供了可能。

2016年5月18日，在"国际博物馆日"当天，南京博物院首次启动"博物馆奇妙夜"活动，截至2023年，该活动已连续举办八届，每届都以精彩纷呈的展示展演和文化活动呈现出了传统文化与现代艺术相融合的文化盛宴。2021年以来，河南卫视的《河南博物院元宵奇妙夜》《端午奇妙游》《中秋奇妙游》等"奇妙夜""奇妙游"节目引爆全网，获得广泛好评。这些活动、节目均以"奇妙"作为关键词，从文本表述上先为人们营造出无限的想象空间，迎合大众的好奇心理，增强节目吸引力。其次，在情节设计上也始终将"奇妙感""美妙感"贯穿其中，为受众带去了一场场独特的探奇、观妙之旅。

《现代汉语词典》（第7版）中对"妙"的解释有两种，一是美妙，如妙品、妙境、妙不可言、这个办法真妙等。二是取神奇、巧妙、精微之义，如妙计、微妙、妙手回春等。事实上，"妙"与中国传统哲学、中国古典美学均有十分密切的渊源，它孕育于老庄哲学，开启于楚辞汉赋，拓宽于魏晋品评，深化于唐思宋悟，最后在元明清的叙事审美中获得精彩变奏。从中国传统哲学来看，"妙"是有与无的辩证统一，是虚与实的有机结合，是"道"本身与体"道"之器的合一。正因为"有"，玄妙才有所依凭；也正因为"有"，深远的"无"之意才真正凝结。"课虚无以责有，叩寂寞而求音""虚实相生，无画处皆成妙境"，皆为古人对于此等"妙"处的深刻体悟。从中国古典美学来看，"妙"处于审美范畴大厦的第一层级。魏晋时期，"妙"从哲学领域全面进入审美领域，无论是人物品评、文学品藻，还是书画赏鉴、乐曲聆听，从人到物、从物到事，"妙"无处不在、俯拾皆是。有精妙的惠施书法、巧妙的阮咸解律、奇妙的向秀析理，有曹丕以气论文，陆机欲曲尽其妙，刘勰论及思理之妙、秋纤俱妙，文亦可以为"妙"。唐宋时期，"妙"的审美内涵继续深化，如唐人在魏晋基础上的内在美转向，因"上品"定位而对"随意而生、不事斧凿"的推崇等，宋人对意外之"妙"的钟情，对"言有尽而意无穷"的审美理趣等。元明清时期，"妙"的审美取向逐渐由雅而俗，由共性而个性，集中体现在对与市民生活相适应的俗文学——戏曲与小说的逐新、求奇、贵俗、尚情等审美追求上。当然，此俗不是粗俗、低俗，而是接通与走向乡野村夫、市井凡人的通俗。总体而言，古代之"妙"既

有意义空间上纵横开阖的遥远性、深邃性和无限性，又有具象层面的可感性、动人性和诱发性，层出不穷。然而，由于"妙"的内涵如此丰富且主要是一种主观感受、体验与价值判断，其内涵指向与语境应用较难把握，在近现代社会日益趋向科技量化、程式化的背景下，逐渐失去了往日风华，再加上西方美学的冲击以及"好""不错""太美了"等同义词的替代，使"妙"在日常生活中的应用日益弱化，可谓是一种遗憾。

新时期，体验经济、服务经济浪潮澎湃激荡，愉悦的感受、愉悦的心情、愉悦的体验已成为当代消费者的普遍需求。在旅游领域，身心愉悦地获得最大的审美享受更是所有旅游者最真诚的愿望。具有经典文化内涵与美学意蕴的"妙"概念无疑是"愉悦体验""审美体验"的最佳"代言人"，应该也必将再次迎来属于自己的荣光。实际上，"妙"并未实质性地消失，其精髓依然存在，"妙"范畴所包含的审美意蕴通过"自然""意境""神韵"等概念和术语体现在人们的审美活动中。正如有无转化、虚实相生之"妙"，依然体现在"不着一字""此时无声胜有声"等文学、音乐领域，依然以留白、疏密之理内化于书法、绘画和设计实践中。因此，将"妙"作为服务设计理念下乡村文旅产品开发设计的重要原则，既匹配感性价值的创造要求，又暗合"妙"自身极为丰沛的审美旨趣，还能作为高屋建瓴的主题概念引领乡村文旅产业各领域共创，更是对追求中国传统哲学、中国古典美学精神的文化自信与文化自觉。在"妙"之道的设计原则下，有望形成一系列妙趣横生的、妙不可言的、妙然天成的、蕴含"妙"内涵的有形产品、无形服务产品乃至整体服务系统，为游客创造独特的美妙体验，实现情感共鸣与感性价值的创造。

5.2.3 乡村文旅产品开发设计的"妙"路径

现代研究表明，成功的文旅产品往往具有一些被认可的、能够创造难忘体验的特征，如注重品质、能使文化遗产活态化、能讲述一个故事、能有可参与性的体验、能建立旅游者与体验之间的相关性、能建立旅游者与吸引物之间的相关性等。这些特征均着眼于为旅游者提供愉悦的体验，并且避免出现令人乏味的展品、业余的展示方式和劣质的解释，在产品开发中，对注重旅游者自身文化背景、社会经历、行为习惯等特性也提出了更高要求。

综合以上分析，本书针对乡村文旅产品提出了以"妙"为贯穿性主题，涵盖"妙啊""妙境""妙意"三种层次化与共生化的"妙"产品开发设计机制，并与服务主导逻辑下的感性价值创造模式相结合，构建"妙啊"产品——即时型、直觉化的乡村文旅产品开发设计，"妙境"产品——故事型、情境化的乡村文旅产品开发设计，以及"妙意"产品——依恋型、整体化的乡村文旅产品开发设计等三种具体路径。从字面形式上看，这三种路径既简洁又丰富，既直观又典型，可以充分满足用户的直觉想象、情境想象和整体想象。从内涵逻辑上看，以"妙"为核心，提炼出"妙啊""妙境""妙意"等融"妙"之古意与现代话语于一体的、易于理解和传播的关键概念，既构建出"本能层体验——'妙啊'产品""行为层体验——'妙境'产品""反思层体验——'妙意'产品"三组相互联系、内在统一的产品框架,又满足服务设计理念中有关触点设计、流程优化、模式创新以及整体设计、闭环设计、共创设计等设计逻辑,形成直觉化体验、情境化体验、整体化体验等不同层面、不同侧重点的乡村文旅产品深度开发设计脉络,为不同基础、不同形势下的乡村文旅地产品开发设计提供综合式解决方案。

5.2.3.1 "妙啊"产品——即时型、直觉化的乡村文旅产品开发设计

王骥德《曲律》云:"须以俗为雅,而一语之出,辄令人绝倒,乃妙。"2019年12月4日,哔哩哔哩(B站)发布2019年年度弹幕热词,"妙啊"入选成为十大弹幕热词之一。网络资料显示,"妙啊"最早出自"三国鬼畜"里常用的"司马懿语录",后被B站两位UP主(博主)引用并推广,是一种表达称赞、惊喜的网络流行语。发出"妙啊"的赞叹是弹幕用户一种即时型、直觉化的情感表达,准确而深刻地体现了用户当时当地的真实感受,并因符合网络流行语"新奇娱乐、简练易懂、易转场移植"等语言属性而被广泛传播,快速"走红",至今仍在网民群体中具有很高的传播度、应用度和识别度。

网络流行语或网络热词的产生与传播是互联网时代下社交媒体、自媒体高速发展的必然结果,深刻反映着当代网民特别是青年网民在身份建构、社会心态与话语表达等方面的群体心理与行为特征,具有个体交际与社会表征的两重功能。在人际方面,使用与传播网络流行语是个体实现自我认同、身份建构及他人认同的一种普遍方式。网络流行语往往能够实现常规用语所不易表达的微妙而丰富的内涵性,以及"懂的都懂"的默契性等功能。例如,熟悉的朋友、同学之间通过网络对话表达感谢时,在不用表情包的情况下,如果直接回复"谢谢""Thank you"等规范用语则会感觉太客气,显得关系生硬,而使用"蟹蟹""栓Q"等网络流行语则可避免这一境况,如果某一网络流行语本身还具有促发新话题的功能,那么则可进一步增进双方间的交流。再如,原本主要用于表达轻度抑郁、忧伤的"emo",在升级为"emoha"之后,就可以同时表达人的心情在忧郁和开心中来回跳跃的复杂状态,不用因可能词不达意的常规文字表达而困扰。还有一些网络流行语具有心理减压和情感表达的"减压阀"功能,有效缓解了个体压力。在社会表征方面,网络流行语是网民民族心态、生活心态、社会交往心态与价值观念的综合体现,既反映社会热点,激发情感共鸣、建构社会认同,如"厉害了,我的国""人类命运共同体""撸起袖子加油干""硬核""且行且珍惜""世界那么大,我想去看看""中国乒乓球队yyds"等,又揭示社会问题,表达群体感知、宣泄社会情绪,如"月光族""白富美""高富帅""凡尔赛""佛系""内卷""躺平""扎心了,老铁"等。当然,部分网络流行语也存在恶俗、哗众取宠、歧视攻击他人、网络暴力甚至触及法律法规底线等不容忽视的问题,对于这种情况应加以区分,避免不当使用,及时消除其滋生土壤。

在乡村文旅产品开发设计中设置"妙啊"这一具有惊喜、赞叹等含义的主题,既契合

游客在被触动瞬间的本能化心理，又以一种更受年轻群体、网民认同的方式和消费者"接近"，从而提升产品吸引力，增进与消费者的"紧密"关系。

（1）挖掘形象思维下的即时型产品

人们容易产生惊喜的源头往往是生活中的细微之处，而挖掘不同的细微之处，设计出能给游客不断带来"小惊喜"的"妙啊"旅游产品，首先需要靠形象化思维来触发受众的即时情绪。

2022年，北京798艺术中心举办"好奇无界：米奇艺术展全球巡展"，其中一件名为《彝纹米奇》的作品以传统纹样、架上装置、亚克力、手工绣片等元素相结合的设计方式，呈现出一个光彩夺目、民族传统文化与科技质感巧妙融合的"新米奇"形象，使其在一瞬间打动人心、赢得赞叹（彩插5-3）。另一件名为《奇·迹—之大》的作品则利用金缮修复工艺，将宋代龙泉青瓷、元代青花、明代祭红釉、明清珐琅彩釉以及金箔碎片等拼接在一起，设计成为十分独特、雅致的"米奇头"胸针和装饰作品，形象化的经典符号与历史元素巧妙融合在一起，悠远的历史感、交错的时空感扑面而来，给人以惊喜、以回味（彩插5-4）。

在对农耕文化元素的利用方面，设计师拉波塞（Fernando Laposse）深入挖掘了田地里常见的丝瓜络特性，巧妙地将其与一些家居产品相结合，设计出具有一定使用功能的诸如杯套、灯具乃至屏风、咖啡桌等新产品（彩插5-5）。经过特殊干燥工艺处理后的丝瓜络既保留了原有的独特肌理，同时也具备了一定的固态特征，其自然的整体质感与朴实的田园色调，再加上或细腻或粗犷的木质材料，最终形成了妙然天成的"妙啊"产品。另一设计师刘佳豪同样利用丝瓜络设计出一款新型育苗杯产品，将纯天然的生态友好型材料应用于植物种植领域，并且最终回归自然（彩插5-6）。如果游客在旅游地的文创产品消费中或在旅游行程的接触点上碰到这样的设计，谁能不叫声"妙"呢？

这些以形象思维为主导的设计策略在乡村文旅产品设计中可以被广泛应用。一是"第一印象"的形象化设计。在品牌LOGO设计、IP形象设计及其衍生品设计上，将当地代表性文旅元素进行形象化应用，打造生动鲜明的第一印象。二是对关键触点的形象化设计。如在旅游门票的设计上巧用文旅形象、善用本地材料，改变、突破传统门票单一、无趣的刻板印象，综合开发实体门票、数字门票等多种载体，适配不同游客的多元需求，创新旅游地与游客在门票这一重要接触点上的"交流"方式。三是主题线路的形象化设计。选取典型旅游线路，以形象化思维命名该线路的旅游主题，并在游览路线上合理设置相应的设施类、展示与互动类及体验消费类产品。四是强化"食、住、行、游、购、娱"全产业链条中的形象化设计元素，如酒店与民宿服务产品中，文旅用品、礼品等的形象化设计，以及文化娱乐活动中，情节、具体道具类产品等形象元素的融入与互动设计等。

本研究曾以浙江省杭州市桐庐县江南镇环溪村为目标对象，开展文旅形象设计的新探索,最终形成的IP设计方案充分运用了即时型的形象设计思维,实现了对当地核心文化要素的生动展现与巧妙应用。环溪村是国家级历史文化名村,至今已有620多年的历史,是北宋哲学家、理学鼻祖周敦颐的后裔族居地,历代乡贤名士辈出。首先,经过调研并以用户体验地图整合了环溪村的文旅优势与不足,发现虽然环溪村较早就有了自己的村标和"清莲环溪,秀美乡村"的品牌标语,也在不断营造"莲景观"、发展"莲产业",拥有"清莲文化"的美誉,但在满足新时期文化消费和互联网发展趋势上的文化形象建设仍有不足,由此提炼出要重点打造能够体现文化形象的代表性IP及其产品的设计思路。其次,系统梳理与当地有关的《爱莲说》与"曲径始入通幽处,已闻莲花一缕香"的"莲文化"和"清莲文化"内涵,凝练出"莲连"的IP名称与"'莲'接你我"的主题口号,旨在将"清莲文化"以更人性化、更具亲和力、更接地气的方式呈现出来。最后,以莲花花瓣为主元素,设计系列化的文创手办产品,并以"盲盒"形式进行包装。这四款手办产品被设计成"不倒翁"的立体造型,当用手指轻轻拨动后,来回摇晃的状态令人产生"莲花盛开"的想象,静止后又回归"一片莲花"的形态,可谓动静皆宜,再加上表情符号的配合,一个亲和力强、萌动可爱、妙趣横生的形象化"精灵"便跃然纸上(彩插5-7、彩插5-8)。

此外,本研究还将形象思维应用于浙江省台州市温岭市石塘镇小箬村的公共设施产品创新中,提炼出海浪、渔网、碇石、日出和当地建筑风格等形象特征,作为导视系统、公共座椅等的设计元素,增强地域文化属性。同时,对导视地图作立体化设计,使其能够更加直观、形象地展示小箬村旅游资源全貌,更加有效地解决游客经常绕路甚至迷路等问题。

(2)洞察审美意识下的直觉化产品

直觉是不经意识推理或逻辑分析就能识别或了解事物的思维方式或能力,是在有意识的表征形成之前,对认知对象的模式、意义和结构等连贯性信息的一种预知,是利用过去知识与经验对当前刺激模式的无意识再认。历史上,爱因斯坦十分信赖自己的直觉与灵感,彭加勒认为科学新理论的建立有赖于直觉与逻辑的结合,且直觉是发现的才能,逻辑只是证明的工具。柏林大学一项实证研究显示,如果用户通过无意识地应用先验知识能获得有效交互,那么即使是复杂的产品系统,在直观上也是易用的。深泽直人的无意识设计就是直觉在设计应用中的典型模式。著名的《超级马里奥兄弟》横版过关游戏也是一款充分利用了直觉设计的经典案例——即使是从未接触过该游戏的人,一旦开始游戏,即刻就能够明白马里奥是要向右前进的,而这恰好与设计期望相吻合,不需要额外的设计说明。其直觉设计的功能化指示元素主要包括:游戏开始时,马里奥的脸是面向右侧的,右侧设置了"砖块""管道"等目标道具图形,"山峰""白云"背景相对马里奥的反向运动等,通过这些元素潜在地、自然地影响、引导用户行为,体现了直觉设计的奥妙。

直觉反应很快,但并不意味着它是浅层的、低级别的意识。恰恰相反,中华美学认为审美意识具有直观性,可以不利用概念直寻对象的本质。例如,老子认为可以"观物取象""立象以尽意"，象既可以作为语言的内涵，又可以超越语言，直接传达主体的思想情感，通过对事物的观察就可以被掌握、被获取。直觉赋予艺术家、设计师以洞察力，再与想象力相结合，就能构成丰富、生动且深邃的意象世界。因此，直觉化的产品设计较形象思维主导的即时型设计更具深刻性、潜意识性，既能对事物形成感性反应，也能霎时捕获事物的内在意蕴。设计师要充分利用好直觉化设计本身大幅度自调节的优势，对不同乡村文旅场景的产品采用意蕴不同的设计策略。也就是说，有意识地、有针对性地设计"直觉化产品1.0""直觉化产品2.0""直觉化产品3.0"等内在意蕴差异化的、系列化的乡村文旅产品，并将其有计划地运用在旅游设施、旅游服务、旅游文创与纪念物等不同的产品领域，以满足消费者悦耳悦目、悦心悦意、悦神悦志的不同审美需求，发挥直觉化设计的最优价值。

5.2.3.2 "妙境"产品——故事型、情境化的乡村文旅产品开发设计

"妙啊"产品设计注重对用户瞬间情绪的激发与审美直觉的共振，既是对产品意象的反映，也能形成审美想象。但如仅限于瞬间的同频共振，还不足以为游客带来更深层次的价值体验。一般来讲，旅游者几乎不会仅仅为了寻找由某一种核心吸引物所提供的单一体验而出门旅行，恰恰相反，大多数人都会努力整合多个核心吸引物以满足其多种需求。进一步从心理学上看，起决定性作用的不是该旅游目的地的资源单体而是总体的旅游氛围，不是旅游客体而是旅游审美环境。因此，需要在"情绪化"的基础上深挖各类旅游资源的特性，从物料与设施、场所与情境、人员与行为、技术等方面，就产品的"情境化、场景化"展开深入设计，最终形成层次化、共生化的产品线。

（1）构建故事型的叙事"妙境"

听祖辈、父母讲故事是许多人成长经历中记忆犹新、不可忘却的画面。无论是传统民间故事里的三皇五帝、神魔鬼怪，还是童话寓言故事里的各类想象、哲理启示，抑或是历史长河里的文人骚客、英雄豪杰，包括近现代以来的名家巨擘，那些跌宕起伏、生动鲜活的故事无不引人入胜、回味无穷。好的故事是一种具有强大吸引力、生命力的叙事文本，虽然其情节大多是虚构的，但故事中蕴含的意义往往都是对自然、对社会现实的思考和希冀，蕴含着丰富多彩的意义。历史学著作《万历十五年》就是从一件件看似细枝末节的"小故事"入手，串联起一个个"大故事"，并通过这些故事深刻反映出当时的官场矛盾、社会矛盾，折射出明朝中晚期逐步走向衰败的内在因素。

从体验经济和产品设计的角度来说，伊利诺伊理工大学设计学院认为，讲故事是未来设计师需要具备的重要能力，能够为用户提供一种可参与的、可传递的或值得留念的故事才可谓好的产品（不论是通过分享产品还是通过谈论产品等形式）。同时，将产品设计背后的原型故事，与真实产品在现实世界与用户发生的新"故事"作对比，不失为一种洞察

设计对社会生活形成干涉的有效途径。以"讲故事"为中心的设计思维也是设计师实现系统思维、实施服务设计的重要心智品质之一。

对于如何将故事讲好的问题，世界知名交互设计专家科尔科（Jon Kolko）在其《交互设计沉思录》一书中提到，令人信服的故事特征包括精确的细节、知觉描述和生动的描述手法。其中，精确的细节体现着对用户痛点、设计机会点的深刻认知，知觉描述涵盖视听嗅味触五感，生动的描述手法注重创造丰富多彩乃至戏剧性的情感反应。楚东晓认为有关创新设计的独特故事在于能创造新场景，并且能与消费者形成紧密联系。

当前，乡村文旅产品的设计水平参差不齐，整体文化价值不高，甚至导致大量产品出现"购买即遗弃"的"一过性"资源浪费现象，更勿论给予旅游者以持续的、深层次的体验了。解决这些问题的有效途径之一就是赋予产品故事化属性。在旅游服务产品上，可将游客的整体行程或者某些关键节点行程构想为一段具有叙事情节的主题故事，为游客提前设置"标签化"的虚拟身份，并配备"虚拟身份证"，使游客自然地代入故事中。随着行程的推进，故事情节也陆续展开，游客也能以新的"身份"完成一段新体验。在具体产品上，要注重各触点上的故事想象。如以"历史穿越"为主题故事的乡村古建筑文旅，就可以设计出名为"穿越符"或"时光机器"的创意门票，以及在具体行程中相关的道具类产品和具有纪念意义的文创产品等。

杭州西溪"十里芳菲"主题度假村落项目专注于打造"新生活美学场景"，构建了"美物—美食—美宿—美力—美愿"5类体验方案。美物是指用美的力量为事物赋能，美食为餐饮赋予仪式感，美宿让顾客和大自然同睡同起，美力促使美以多元化的形式融入周边居民的生活，美愿则致力于使人们成为更好的自己。此外，还开发设计了3大度假产品，主打无论何时何地都能以一份度假的心情来生活的"度假盒子生活提案"，以轻奢生活为特色的"'十里芳菲'24小时宠爱体验"，以及"'十里芳菲'村落生活通行证"——蓝颜卡、闺蜜卡。项目方通过这种融生活故事、多元化场景于一体的"妙境"设计，将设计意图、理念烙印到一个个生动的"故事"中，使用户在轻松、自然的情境下体验产品带来的愉悦、惊喜与内心深处的共鸣，十分值得借鉴。

（2）营造情境化的时空"妙境"

一般来说，游客与乡村文旅地的互动情境主要包括自然景观情境、历史文化情境、乡土情境和休闲游憩情境。在这些情境中，根据游客参与与否又可以分为氛围感受式情境与行为参与式情境，氛围感受式情境主要通过观赏游览等观光行为形成，行为参与式情境则侧重于游客亲身参与的体验性行为。

一是人工元素与自然元素共奏。多媒体、超媒体以及VR、AR等现代科技的迅速发展，时常构造出生动逼真、极具"在场感"的虚拟或混合场景，充分满足了人们对未来空间的想象、对现实生活的写照和对过去时光的追忆等需求，文旅领域也是如此。2020年4

月，重庆洪崖洞5楼推出"洪崖洞·重逢1980·重庆80年代生活情境街区"项目，以"故城故事、重庆重逢"为主题，围绕重庆市井和老巷场景文化，打造出了年代生活场景区、年代人物角色演艺区、年代互动体验区等三大主题化复原场景，具体包括重庆站、老街区、市中心广场、照相馆、百货商店、供销社、坝坝茶等，艺术化地再现了20世纪80年代的重庆文化。当年国庆节期间，洪崖洞6楼又推出"洪崖洞·梦游巴渝十二景·光影互动艺术空间"项目，以四季时令节气、空间古今演变为线索，结合沉浸式的多媒体艺术装置，打造了"立春·金碧流香、惊蛰·黄葛晚渡、清明·歌乐灵音、谷雨·海棠烟雨、立夏·桶井峡猿、小满·云篆风清、夏至·佛图夜雨、小暑·洪崖滴翠、大暑·字水宵灯、立秋·龙门皓月、白露·缙岭云霞、大雪·华蓥雪霁"12个主题互动场景。在现代科技的沉浸式环境中，游客的视觉、听觉、触觉、嗅觉等感官被全方位地调动，深入体验巴渝十二景的内在魅力，还可通过扫描二维码打破时空限制，链接三维立体景致及其动态演绎效果，立体化感受"山水情怀、山水意趣"。

在乡村文旅产品设计中，为了实现某种特殊效果，营造独特氛围，可以利用这些科技手段进行场景设计，有助于实现多样化的情境体验。在对西递调研时，就有游客发出"当喷泉遇上灯光和音乐，妖娆啊、明艳啊、极品啊"的赞叹，历史的厚重与时空的交叠在现代声光电技术的加持下瞬间激发了游客情绪，那种近乎"过电"似的感受充分地体现了本能的即时型反应。这既是"妙啊"产品设计所追求的，也是在游客的感悟和体验中逐步构建出情境化、场景化的"妙境"。浙江桐庐石舍村以未来乡村体验馆建设为契机，在有着400多年历史的传统建筑存仁堂中，历史与过去、现代和未来相交融，打造了未来乡村艺术（文化）场景、数字场景、创业场景、法治（治理）场景和文明（邻里）场景等五大场景产品。体验馆内最吸引人、最具情境化的是两处天井。天井内原本露天的四周屋檐上搭起了透明顶棚，顶棚下是"几棵"形似树木枝干的白色景观物，以及若干或挂或悬于"枝干"上的照片"盒子"与小透明棚。游客步入其间都会不约而同地被那种历史与现代交融、厚重与时尚并存的独特场景所吸引，无不抬头凝望，流连忘返（彩插5-9）。其中，自透明顶棚穿射而下的自然天光对这种情境的营造功不可没。安藤忠雄曾说，"在我的作品中，光永远是一种把空间戏剧化的重要元素。"石舍村未来乡村体验馆天井处的"光"自然也成了此处空间中的一部分，在强弱变换、明暗交替中，与游客共同组成一个个瞬间，走过一段段时光。

此外，由于游客选择乡村旅游的很大原因在于想要亲近自然、放松休闲，因此要充分利用好自然界天然的设计元素，避免过多的人工元素干扰，从将人工元素与自然元素巧妙结合的角度营造出更具吸引力的氛围与情境。位于浙江杭州市富阳区湖源乡新一村的"龙鳞坝"，以"亲水体验"为目标进行景观式堰坝设计，最终形成了火爆全网的网红打卡地。从产品设计的角度来看，"龙鳞坝"属于公共设施类产品，其令人拍案叫绝之处在于，将一个个鳞片状的小蓄水池错落层叠地分布在十余层台阶上，使之整体看过去形似"龙鳞"。当水流较缓时，水面如镜，偶有水花，一片片"龙鳞"将蓝天白云与两岸屋舍倒映其中，有心旷神怡之妙；当水流湍急时，在落差的影响和重力的冲击下，"鳞片"里的水就炸开了锅，无数个小瀑布浪花奔涌，一去不回头，有心潮澎湃之妙。可见，将水流规律与设施的造型设计巧妙结合是使"龙鳞坝"脱颖而出的秘诀，也实现了人造物与自然的充分沟通与对话。游客身处其中，仿佛也在美妙的审美想象中与大自然融为了一体。

二是日常化元素与戏剧化元素共舞。人们去乡村旅游既是为了休闲放松，享受舒缓、慢下来的状态，在很大程度上也是对返璞归真的田园理想的内在追求，是对原汁原味的乡土气息的向往。然而，不失真、不变味的乡土气息不在高高的楼阁里，也不是人为制造出来的，它就在乡村的日常生活里。当今的乡村日常虽早已超越农耕时代"日出而作，日落而息"的旧有景象，但日常生活的审美化却赋予了乡村浓厚的吸引力，就像尤瑞（John Urry）曾在对旅游特征的描述中提到的那样，当旅游者在巴黎看到两个人当街接吻的时候，他们意识到的可能是"无时无刻不浪漫的巴黎"，而当他们在英格兰的一个小村庄看到的时候，他们意识到的则是"真实的老英格兰"。由此，在春耕、秋收时节的广袤田野上，以往不起眼的土壤修整、育苗嫁接、水稻插秧、机械作业、作物晾晒、颗粒归仓等现象，在游客眼里也可以是阡陌纵横的"素描画""五线谱"，如果再加上蒙蒙薄雾、条条光束、悠悠远山与点点身影，一幅幅"水墨画""油画"就被大自然这一"妙手丹青"毫不吝啬地呈现出来。至于在平时大多数的农闲时节，无论是村口的那棵老槐树，还是斑驳的粉墙黛瓦，无论是不时传出的孩童嬉闹声、老人含笑声、商贩叫卖声、邻里私语声，还是挑着扁担远去的身影以及时而升腾起的袅袅炊烟，再或是民俗节庆时的锣鼓喧天、人声鼎沸、车水马龙，都成了一种特殊的乡土符号，共同演绎着乡村生活的"本真"气息，共同塑造着属于乡村的那份日常情境。"妙境"产品，特别是线路化的旅游产品设计，要善于挖掘这种存在于日常生活中的点滴元素，从现象学等视角深入洞察日常中的审美意象，设计旅游产品，为游客构建日常化的旅游世界。

四川邛崃平乐音乐小镇以"丝路明珠、民谣小镇"为总体定位，借助"民谣之家"这一平台型服务产品，吸引、汇聚各地的民谣音乐家、歌手、吉他手等群体，在国内首创融民谣音乐人交流学习平台、民谣爱好者音乐旅社、流浪歌手温情港湾、民谣粉丝专属聚会地、音乐专业学子暑期创作营地等为一体的中国民谣音乐基地。在这个具有日常服务性质的基地里，各类音乐活动丰富多彩，不仅服务于专业音乐人员，也为民谣粉丝、当地居民以及来访的游客营造了浓厚的音乐氛围与情感共鸣体验，其创造出的沉浸式音乐场景，形成了独特的音乐日常。

本研究曾根据乡村文旅日常产品设计需求，设计了一款乡村流动文旅书屋（彩插5-10）。该书屋的设计理念定位于主客共享，既可以在平时满足乡村文旅地居民的公共文化服务需求，也能呼应游客对于当地文化、旅游资源的知识获取需求。更重要的是，书屋提供了一个可供当地居民与游客沟通交流、促进文化体验的场所，是在常规乡村流动书屋的基础上进行重新定位、功能优化的体现。

日常化的旅游情境体验虽然具有自然、本真等特性，但并非所有乡村旅游地都可以形成符号化明显的日常吸引物，也并非所有的旅游者都能从日常元素中获得独特或深刻的旅游体验。适当而独到的"非日常化"旅游产品设计就是另一种形成"妙境"体验的途径。通过这种途径，服务产品设计者、提供者"搭建旅游体验的舞台、展现旅游体验的道具、控制旅游体验的节奏，使旅游者既能冷眼旁观也能移情表演"，从而有意味地构建、设计出情境化的体验氛围或参与性的体验产品。"戏剧化"往往是这种途径中最常用，也是最立竿见影的一种方式。戏剧本身是一种舞台表演艺术，有着古老的传统与独特的叙事方式，中国古典戏曲、古希腊悲喜剧、印度梵剧并称为"世界三大古剧"，至今拥有深厚的民间基础与广泛的受众群体。将戏剧化手法、戏剧化艺术广泛运用于文学、影视、教学等其他领域是一种普遍现象。李渔小说《无声戏》因借鉴了戏剧中的人物塑造手法、虚构叙事艺术以及戏剧空间艺术，从而具有鲜明的戏剧化特征，进而形成了深远的审美意蕴，即雅俗共赏，包括对俗世凡人的人性观照，展现出人本情怀和人道精神，以及通过对女性命运、思想、精神和存在方式的关注和思考，进一步追问人如何"诗意地栖居在大地上"。中央电视台大型文博探索节目《国家宝藏》引入了戏剧化理念，使场景在舞台上自由切换，使传统与现代在时空上巧妙融合，并且通过基于史实合理虚构的舞台剧带领观众走进国宝的前世传奇。从本研究的情境化时空"妙境"产品以及服务设计来说，"戏剧化"也与"情境"以及服务体验有着诸多关联。狄德罗（Denis Diderot）把"情境"看作戏剧作品的基础；黑格尔（Georg Hegel）在谈到戏剧的特性时也把"情境"与"冲突"联系在一起，并强调情境的本体意义；斯图尔特（F. Ian Stuart）与泰克斯（Stephen Tax）考察了戏剧的选择、设计和发展过程，并运用戏剧原理为开展新服务设计和卓越服务提供研究思路。具体来说，"妙境"产品的戏剧化设计可以从以下两个角度展开。

一是关键触点的戏剧化设计。一方面，戏剧化情境的营造需要整合故事情节、"舞台"人物和道具、环境设施以及时空关系等多种要素，贵在精而不在多，关键触点的体验质量决定着峰值体验、整体体验水平，将戏剧化情境主要用于某些关键触点的产品设计上，自然具有事半功倍的效果。另一方面，关键触点还承担着串联、强化整体旅游主题的"重任"，戏剧化叙事本身就是对特定主题的诠释，以戏剧化设计的叙事主题来映射、匹配整体旅游主题是一举两得的一体化解决方案。

二是主题游的戏剧化设计。强烈的问题和需求导向意识使主题设计在创意设计领域十分普遍，是产品设计、服务设计等相关学科理论与实践中司空见惯的话题，经常出现在许多设计课程教学及科研探索方面。例如，日常性的针对老年人吃药健忘问题的主题设计、针对自行车比赛选手路途饮水问题的主题设计、儿童益智玩具创新性开发的主题设计等，以及社会性的针对海洋垃圾问题的主题设计、针对沙漠地区缺水问题的主题设计，还有其他更多的可持续发展性质的主题设计等。然而，主题性的旅游产品开发只是近年来才开始，以国内具有较高知名度和影响力的携程来说，主题游业务的开展也只是2017年的事情。究其原因，一方面，因为传统旅游产品以景点串线为主要开发模式，旅行社只要梳理出在一定区域范围内的景点数量、特征，然后根据人气、交通、地接资源、成本等因素的综合评价，把若干景点串起来就形成了旅游产品，服务提供的思考维度主要是资源导向而非问题与需求导向。另一方面，虽然近年来主题游产品逐渐在旅游行业内形成了较高关注度和影响力，但其概念和准确定义却仍扑朔迷离。每家旅游企业、旅行社都可能会有主题游产品上线，但又都存在着各种不同的理解。有的用原先线路中出现频率较高的旅游吸引物直接为主题游命名，如原本就是观光性质的观赏花卉的传统线路旅游，可以被调整为赏花主题游；有的变为迎合某类热点话题的主题游，如直接以网红打卡地为目标地的主题游等。

许义在其《新旅游：重新理解未来10年的中国旅游》一书中提到，主题游是区别于传统观光旅游的一种新型旅游方式，以深度体验主题玩法为旅行的主要目的，满足用户对某项主题或某一目的地进行深入了解与体验的需求。主题游是兴趣爱好的垂直品类，是传统游向"深度、小团、私家"领域的延伸，是基于用户需求的产品设计。因此，有价值的主题游产品应将旅游产品的线路化改为主题化，一切围绕特定主题而展开，用主题来规划旅游线路，摒弃依靠景点拼凑的传统开发模式。这样一来，在主题规划设计中就可以内置戏剧化元素、戏剧化情节，形成特殊的戏剧化效果。进一步来看，主题性的旅游产品开发涉及面广、复杂度高，需要服务提供方进行更为深入的要素联动设计，并逐步形成完善的要素联动机制。要针对旅游主题定义和实际旅游感知，就目的地的核心旅游吸引物进行产品设计及包装宣传，同时，对地理空间、场所空间与文化空间等方面的主题氛围营造进行统筹谋划。在主题定义上，不仅要符合目的地文化特质，还要兼顾消费者的心理预期、审美需求、文化消费价值观等因素，最终找到一个能够产生最优价值传递、创造与获取的平衡点。在具体执行上，要联合相关利益方，整体协调项目策划、产品设计、落地实施、营销宣传、服务保障等各方力量，以形成合力。以下是若干主题游产品及其要素联动措施分析（表5-2）。

表5-2 主题游产品及其要素联动措施

主题名称	要素	要素联动措施
嘉兴红船文化旅游节	嘉兴、上海、延安、吉安、遵义、瑞金、石家庄等城市的红色文旅资源	打造"红旅中国 壮美山河"红色旅游城市联合线路
浙江省文化和旅游消费季	国家文化和旅游消费示范城市杭州，国家文化和旅游消费试点城市宁波、温州以及23个省级文化和旅游消费试点城市的文旅资源	开展"浙里红——逐梦新时代""生态绿——乐游新乡村""活力橙——酷玩新潮流""畅想蓝——云享新体验""品质金——爱尚新生活"等系列活动
四川音乐旅游	"四季音乐季"，彭州白鹿音乐小镇、大邑安仁音乐小镇、龙泉驿洛带特色音乐小镇、邛崃平乐音乐小镇和崇州街子特色音乐小镇等"五大音乐小镇"，以及旅游演艺等文旅资源	构建以成都为中心，以"四季音乐季"为重点，与其他市（州）联动的"1+4+N"发展格局

5.2.3.3 "妙意"产品——依恋型、整体性的乡村文旅产品开发设计

（1）构建依恋型产品体系

因喂养或满足其他需求而与主要照顾者建立纽带是依恋理论的原始基础，如婴儿与母亲的依恋关系等，精神分析理论对此有较早的研究。20世纪60年代，英国精神病学家和心理分析学家鲍尔比（John Bowlby）整合了生态学、精神分析理论、精神病学以及控制论、信息论等观点，初步创建了依恋理论的基本框架，使以往过于注重或过于忽视生物基础的依恋研究发生了转折，逐步成为发展心理学最核心的研究领域。随着依恋理论的不断发展，越来越多的研究表明，依恋存在于人们的全生命过程与社会活动中，如恋人与配偶依恋、友谊依恋、其他亲密依恋、社会活动中的组织依恋等，依恋对个体具有"从摇篮到坟墓"的终生影响。

在消费领域，依恋理论同样有着"内部工作模式"。唐·舒尔茨（Don E. Schultz）实证检验了个体对所有物的依恋，标志着依恋理论从心理学领域正式被引入消费者行为研究中，依恋对象也从人际关系情境中的个体扩展到营销关系情境的物品上，包括居住地、礼物、收藏品、产品、品牌等各类对象均可成为消费者依恋的对象。此外，事物依恋也可基于该事物物质性之外的属性而产生，这些属性涵盖从抽象到具体，从模糊的价值、感觉到特定的记忆等，不一而足，特别是与个体重要的经历及其所涉及的人、物、事件、时间、地点或情感、价值有关，并且延伸到自我的各个方面，形成个人独特的生活叙事，是个体通过特定事物在心理层面形成的一种自我延伸、自我投影。就像酷爱时尚的人时常以对时尚产品的拥有与展示、对时尚活动的追捧与参与等方式传递出自我的时尚因素，热爱运动的人则往往通过展示、分享运动经历、运动收获等方式勾勒出自我的运动形象，所有类似的情感与行为最终都在一定程度上根据个体的拥有物界定了自我。

目前，产品依恋的相关研究主要包括评估现有用户与产品的关系，以获得促进依恋的设计策略，以及创建新的产品概念或人工制品，以促进用户之间的依恋两大方面。如产品外观的个性化设计对于增强用户自我表达价值来说十分重要，有助于建立产品与用户间的情感联系，同时应该为用户提供脑力参与个性化设计的充足条件，从而在用户与产品间建立牢固的情感纽带。加强系列产品生产及实施用户自主选择策略也被认为是一种针对批量产品形成用户依恋的有效方法。产品依恋事关用户与其所有物之间较为长久的情感联系，原本是许多人都能拥有的同一产品，如今通过参与个体的日常生活而构建出自身与个体间独一无二的情感意义。同时，产品依恋效应虽然是一种个体与产品长期互动的结果，但也具有即时情感唤起的可能性，即在一定条件下，人们更容易对与自己个性特征接近的"首遇"产品产生即时的"邂逅"情感，并在拥有后快速形成产品依恋。因此，通过分析挖掘某一个体所代表的某类群体的用户画像特征，设计师就有机会通过特定的设计元素，整

合、创建有关联、有意义的用户——对象关系，促进产品依恋的形成。

一家来自瑞士的Freitag品牌的包袋与消费者建立起了品牌依恋、产品依恋的情感关系。一方面，Freitag的产品与服务理念符合越来越多的消费者的价值认同、自我认同。1993年，马库斯·弗莱塔格（Markus Freitag）和丹尼尔·弗莱塔格（Daniel Freitag）两位设计师兄弟，用回收的卡车篷布、汽车安全带和自行车内胎等材料设计制作出第一款自行车通勤用的邮差包。今天，以两兄弟姓氏命名的Freitag品牌代表着创新力、创造力和环保意识，已成为可持续时尚理念的先驱者和推广者，也是苏黎世崛起成一个时尚活跃大都市的代名词（彩插5-11）。

毫无疑问，循环、回收、再利用是该品牌一以贯之的核心理念，但仅仅依靠环保认同还不足以吸引更多的消费者。独一无二、自带"故事"的材质，严谨规范、安全可靠的生产过程，设计师主导品牌本身的设计导向属性，独特的服务保障和用户体验等因素也缺一不可。如Freitag官方网站的信息显示，其产品的生产过程历经十余道程序才进入销售环节，具体包括收集卡车篷布、拆分卡车篷布、选择测试样本、检测成分、确保安全性、拆解、清洗、烘干、包袋设计、运输至缝纫部门、缝制、质量控制、拍摄、发货等。与一般的工厂机械化流水线作业模式有所不同的是，这些环节中往往还配有比较专业的"把关人"，如在原材料采购环节设置"卡车观察员"，负责对理想的卡车篷布进行采购；在拆分卡车篷布环节，有能识别每一块卡车篷布"潜力"的眼光独到的专员；在包袋设计环节，更是需要设计师充分利用好原材料——既要实现独特的设计，也要最大化剩余材料的利用率，提高与其他部件的匹配度；在生产环节，严格筛选经验丰富、信任度高的合作伙伴并与之保持长期合作等（彩插5-12）。

另一方面，Freitag通过简易高效的用户自主设计，实现了产品的自我表达价值和产品复杂性之间的良好平衡，从而持续深化了依恋关系。例如，消费者可以在Freitag的Sweat-Yourself-Shop线下店面根据自己的喜好选择包袋部件，并且在店员指导下使用打孔机、刀具和有机玻璃模板等工具便捷地参与产品的部分制作与设计。Freitag还提供了实时在线设计服务，消费者进入官方网站后选择定制功能选项就可以自主开展选料、包袋各部件图案搭配以及效果预览等事项，极大地满足了用户参与产品设计的需求，其与产品、品牌的依恋关系自然也随之增强（彩插5-13）。

在产品定制的功能界面上，主要分为卡车篷布、包袋部件、品牌标志选项和预览等模块，分别对应包袋外观背景图案的卡车篷布选择、包袋部件在所选篷布上的切割区域和效果选择、品牌标志在所选篷布上的切割区域和效果选择以及整体预览等功能（彩插5-14）。首先，在卡车篷布模块里选择自己喜爱的背景篷布；其次，将四个包袋部件分别拖拽到篷布的合适位置，选择包袋不同部位的图案效果（该效果可以在旁边的产品缩略图中实时预览）；再次，对品牌标志做同样的操作；最后，点击预览查看整体效果。在操作过程中遇到问题时，上述页面就会出现文字提示并在相关位置显示错误标记。

进一步来看，依恋理论与人文地理学、环境心理学的深度关联为其在旅游学领域的研究与实践打开了通路。1976年，雷尔夫（Edward Relph）提出"地方感"概念，用来阐述人们与特定空间相互作用而产生的对地方的情感依附行为。环境心理学领域提出用"地方依恋"的概念统筹地方依赖与地方认同等提法。"篁岭晒秋图"带给游客的第一印象显然是惊喜的、能引发"妙啊"赞叹的，这一印象在随后的旅游行程和若干"妙境"中又被不断强化，直至游客离开篁岭很久以后，依然会因当时的感受、体验而久久不能忘怀。前述调研也表明，许多曾经去过篁岭的游客往往都会极力推荐此地，并明确表达出期待"旧地重游"的强烈愿望。

总体来看，在乡村文旅领域引入依恋理论的价值在于，具有强烈依恋感的消费者更乐于为消费对象投入时间、精力、金钱等资源，也会产生溢价购买、缺货时暂缓购买、传播正向口碑、积极参与到企业的品牌社区活动等较高层次的行为反应。如果进一步比较依恋和态度两种概念对于消费者行为的影响，那么相比于消费者态度对决定最终行为实施的不确定性，依恋对行为的触发则具有更高的有效性，更能满足"归田园""忆乡愁"的内在需求。因此，运用服务设计理念，充分挖掘乡村文旅各触点中的消费者依恋、品牌依恋、地方依恋、人际与组织依恋等因素，集成人员与行为、物料与设施、场所与情境、TPM（技术、政策与市场）等要素，在产品依恋、服务依恋、场所依恋以及关系依恋等方面形成相关设计策略，构建依恋型乡村文旅产品体系是一种重要的产业发展路径（彩插5-15）。

（2）创造整体性产品体验

从认知学层面来看，人们的认知心理最初是由产品的五感状态所建构的，随着用户对产品的进一步使用与认知，其心理模型在持续的更新与发展中逐步形成完整的产品体验。诺曼也认为，没有任何产品是一座孤岛，产品也不只是产品，而是一套有凝聚力、综合性的体验。从最初的意图到最终的呈现，从首次使用到疑难解答、服务和维护，需要思考产品或服务的所有阶段，使它们无缝地协同工作，这就是整体思维。如从iPod干净、简单的包装，到苹果公司的产品和服务营销战略，都明显地体现了整体思维，这种思维的精髓在于苹果公司创造性地为用户的音乐下载提供了许可服务，并且开发了数字版权管理系统以及大量的第三方附加组件，以增强用户黏度、忠诚度以及对产品的使用乐趣，还有由许多专家组成的"天才吧"，为访问苹果商店的客户免费提供服务建议、优化服务体验，与客户共同完成一段愉悦的探索和学习经历。诺曼还明确提出产品的本质就是一种服务，即在产品开发方、生产制造方以及销售方眼中，产品就是产品，但对于消费者、对于用户来讲，无论是功能性的产品还是情感化的产品，均可以提供一种有价值的服务。如银行自动取款机（ATM）是一种典型的工业化产品，但对于银行储户来说，ATM更是提供了一种24小时存取业务的服务。类似的情况还有很多，如相机在为用户提供美景拍摄的功能性价值以外，还实现了保存美好瞬间、记录点滴生活以及提供珍贵回忆等整体性的服务价值；

手机在实现基础通信功能的基础上，日益成了一个集成化、综合化、娱乐化的服务平台。

"妙境"产品的开发设计是将故事情节与环境、设施等要素深度融合，为游客创造场景化、情境化的体验价值，这种设计主要关注某个或某几个相对独立时空内的"在场性"产品体验，注重"身临其境"与"各有千秋"。与此同时，格式塔心理学研究充分表明，"整体比其各构成部分的总和要多""正确的心理学公式应为刺激样式—组织过程—对组织过程产物的反应""部分在整体中可以获得新特性"。这些观点对"妙意"设计具有重要价值。一方面，"妙意"设计不是凭空产生、孤立存在的，恰恰相反，它与"妙啊""妙境"设计密切相关，所形成的整体"妙意"感知也是在一系列"妙啊""妙境"产品的持续刺激下建构出来的。另一方面，若想促使"妙意"设计将重点聚焦于整体体验、整体价值的统筹设计，那么既要将"妙意"内植于各触点产品中，以实现"妙啊""妙境"体验，也要润物细无声地形成"整体大于局部之和"的增殖效应，从而使被"打包"后的全旅程体验的整体水平获得提升，实现旅游体验的最优化与旅游价值的最大化。因此，作为与反思层体验相对应的"妙意"设计的价值追求应更为深刻、醇厚，既包括前述的依恋型产品设计要求，也内含"在场性"与"非在场性"的全旅程体验衔接，既深耕个体旅游体验对于自身的意义，也涉及群体旅游心理及其与当地社会文化互动所产生的新影响、新变化。具体设计途径如下。

首先，基于全旅程设计逻辑，应将"妙意"内涵贯穿于服务接触前、接触中与接触后的全过程，并将整体的"妙意"体验作为最终设计目标。冈恩（Clare Gunn）认为游客对旅游目的地的意象认知是一种"原生意象—引导意象—复合意象"的逐步递进关系，体现出连贯的形象认知过程，也是旅游者对旅游地需求的全程表达，即旅游前的信息积累需求，有效信息的获取需求，对旅游目的地的决策需求，旅游过程中的感知需求，旅游结束后的体验留存、分享及其情感表达需求。周祎德认为，旅游地文化传递的瓶颈主要存在于预服务时段的接触点、实际服务过程中的文化认知界面和旅游互动模式中，并提出了10项文化有效传递的衡量维度，即悦耳悦目、易于认知、适应需求、方式宜人、渴望参与、低碳包容、效益明显、持续作用、文化传承、共赢共荣。迪克罗指出，有启迪意义的教育性、思想性信息能够吸引游客并创造出令人赞许的整体体验是通过提供一系列积极的微观体验而实现的，这些微观体验的累积可以使旅游者形成值得自我回味的"金色记忆"。这里的整体体验、微观体验从服务设计角度来看，分别对应了整体服务感知以及全服务流程中的各触点体验，包括旅行前的服务接触到旅行中的产品、人员、设施、氛围触点，以及旅行结束后的售后等各环节的服务体验，都对是否能够形成"金色记忆"产生影响。因此，在服务接触前要为用户打开"妙意"产品的想象空间，通过各类营销传播渠道构建用户对"妙意"产品的初始意象，形成特殊吸引力；接触中要"火力全开"，在不同触点、不同环境下通过"妙啊""妙境"产品充分体现出预先设计的"妙意"，发挥"在场性"产品的最大优势，助推游客最终形成有意义的审美体验；接触后还需争取"余音绕梁"的持续性价值，即在游客离开旅游地之后的较长时间内，依然能够为某个时刻、某种场景的独特体验，以及整体旅程所建构的特殊意义而感动。从这一点来看，"妙意"产品的设计开发是所有"妙"产品中最能体现"全链路"设计思维的产品类型，是实现闭环服务的决定性因素，充分体现了服务设计理念的精髓。

其次，"妙意"设计致力于对乡村文旅个体体验、群体体验及其与社会文化互动的整体性建构。阿恩海姆（Rudolf Arnheim）曾说："审美理想与审美共鸣之所以发生，是因为审美对象同审美主体所经历过的某种情感生活在形式结构上的相同。"前述"好奇无界：米奇艺术展全球巡展"中另有三件作品便初具这种"妙意"。一件是名为《长耳朵的自行车轮》的作品，该作品在艺术创作手法上有向杜尚（Marcel Duchamp）《现成的自行车轮》致敬的意味。在具体表达上，主要用三组"自行车车轮"组合成米奇的"头部"这一经典符号，从视觉上使人们第一眼就能"认出"米奇（彩插5-16）。更有意味的则是，"自行车车轮"形象使观者不由自主地与其自身的以往经历、见闻关联起来，也许是"米奇时代"与"满街都是自行车时代"之间的时代之联，也许是米奇骑车追米妮的动画情节之联，还可能是一次自己骑着自行车去看《米老鼠与唐老鸭》的记忆之联……总之，这样的作品对于观者来说会产生独特意义，能激发个体乃至同时代群体的无限想象空间，形成丰富的审美体验。如果说《长耳朵的自行车轮》所蕴含的时代意义年代感比较久远的话，那么，另一件名为《泡脚米奇》的场景型作品则真实地反映了当下年轻的"米奇粉"们既要养生保健，又不愿错过娱乐生活的复杂心理。同时，从米奇眼中反射出的米妮形象也充分体现了人们对米奇动画持之以恒的"痴迷"与喜爱之情（彩插5-17）。

创造整体性的乡村文旅体验是形成乡村"旅游世界"的核心。"旅游世界"是一个为了与人们日常所在的"生活世界"有所区分而被创造出的概念。人们一旦开始旅游，就进入了"旅游世界"，这个世界像是一个有色而透明的屏障，赋予旅游期间的一切行为以特殊的色彩和意义，哪怕是诸如吃饭、睡觉这些与生活世界没有本质差异的基本行为，在旅游世界中也获得了新的诠释。如在土家族的吊脚楼里或者在科罗威原始部落的树屋上住一晚，和平时住在自己家里的体验显然是不一样的；再如逛马路这样的简单行为，在旅游地逛马路和在平时居住地逛马路的感受也是不一样。同时，"旅游世界"又是由一个个"旅游场"有机构成的。"旅游场"串联着旅游过程中的各级、各类节点，其情境特征取决于旅游线路上各旅游目的地及其景观的自然、文化特征，反映着旅游者在旅游期间经历过的各种不同类型的行为过程与当时环境之间的互动关系。可见，"旅游场"与"妙境"有着一定的对应关系，"旅游世界"则与"妙意"有所关联，贯通于其中的均是旅游体验。前者的旅游体验主要限于个体或群体体验，后者的旅游体验则着眼于全旅程的整体性体验。

"在篁岭看晒秋，你会感觉美的元素一直在增加。比如晒秋农作物的颜色搭配，晒秋竹匾的摆放，还有晒秋大妈的即兴表演创作。当这一切元素融入篁岭徽派老宅的屋顶之上，风景便油然而生""晒秋的景色宜人，日出时太阳照在白墙上，炊烟袅袅升起，农作物色彩斑斓，到处洋溢着丰收的喜悦""晒秋主要是在秋天，那时候漫山遍野都是五颜六色的，蔚为壮观，美景中带着喜庆欢愉，还带着来年的希望"。这些是有关篁岭"晒秋"的三条游客评论。在作者笔下，"晒秋"是风景、是层次感、是美的元素，更是丰收、喜庆、欢愉和希望。这种从景到情，再到情景交融、情理交融，最终"神会于物"的审美意象与意境生成，不是源自单独的某种元素、符号或某个情境，而是游客在看尽篁岭"晒秋"景观后对整体体验的反思与感悟，是由篁岭"晒秋"所有元素、符号所构建出的整体及意义体现，是"妙意"从一个个"旅游场"延伸、串联、糅合到整个"旅游世界"的完整过程，正所谓"气之动物，物之感人，故摇荡性情，形诸舞咏"。

"妙"至宋代格外钟情于"外"，即追求意外的美学价值。需要注意的是，此"意外"非彼"意外"，不是当今人们时常说的形容没有意料到的、突发的"意外"，而是审美范畴中的意象之外，是脱离了具体意象层面而触达人生感悟、理想追求等层面的"意外"。当前乡村文旅的"妙意"产品设计，既可以基于消费者个人的情感体验，在产品中为其创造这种"意外"之美，也可以将原本限于个体的审美追求升华到对社会、对自然的人文关怀上，为产品之"意"赋予更为深刻、致远的内涵。如福建土楼的一些文创产品，摆脱了对单纯"复制""模仿"等表面化的外观设计路径的依赖，更多地从土楼自身的生态、自然与和谐的设计理念与逻辑出发，思考相关文创产品生态意义、社会意义的创造路径。再如，篁岭在整体的保护性开发中，除了建新似旧、修旧如旧，以保持原有村落的建筑古貌之外，更通过内涵挖掘、文化灌注、活态演绎等方式体现古村文化的"原真性"和民俗文化的"原味性"，实现古村落文化、民俗文化及生态文化的完美融合。此外，"妙意"产品的社会意义还在于通过旅游促进旅游者与旅游地居民之间的良好沟通乃至深厚友谊的建立，从而在更深层次上促进相互间的文化理解以及社会关系的和谐。这对其他旅游地发展乡村文旅产业显然具有重要的启发意义，即如何开发出既能满足旅游者自身文化体验、情感体验的多元化需求，又能巧妙衔接好、融合好商业价值与社会价值、文化价值关系的旅游产品，同时最大程度地赋予产品以个体意义、群体意义和社会文化意义，实现乡村文旅产业的可持续发展。

5.3 面向文化消费升级的IP化发展路径

新时期，传统文化的时尚化、现代化表达不断涌现，以IP为核心文化符号进行多模式的内容生产与营销传播已成为文旅产业发展中的重要一环。超级IP具有优化目的地治理效率、传承和创新目的地文化、优化和重塑目的地产业等重要作用。面向文化消费升级的IP化发展将是当前乃至未来很长一段时间内乡村文旅产业链中必不可少的一个重要环节，也是基于服务设计理念，整合乡村文旅资源，挖掘旅游吸引物基因，开发优质文旅内容，实现文旅发展价值，以及推动乡村文旅产业在新时期高质量发展的关键途径。

乡村文旅IP化发展理念在于将IP从产品概念向作为流量运营的概念、用户运营的概念进行转化，既要将IP看作一种产品化概念，通过创意构思与视觉设计等方式形成独特的IP形象、IP吉祥物、IP衍生品等具体产品，又要将IP作为引流、导流的孵化器、助推器与加速器。因此，本节对IP化的研究主要集中于讨论作为流量工具、模式的IP。

5.3.1　以IP打造为核心的乡村文旅文化消费升级总策略

当前，文化消费已成为衡量国家文化软实力和人民幸福感的重要标尺，是扩大内需、促进经济转型升级的强大动力，特别是广大农村地区分布着我国几千年文明与历史发展所形成的农耕文化、民俗文化、乡土文化等璀璨文化资源，拥有巨大的文化消费潜力。乡村文旅作为乡村文化消费的重要阵地，应全面加快文化消费整体升级，寻找突破点，大力提升文化消费水平。一般来讲，积极营造良好的文化消费环境、精准把脉潜在的文化消费意愿与能力、切实提高文化消费水平与满意度等措施将是乡村文旅文化消费升级的必由之路。然而，冲锋有旗手、领航有舵手，如何更加有效地、可持续地走好这些必由之路还需找到突破点、挖开突破口，从而形成源源不断的升级洪流。

实际上，从近年来的诸多研究及网络上的典型事件中不难发现，"网红打卡地""沉浸式体验""旅行质感""性价比""乡愁"等关键词均是乡村文旅地受众群体十分关注的消费"爽点"，特别是拥有"网红打卡地"地标或具有特色文旅资源的乡村旅游地更受年轻消费群体欢迎。同时，传统纸质载体是"没有记忆"的传播媒介，而互联网信息具有碎片化、海量化、瞬时化等特征，大量的互联网信息每时每刻都在充斥着人们的视野，就像一波波海浪不停冲刷堤岸，但浪退之后，有谁能分辨前浪、后浪或者记得哪朵浪花更为绚丽呢？信息过剩早已成为互联网时代注意力稀缺的问题根源。互联网下的商业行为大多被流量裹挟，"为流量而疯狂"。抛开一些负面的流量问题，单纯地从合法合规的商业经营角度来看，"顶流"或高流量的秘诀在于以独特的、优质的、系统的方式为商家与消费者构建出一种强链接的相互作用关系，这种方式如今主要以IP形式呈现。

IP是Intellectual Property的缩写，可译为知识产权或内容产权，特指具有长期生命力和商业价值的跨媒介内容运营。在我国，IP已超越知识产权的本义而演变为一种具有独特精神内涵的、极具象征性的价值符号，成为产业升级的重要推动力。如有着"中国乡村旅游超级IP"美誉的袁家村，就以关中文化民俗、原生态农家生活以及各类非遗小吃为核心吸引物，构建出富有关中平原特色的文旅大IP。其他比较经典的文旅IP还有，国外的迪士尼IP、大力水手村IP、熊本熊IP、柯南小镇动漫IP、玛塔玛塔"魔戒"IP、卡尔斯农场IP等，以及国内的故宫文创IP、拈花湾禅意IP、花间堂主题度假酒店IP、大唐不夜城IP、良渚文化IP、"衢州有礼"IP、"篁岭晒秋"IP等。其中，熊本熊是发轫于日本农业领域的超级IP。它的传播营销过程包括从无到有的人格化形象传播、场景化故事传播、免费化授权传播、产业化品牌传播，特别是免费IP授权的营销策略迅速获得了滚雪球般的关注度与曝光率，使得其衍生产品、衍生产业蓬勃发展，一步步形成了具有国际化影响力的大IP。在国内，江西婺源篁岭通过对晒秋元素、鲜花元素、民俗工艺元素等的提炼和营销，打造出不同类型的主题IP，凝练出"鲜花小镇·晒秋人家"的旅游口号。具体做法包括，一是以"篁岭晒秋图"为核心，打造独具特色的晒秋IP，并精心设置春晒白菜、夏晒山珍、秋晒果蔬、冬晒熏腊的四季景观，拓展晒秋主题的时间跨度，延长IP生命力；二是精心打造"千亩梯田，四季花海""微型花卉主题园"等载体，并且深入挖掘酿酒、榨油等民俗文化，打造鲜花小镇IP、美食小镇IP，在国内外获得较高美誉度。

总体而言，IP具有时代性、新颖性、爆发性特点，能够快速形成广泛而深入的传播效应，优秀的文旅IP更是一种包容性强、融合度高、接受面广的"集大成"旅游标识，能够跨越地域、时空限制与认知隔阂，链接文化资源，重塑文化高地。依托服务设计新内涵，明确独特的IP定位、打造整体的乡村文旅IP，使之成为乡村文旅产业发展的重要引擎与助推器，是乡村文旅文化消费升级的核心策略。

5.3.2 乡村文旅IP开发原则与路径机制

5.3.2.1 乡村文旅IP开发的基本原则

利珀（Neil Leiper）曾将旅游吸引物定义为由旅游者、核心或吸引物、标识三大要素所构成的系统。《文化旅游》一书认为，标识包括但不限于正式的促销信息、广告以及其他由旅游部门所提供的辅助资料，乃至更多形式的信息，如不属于任何单一来源的常识、电影、小说，与目的地相关的非物质文化遗产，由主要信息提供者所提供的信息等。标识的作用就是要建立认识、激发兴趣、驱动欲望并最终诱发行动。可以说，标识涵盖了与旅游地相关的一切信息。旅游者可能因为某个独特的旅游广告、某种倾力打造的旅游品牌而计划一次向往的心灵之旅，也可能是单纯地因为一个人、一首歌、一件事，或听到一句话、看到一条信息乃至联想到一件事物就开启一次说走就走的邂逅之旅。特别是移动网络技术的普遍应用促使用户生成内容得到广泛传播，旅游地标识信息自身的内容领域、营销传播方式均进一步得到了扩展。对于传统文化资源富集、文旅核心吸引物突出的旅游地，如知名文化遗产地、建筑遗迹、历史文化古迹、各大博物馆文化资源以及各地文旅品牌来说，其标识信息自然获得了极大范围的传播且日益形成虹吸效应，吸引着越来越多的来自五湖四海的游客。同时，一些平时不起眼的或并非传统旅游吸引物的物品、地点、人物、事件等经过网络发酵，以前所未有的方式爆炸式地发展，也许一瞬间就成了引爆全网的

"网红打卡地"或IP类型的特殊旅游标识。

不过，广告、品牌是预先被精心设计过的标识信息，它们对于旅游者来说自然具有特定的吸引作用，而那个人、那首歌、那件事、那句话、那条信息以及那些能够引发旅游者点对点联想的内容却并非空穴来风。长远来看，只有有价值、有故事的标识内容才能持续地促成一段旅程。近年来，不时涌现的网红旅游虽然有许多的偶发因素，但均是某个节点、某种环节上的内容性价值体现。因此，标识可以以任何信息的方式呈现，但并非所有的相关信息都可以成为具有旅游吸引物价值的标识，有效的标识是需要被设计、被打造的。本书将这种以内容性、价值性为主的新标识开发，或以偶发"网红"型标识内容完善、价值升级为目的进行的规划、设计过程定义为标识化，而标识就是通过标识化形成的具体成果。通过标识化，在新时期拓展标识范畴、明确标识内涵、实现标识价值。因此，旅游IP开发就是一种极富创造性与生命力的旅游标识化行为，标识化也势必成为乡村文旅IP开发的重要原则。

当前，IP开发已形成了多种发展模式。一是对既有品牌的拓展升级。品牌作为一种符号性、标识性对象，已形成了广泛共识。依托既有品牌的IP开发天然具有较强的标识性，并且有利于形成较为一致的对外形象，如拥有"世界文化遗产"这一知名标识化头衔的宏村在进行"画里乡村"IP打造时，自然较其他江南古村落具有更多优势。二是原创IP开发。原创IP开发与原创品牌开发有许多相通之处。一方面是定位问题。原创IP应充分体现旅游地资源环境、核心吸引物的特质，是对其内在精神、气质直至价值的凝练与反映；同时，在定位中也应通过精心规划使IP具有标识意义的独特性，以发挥最大的原创价值。另一方面是IP的延展问题。由于IP（特别是超级IP）具有十分强大的包容性、开放性，与文旅产业结合后的文旅IP更是一个复杂系统，涉及核心IP与衍生IP、大IP与小IP之间错综复杂的关系，需运用宏观与微观、总体与局部、从属与交叉等体系化思维进行统筹谋划。三是"借鸡生蛋"。并非所有的IP开发主体都拥有较强的品牌基础或者独一无二的标识化元素，会因原创开发需要的大量人力、物力、财力投入望而却步。因此，许多IP也经常采用市场化收购、并购等机制，以版权买断、版权授权使用等多种方式，将已经拥有一定流量、价值的IP资源转为己用，从而在短期内快速占领市场、形成口碑。在迪士尼的超级IP形成过程中，除了升级自有的米奇IP以外，还收购了大量其他知名IP。从2006年的皮克斯动画到2009年的漫威影业、2012年的卢卡斯影业，再到2019年的21世纪福克斯，十余年的"豪买"之路为迪士尼贡献了机器人总动员、复仇者联盟、钢铁侠、蜘蛛侠、星球大战、X战警、阿凡达等一大批经典IP，就像迪士尼（Walt Disney）所说："我希望我们永远不会忘记一件事，那就是这一切都是由一只老鼠引起的。"通过系列化的大规模收购，迪士尼最终构建起横跨多个领域、契合时代发展需求的超级IP矩阵，创造了巨大的商业价值。

综上可见，无论是既有品牌的拓展升级还是原创IP的开发，都是以标识化发展为重要内容，"借鸡生蛋"的这只"鸡"也并非籍籍无名，而是已经具有一定影响力、标识性的元素。此外，这三种主要的IP开发模式均有系列化、体系化的内在要求，是品牌矩阵、IP矩阵发展到一定阶段后的必然结果。从服务设计要遵循整体、系统与可持续的总体设计原则来看，体系化的IP开发也可以比较清晰地反映这一要求，对于超级IP的打造更是如此。因此，乡村文旅IP开发的基本原则包括标识化与体系化。

5.3.2.2　乡村文旅IP开发的路径机制

服务设计理念下的乡村文旅IP打造就是在文化消费升级背景下，在标识化、体系化发展原则的基础上，密切结合乡村这一特定范畴所开展的一系列IP设计开发与传播营销活动。在这些活动中，被打造的对象是IP与超级IP，最终目的是实现乡村文旅地的优质内容生产与自身价值创造，是一场融合了策划、设计与传播、营销等多重因素的综合性过程。进一步从理论溯源来看，易开刚等认为文旅IP涉及多学科的基础理论，如符号学理论、差异理论、认同理论、系统理论、产业融合理论、产权理论和生命周期理论等。通过分析比较，笔者认为符号学理论、差异理论、认同理论为标识化原则提供了理论支撑，而系统理论、产业融合理论、产权理论和生命周期理论则为体系化原则提供了理论支撑。它们将共同作用于乡村文旅IP的发展与实践，并形成切实可行的发展路径。

在标识化原则方面，首先就符号学理论进行剖析。符号学中的符号是一种十分典型的标识元素，它可以是索绪尔（Ferdinand Saussure）所说的语言类符号，也可以是莫里斯（William Morris）眼中的美学类符号，还可以是皮尔斯（Charles Peirce）所概括的一般类符号。语言类符号具有结构主义特征，是能指和所指的统一，能指是符号具体的语音形态，所指侧重于符号所代表的内涵与意义，均是符号标识化的重要方面。如"书"的语言学能指是拼音组合为"shu"并作为文字的"书"，所指则体现为书籍所代表的知识、历史文化等意义。莫里斯将美学类符号划分为三个维度：一是类似于所指，即美学符号的内涵，二是美学符号的构成部分，三是美学符号的应用实践。显然，这种维度的划分是莫里斯作为设计师身份的体现，直至今天，这种划分依然反映着包括品牌形象设计在内的各类型设计的主要过程。通过这些维度的设计与应用，美学符号完成了相应的标识化过程。如"书"的美学符号构成不再局限于单纯的发音和文字意义，而是将视野扩展到不同字体类型、风格等视觉形式，或者是经过专业设计后的图形图像化的"书"，这样的"书"的内涵也会有所不同，可以被赋予更多的关联性、标识性意义，就像隶书字体的"书"能自然传递出历史厚重感，草书字体的"书"则有豪放不羁之感，经过图形设计形成的几何风格的"书"可能是对现代设计的呼应等。皮尔斯进一步发展了符号学理论，使符号向无限衍义开放，从而深刻影响着当代符号学研究。皮尔斯的符号学理论是一种"逻辑—修辞学"模式，他把符号分为像似符号（icon）、指示符号（index）与规约符号（symbol）三种。像似符号指向对象依靠的是"像似性"，其像似的对象既可以是图像形式，也可以是听觉、触觉等其他感官上的像似性形式。将一根薯条的一端蘸上番茄酱后所形成的形象与一根火柴棒十分类似，这就是像似符号的应用，而这个创意也被应用到汉堡王的一则平面广告中，以传达其更热、更脆的美味特质。规约符号的意义是由社会文化约定俗成的，符号与所指对象之间并不存在天然联系，如斑马线、红绿灯等符号。至于指示符号，赵毅衡引用了皮尔斯对指示符号含义的总结——"指示符号是这样一种符号，它之所以指称某对象，凭的是受此对象的影响"，以此来说明指示符号既不需要符号与对象之间的某种相似，也不需要文化的规约。如"书"不再直接以文字或图形文字的方式出现，而是以"书籍外形""翻开的书籍""书籍的一角"等方式出现在某个LOGO设计中，那么即使没有"书"的文字，人们也可以明白这个LOGO是与书籍、读书有关的。其次，差异理论是指某一主体为了提升自身的独特性，在技术、形象、功能和个性服务等层面突出与竞争对手的差异要点，进而实现其最大价值。根据鲍德里亚（Jean Baudrillard）的观点，消费社会中的商品必然会借助彼此之间的差异（自然属性或人为赋予的符号属性）凸显出各自的独特意涵。同时，对于消费者而言，也需要在消费中主动创造出差异性，从而标识出群体的界限。这里的独特性、差异性恰恰是标识化的基础要求，也是IP打造的首要因素。再次，认同理论涉及个人认同和社会认同两方面，广泛的社会认同是文旅IP能否成功的关键。无论是个人认同还是社会认同，被认同的内容均包括对同一事物共同的信仰、价值和行动取向，这里的同一事物显然也需具有较为明显的观念性、集约性特征，如文旅IP统一的精神内涵、对外形象及其衍生物。

在体系化原则方面，首先就生命周期理论进行剖析。生命周期的本义源自生物学领域，但因世间万物的演变均离不开发生、发展、衰退直至消亡的自然规律，所以生命周期概念被逐渐应用到社会生产生活的众多领域，如产品的生命周期就是指从需求分析、设计、生产到产品进入市场，直到最终退出市场为止所经历的整个循环过程。如今看来，基于产品生命周期的设计导向主要引发了可持续设计与全流程、全链路设计等模式的出现。20世纪中叶，为了获取更大的商业利润，以通用汽车设计为开端的"有计划商品废止制"广泛应用于产品设计与商品营销领域。这一制度在王受之看来"是消费社会的一个重要的设计基石"，它以时尚的名义迎合了当时普罗大众的消费心理并延续至时下。频繁的样式更新使得产品设计、生产、市场销售等环节的推进节奏明显加快，自然对产品的生命周期产生了较大影响。此后，随着绿色环保、可持续发展、生态设计等观念的兴起，"有计划商品废止制"不可避免地被诟病，促使企业乃至整个行业开始从产品生命周期的角度重视起可持续设计理念、恰当技术与功能的选择、可持续材料的运用与回收等因素，在考虑产品对环境的友好程度的同时，统筹规划产品对用户使用方式、生活方式的长远影响，最终在"人—机—环境"的良性互动下，实现整体的可持续发展。工业时代下，日益细化的专业分工催生出相互独立、各司其职的行业领域，使社会生产效率得到了极大提升。然而，随着经济社会发展，纯粹专注于产品外观、色彩、结构与材质设计的传统模式已不能胜任互联网时代用户的多元化需求以及可持续的产品创新。越来越多的设计机构、企业打破固有的专业分工模式，将设计服务链条不断延伸，从品牌布局、产品规划与研发、生产制造及市场营销等方面，为企业提供全流程、一站式的设计服务。可见，今天的产品生命周期设计既要与产业上下游各环节的设计进行充分整合，也要十分注重生态型发展理念，是涉及商业效益与环境友好、经济发展与可持续发展均衡协调的全链条、闭环式工程。对于文旅IP来说，也有着从IP诞生、发展、转化直至退出等一系列基于生命周期理论的演变过程，也需要在体系化的设计原则下，综合协调地域特征、社会结构、TPM（技术、政策与市场）等因素对IP可持续发展的影响，并通过持续的"新陈代谢"获得循环迭代的无穷生命力。其次，系统理论将系统作为一个整体，是各要素以一定结构形式根据目的构成的具有某种功能的有机整体，注重要素与要素、要素与系统、系统与环境之间的相互作用关系。再次，"文化是旅游的灵魂、旅游是文化的载体（灵魂载体说）"等产业融合理论是文化和旅游融合发展的理论基础，文化和旅游部的正式成立更从现实层面将文化和旅游深度关联起来，为我国文旅产业融合发展提供了强大的一体化机制。作为由文化IP和旅游IP双重领域融合而成的文旅IP，其一体化特征将更为显著。最后，产权理论主要针对知识产权。现代知识产权分类普遍采用国际保护知识产权协会的观点，即将知识产权分为创作型成果产权和识别性标记产权，前者包括发明专利、版权、软件权利、技术秘密等，后者包括商标权、商号权和其他与制止不正当竞争有关的识别标志权。IP是一种特殊的知识产权，一旦开发或授权成功，自然也受知识产权相关法律的保护，且与许多专利、品牌商标等的保护情况类似，IP保护最终也会形成系列化的IP产权库。

从总体上看，符号学理论的能指和所指以及符号三分类、差异理论的独特性、认同理论的"同一事物"，均内在地蕴含着标识化要求。而生命周期理论的生态型发展要求，系统理论所强调的有机整体、关系协调等内容，产业融合理论的一体化机制，以及产权理论的多元化IP矩阵则显然具有体系化特征。进一步依据本书所提出的服务设计新内涵，构建了"超级IP之道"模型，以可视化形式表达乡村文旅IP的内在路径机制（彩插5-18）。具体打造方式可以归纳为人格化与生态化的乡村文旅IP设计开发，以及社群化与价值化的乡村文旅IP运营两大路径。前者体现乡村文旅IP的生成过程，后者专注于乡村文旅IP的成长与发展，整体构成乡村文旅IP从无到有、相辅相成、相互影响的闭环通路。

5.3.3　人格化与生态化的乡村文旅IP开发设计

5.3.3.1　人格化的乡村文旅IP开发设计

人格化是指将人格特性赋予无生命物体、抽象事物和自然界中的各种现象，来源于文学领域中的"拟人化"。随着消费时代的深入发展与一般性技术、功能的普遍趋同化趋势，消费者决策的影响因素逐渐从单纯的产品物理性能让位于产品的质性、服务秉性与品牌品性等"气质性""人格化"指标。IP也在承载形象、表达故事和彰显情感的文化生产过程中，日益成为一种经过市场验证的情感载体，成为一种有故事内容的知识产权。

（1）创新文化基因编码与塑造核心人格

在标识化的设计原则下，乡村文旅IP设计开发的第一步就是要完成文化基因编码，塑造独特的、差异化的、可认同的核心人格。道金斯（Richard Dawkins）指出，文化基因是文化传承中的基本单元，通过以模仿为主的非遗传方式，将某种以语言、思想、观点、习俗、行为方式为表现形式的民族文化在代际之间传承下去。毕文波认为，文化基因是内在于各种文化现象中且具有在时间和空间上得以传承和展开能力的基本理念或基本精神，还具有这种能力的文化表达或表现形式的基本风格。我国广大的农村地区在千百年的发展历程中形成了民族化、多元化的历史文化、传统文化，直到今天，每个乡村、每座建筑都依然延续着文化的血脉、诉说着自己的故事。这些珍贵的文化元素是乡村文旅人格化IP独特性的重要来源，也是乡村文旅文化基因表达的原始素材。

一是要进行梳理筛选并整理形成文化族谱。从全国来看，历次的全国文物普查、非物质文化遗产普查以及各项文化遗产保护工作，为摸清我国现存各类文化遗产底数、开展保护传承事业奠定了坚实基础。例如，国务院先后于2006年、2008年、2011年、2014年和2021年公布了五批国家级非物质文化遗产代表性项目，涵盖民间文学，传统音乐，传统舞蹈，传统戏剧，曲艺，传统体育、游艺与杂技，传统美术，传统技艺，传统医药，民俗十大门类。启动于2020年上半年的浙江省"文化基因解码工程"也于2021年底完成，合计调查入库文化元素31029项。其中不乏许多来自乡村地区的文化项目，是未来提炼当地核心文旅IP、重要文旅IP的重要资源。另外，仍有许多乡村文化资源依然散落在民间，未被列入各级名录，需要当地进行整体的梳理并形成彰显自身文脉的文化族谱。

二是要提取文化基因。文化族谱是文化资源的罗列，虽有一定的规则对其进行分类，但对乡村文脉影响最大、最为深远的基因型文化是哪些？其物质基础、精神理念、象征符号乃至制度性机制都是怎样的？如何进行理解与阐释？这些问题也需要给予充分回答。浙江省"文化基因解码工程"在文化元素入库的基础上所完成的1878项文化基因解码工作，就是一种对文化基因进行提取的过程。如南宋八卦田的精神基因是"重农务本，始于躬耕"，以《四景山水图》为代表的宋画的思想基因是"诗画合一"等。

三是创新文化基因编码与激活文化细胞。创新文化基因编码就是在原有单个文化基因的基础上进行产品设计的转化应用，或者是多个文化基因重构与融合后的产品再开发，从而激活各类文化细胞，产出文化精品项目。衢州南孔文化基因转化利用后诞生了话剧《大宗南渡》；嘉兴根据清代文学家朱彝尊的《食宪鸿秘》衍生出"竹垞食养"系列文化餐饮产品，还形成了以朱彝尊文化、《食宪鸿秘》养生文化为核心的研学主题游产品；建德在综合分析"千鹤妇女"的精神基因、制度基因、符号基因后，成功开发出婺剧《千鹤女人》。舟山市嵊泗县田岙村是国内"渔家乐"旅游的兴起地之一，渔民画的"海、船、渔"主题与色彩强烈、造型夸张的象征符号基因，以及目识心记、散点透视的绘画技艺技巧基因，被融入风貌营造、民居改建、墙面绘画以及渔家乐和民宿设计等方面，还催生出嵊泗渔民画风筝节、渔民画非遗旅游节、"嵊泗绘"渔民画创研中心等10余项转化利用项目。这些案例都是浙江省"文化基因解码工程""查—解—用"整体目标中关于"用"的具体实践，是对浙江各地文化基因编码创新与应用转化的有力佐证。

四是塑造核心人格。这种"文化族谱—文化基因提炼—文化基因编码"模式日益成为一种文化挖掘、文化转化利用的有效机制，既是打开文化遗产宝库的"金钥匙"，也是活化文化遗产的"动力源"。当IP成为文化创新驱动中的重要力量时，"文化族谱—文化基因提炼—文化基因编码—IP打造"的新机制也应运而生。在这种新机制下，文化资源的整合度、集成度更高，时代性、标识性更为鲜明，也将有效引领文旅产业步入深度融合、创新升级的新阶段。在这个阶段，塑造核心人格就成为IP打造的"急先锋"。因河南春晚节目《唐宫夜宴》"火出圈"的"唐小妹"，就是河南卫视在文化基因编码创新的基础上，进一步塑造代表性文化的核心人格形成的人格化文旅IP。"唐小妹"形象憨态可掬，隶属于"唐宫廷舞团"，喜爱的食物有酪樱桃、酥花糕、透花滋等，这样一种"身份"与"性格"，使得"唐小妹"可以自由徜徉于历史文化的海洋，可以从《千里江山图》的层峦叠嶂中走出，也可以和莲鹤方壶打打趣，还可以化身"二次元"打卡文化地标。如此有"受众缘"的、引人入胜、恰到好处的人格化角色，"集万千文化于一身"，成为文旅产业增长的新动能。

（2）注重人格化设计与人格化传播的联合

总体来看，早期IP的人格化设计主要体现在对视觉形象这一单一元素的拟人化处理，后期的IP人格化设计方式、范畴则进一步延展。一方面，针对可被人格化的因素进行"视听嗅味触"等全方位的感知化、认知化设计；另一方面，更多地在人格化身份、价值观，以及与消费者、用户的互动层面进行强化，特别是针对互联网传播特点，打破时空限制，构建利益相关者之间的强连接关系，创新产权使用和授予方式，使人与产品、人与品牌、人与物的关系更多地转化为人与"人"的关系，极大地增强了用户黏性，也使IP价值最大化。因此，随着公众参与媒介传播的行为不断涌现、设计链条的跨界延展，以及技术、媒介的深度整合，设计领域特别是服务设计思维模式下的人格化IP设计开发，要综合统筹人格化设计与人格化传播，甚至可以根据预定的传播效果反推设计要点与设计形象。

吴晔等认为，人格化传播是真实或虚拟的媒介代言人综合使用人格化的语言符号和非语言符号，塑造媒介主体形象的一种内容呈现策略，其核心是在传播过程中突出"人格特征"，主要表现为宏观媒介的人性化和微观传播符号的人格化两方面。其中，媒介的人性化在于，由用户需求和技术发展所驱动，对媒介自然交流、交互的发展（如传统报纸、广播电视等媒介）只限于单向传播，缺乏人际交流最基本的双向互动，社交网站、软件等网络媒体及人工智能的发展，使人们之间的交流实现了双向的、即时的沟通形式，在当前所有媒介中最为接近人际自然交互，是人格化IP形成与发展的媒介基础，传播符号的人格化则包括人格化符号设计开发与传播营销的全过程。对于乡村文旅人格化IP来说，就是IP打造事前、事中与事后的统一体，缺一不可。特别是在IP传播中，优质的内容生产将是IP赖以生存的关键，IP是否具有为不同内容提供可持续的承载能力、容纳能力是IP设计的前提。例如，将故宫猫作为故宫人格化IP形象加以打造就充分考虑了IP的内容承载力：一是猫与故宫有着深厚的历史渊源。据资料显示，明朝伊始，就有很多猫被豢养于宫廷中用来预防鼠患，同时也有效保护了木质建筑。后来，为了饲养、挑选御猫，明代宫廷还专门设置了"猫儿房"这一专门机构。目前，故宫里仍然有着100多只猫，白天出没于红墙黄瓦间，成了故宫的一道风景，晚上则开启捕鼠模式，"巡逻放哨、看家护院"，被游客亲切地称为故宫猫。二是宠物文化与网络文化的巧妙契合。自1420年建成以来，故宫已走过了600余个年头，曾经作为皇家宫殿的紫禁城也成为惠及世界人民的文化场所。当故宫工作人员以及游客有意识地拍摄故宫里的猫并将其传播于网络时，故宫的猫便逐步进入了大众视野，许多网民特别是爱猫人士瞬间就被那些可爱的形象所吸引，再加上当下所流行的"吸猫"文化，一时间吸引了大量游客专程到故宫寻访猫的踪迹。一些特征比较明显、有较为固定活动区域的故宫猫还拥有了自己的"名字"和"性格"，如乾隆花园贪吃贪玩的"吉祥"和美丽傲娇的"如意"、景仁宫威严高傲的"鳌拜"、珍宝馆颐和轩热情可人的"小仔"和矫健敏捷的"警长"，还有被工作人员赋予"同事"身份、憨态可掬的"鲁班"等。故宫也适时抓住这些传播热点，通过"宫猫家族"等系列文创产品开发，以及相关综艺节目录制与商业联名代入等方式，逐步打造出故宫猫的人格化IP，在丰富了故宫日常文化的同时也成功"引流"，扩大了影响力。

再从IP符号生产角度来看，能指和所指二者间的关系具有任意性，并非必然关联。也就是说，标识化活动可以选择人们所熟悉、所共识的元素进行符号化设计与传播，也可以创造新符号、新所指，为能指符号赋予全新意义。如前所述的各类网络流行语，它们以往并未出现在惯常的语言环境中，但网络环境的加持使得这些词语大行其道，在语言符号层面完成了对能指、所指的新创造。因此，在乡村文旅IP的人格化过程中，完全可以发挥符号理论的这种优势，创造性地实现新IP的打造。广东省韶关市曲江区将全域旅游和乡村振兴相结合，融历史形象与现代语境于一体，打造出兼具城市旅游代言人与乡村振兴推动者身份的文旅IP"马坝人先生"。这一IP名称源自当地发现的旧石器时代人类化石"马坝人"，IP形象以男性原始人类的着装为整体设计风格，给人一种真诚淳朴的直观感受。为了更好地适应网络传播，"马坝人先生"也被赋予了曲江"旅游形象大使"兼"超级公务员"的身份，还推出了诙谐萌趣的专属微信表情包。

（3）适配多元场景需求下的人格化主体

从上述分析中不难发现，人格化传播概念中的代言人类型，与人格化概念中的表述有所不同，即在"人格化传播"概念中，传播主体也可以包括真实的自然人，这一点在"人格化""人格化形象设计"概念的表述中则未出现。赵晓亮认为，如果传播主体本身为自然人，那么人格化表达顺理成章；如果传播主体非自然人，则可通过拟人化或通过表现出"类人属性"的方式实现人格化。可见，传播学领域的人格化对象更为广泛，人格化内涵也更为丰富，特别是将自然人的人格化概念界定为只有人类才具有的"个性化、主体化、情感化、风格化"的语言符号人格化和非语言符号人格化，区别于非自然人的人格化。如广播电视节目主持人的人格化设计与传播，就是该主持人将着装打扮、语气语调、表情神情、常用语以及肢体语言等个性化的语言或非语言符号，主动运用于节目主持中，从而形成自身的主持风格，进而获得受众情感共鸣的过程。笔者基于服务设计，注重对相关要素整合的设计理念，在人格化IP打造上也借鉴了这些观点，将形象设计与传播主体范畴扩展到包括自然人、人物形象在内的生物、非生物与人造物等所有类型。这将有助于摆脱单纯拟人化的人格化束缚，并且顺应移动互联网、人工智能时代直播营销、机器人营销等人与人、人与"人"自然交互的发展趋势，为乡村文旅IP开发提供更大的自由度与更多的选择性。

5.3.3.2　生态化的乡村文旅IP开发设计

乡村文旅IP的设计开发既不能一蹴而就，也不能故步自封，应该是发展中的设计开发，是外部生态不断优化、内部生态生生不息的设计开发。一方面要因地制宜，做好顶层规划与引领，注重"排兵布阵"，以形成立体式的IP矩阵；另一方面也要依据内外部发展态势，注重IP与品牌间、不同IP间的相互关联性、统一性，以动态化构建共生化的IP生态体系。

（1）打造立体式IP矩阵

IP打造是一项系统工程。依据体系化设计原则，首先需要构建全链路的立体式IP矩阵。"立体式"既是外在的形象化指称，也包含内在的结构要求。进一步从服务设计的新内涵来看，立体式的乡村文旅IP矩阵可以划分为框架结构要素、基底要素与内容要素等。

框架结构要素总揽全局，决定着整体的"立体式"对外形象，对乡村文旅IP来说，其涵盖范畴要体现关联性、整体性。随着IP的发展演变，乡村文旅IP的影响范围也在一地、一村的基础上逐步向多地、多村乃至镇、县领域扩展。一方面，由于地缘相近的村落往往具有较为相似的文化资源与禀赋，所提炼、编码出的文化基因也较为相似，如宏村、西递虽然在建筑保有量、景观风貌等方面稍有差异，但其徽派文化背景、文化渊源等基因性要素源出一门、同根同源。对于二者所在的黟县来说，从县域层面打造"画里乡村"的超级IP似乎更加顺势、合势。再如篁岭的晒秋风俗与油菜花观景文化也是婺源县域内普遍的文化现象，再加上婺源本身的知名度，也比较适合趁势打造超级IP。另一方面，连点成线、连线成面、构面成片的集聚化发展是区域经济发展的重要途径，IP天然具有十分强大的聚合力，特别适合用于凝聚原本比较分散、尚未开发的乡村文化资源，对于已形成初代IP但影响力尚有不足的乡村，也能以现有IP为基础，链接周边资源，相近村落"抱团"发展，最终打造成乡村IP的文化聚落乃至超级IP。因此，科学、合理规划立体式IP矩阵的框架结构要素是IP可持续发展的总体性、长远性要求，关键在于处理好区域性IP与乡村本地IP、超级IP与主题IP之间的关系问题，锻造好IP未来发展的"骨架"。

基底要素是底蕴，是乡村文旅IP之所以能够形成的根本，是关乎文化基因及其编码的要素，重在明确文化价值主张、设计文化价值符号、引领文化价值体验，可以用"核心文旅IP"作为称谓。核心文旅IP是对具有明显区域辨识度和知名度、能给游客留下鲜明印象的核心文旅资源的"基因"提炼与编码，代表着该区域最为独特的、影响力最大的文化底蕴。浙江衢州市开化县的根雕艺术始于唐宋，兴于明清，以独特的审美情趣与文化积淀闻名于世。县域内的霞山古村现存三百余幢明、清徽派古建筑，斑驳错落中，根雕遗风熠熠生辉，根雕艺术无疑可以成为其核心文旅IP。此外，随着近年来浙江诗路文化带建设的持续推进与文化探源工程的重大突破，开化又荣膺"钱塘江诗路文化带根源地"的美誉。由此，深挖开化的诗路文化底蕴，发掘另一核心文旅IP，实现"诗"与"根"的对话，打造双核心文旅IP也是一条可行之路。

内容要素是乡村文旅IP多元化、层次化的体现，是构成立体式IP矩阵的主体。一是核心文旅IP与重要文旅IP之分。虽然同一区域有时会因考古、文化新发现或其他客观原因而诞生不止一个核心IP，但更多的文旅吸引物不具备打造核心文旅IP的条件，针对这种情况应进行综合评价，依势开发出主题性的重要文旅IP，作为核心文旅IP的重要补充，特别是散落于民间的各种非遗文化资源，应作为重要文旅IP的"种子库"。就像开化除了根雕艺术、"钱塘江诗路文化带根源地"的核心文旅IP外，开化的清水鱼、气糕、青蛳、苏庄炊粉等特色美食也深受欢迎，由此而形成的美食主题IP就可以作为重要文旅IP加以打造。河南卫视的"唐小妹"IP作为核心IP，也根据具体需求，分别衍生出尊老敬老的"唐小玖"，多才多艺、特立独行的"唐小可"，渴望亲情、父爱的"唐小月"，以及对抗世俗、勇气可嘉的"唐小彩"等多个重要IP，共同构建起不同层次的IP矩阵。二是不同领域的应用型IP之分。核心IP或重要IP的诞生不是空中楼阁，需要"落地生根"才能获得无穷的生命力。IP应用可以体现在旅游产业的"食住行游购娱"的各环节中，如嵌入住宿、餐饮、交通、设施，融入各类节庆、娱乐、主题策划等文旅活动，以及文创产品创意设计中，还可以在相关公益项目、产业协同及乡村和区域治理中大显身手，彰显区域文化价值，提升公众文化素养，全面形成乡村文旅立体式的IP矩阵。洪崖洞根据不同时期的城市特质，分批次打造了多个主题的、互为补充的二级IP产品,不仅丰富了体验内容,给游客以不同的游览体验,也解决了以往游客主要集中于1楼、4楼、9楼街巷而其他楼层人流量较少的问题。浙江衢州的"衢州有礼"IP与旗下其他多种类型的IP共同构成了立体式IP矩阵。首先,"衢州有礼"是市级超级IP,统领全市范围内的区域性IP,也是衢州地域文化的核心IP,其内在体现着礼乐文化、南孔文化的文化基因。其次,在具体应用中,设计出"作揖礼"城市品牌标识、"南孔爷爷"城市卡通形象以及"快乐小鹿"城市吉祥物,这三种视觉形象均紧紧围绕"衢州有礼"这一核心IP,从"礼"的手势动作、儒学思想与符号表征等方面进行创意设计。其中,"南孔爷爷"就经常出现在许多商业活动中,如联合马蜂窝生产"南孔爷爷"牛肉酱,开展IP助农活动;携手饿了么吉祥物"饿小宝"开展美食推介活动;参加上海国际IP授权展、深圳国际IP授权展、深圳文创设计展、杭州文博会等品牌展会;开发设计出了钥匙扣、冰箱贴、茶宠、盲盒等20多类衍生产品。在城市治理上,蕴含"礼"文化的"衢州有礼"IP润物细无声地融入了城市文明建设、基层文化治理与营商环境优化等方面,成为衢州建设希望之城、奋斗之城、温暖之城的文化支撑,同时有力提升了市民的文化认同感、文化归属感,创造出显著的经济与社会价值。

（2）构建共生化IP生态

与乡村文旅"妙"产品共生化设计原则一致的是,乡村文旅IP开发需构建共生化的IP生态,同时紧密结合服务设计的可持续设计、整体设计与系统设计原则,以共生化思维协调外部层面IP与品牌间,以及内部层面不同IP间的相互关系,管控IP内外场域,最终形成共生化的IP生态系统。

一是IP与品牌间的外部共生关系。品牌与IP都是重要的标识化元素,时代发展特别是互联网浪潮将IP推向了前台,日益成为价值传递与价值创造的利器。然而,一些旅游IP"成也流量,败也流量",在失去流量的加持后如昙花一现,消弭于新流量的喧嚣中。因此,无论是在既有品牌基础上拓展升级而成的新IP,还是原创IP的开发,均不能停留在制造热点、引发爆点的层面,而是要以品牌化为发展导向,以建立IP发展的长效机制为关键,赋予IP持久的、可持续的生命力。不能因为要发展IP就忽视以往的品牌建设,一味地追新求异,将品牌观念边缘化,IP与品牌并非冲突关系,而是相互促进、共同发展的共生关系。实际上,大量相关的政策文件与产业发展规划依然将品牌作为十分重要、必须被不断强化的内容。如《宁夏回族自治区文化和旅游发展"十四五"规划》中的"品牌"词频数高达103,《山西省"十四五"文化和旅游产业融合发展规划》中的"品牌"词频数为95,《河北省文化和旅游发展"十四五"规划》和《吉林省文化和旅游发展"十四五"规划》中的"品牌"词频数均为83,充分体现了地方政府对于新时期加强文旅品牌建设的重视度。

二是IP自身间的内部共生关系。打造立体式的IP矩阵势必会生成大量的、类型多样的、适用于不同应用场景的不同IP。如何看待、处理、协调这些IP之间的复杂关系至关重要，关乎整个IP体系的生存与可持续发展。总体上，根据前述的体系化发展原则，应将这些IP作为一个整体、一个系统进行顶层设计，最终构建起自适应、自协调、自发展的内部机制。一方面，统一与变化共生。统一性即文化基因可以因区域范围、文化类型有所不同，但所有乡村文旅IP均应基于文化基因及其编码进行设计开发，变化性自然意味着因文化基因的典型性、影响力不同而相应形成的核心IP、重要IP、主题IP之分。品牌领域也是如此，如湖南省构建出包括主品牌、区域品牌、市州品牌、产品品牌等在内的全省旅游品牌体系。坚持以"锦绣潇湘"为主品牌，通过深度挖掘、时代诠释、视觉重塑，打造"锦绣潇湘，伟人故里——湖南如此多娇"的品牌知名度、美誉度和市场影响力。创新策划推广"锦绣潇湘·快乐之都""锦绣潇湘·天下洞庭""锦绣潇湘·神秘湘西""锦绣潇湘·诗意湘南""锦绣潇湘·神韵雪峰"五大区域品牌。深入推广以"锦绣潇湘"品牌为引领的14个市州品牌。另一方面，经典与时尚共生。向勇等将明星IP分为老经典、新经典和快时尚等三种形态，主要以IP内容是否已经超过著作权保护期或是否属于公共版权来对老经典和新经典加以区分。在乡村文旅IP领域，大部分可资开发的IP文化基因往往来源于年代久远的传统文化，可谓老经典IP。随着人们文化自觉、文化自信意识的显著提升，近现代以来形成的诸如红色文化、生态康养文化、冰雪文化等特色文化IP则可纳入新经典IP之列。快时尚IP则是当下文化市场中时常出现的"现象级"产品，能够在文化市场制造短时间内的强烈反响和爆款收益。如浙江德清的庾村就以网红景区的标签而扬名，景区内的莫干区公所旧址、庾村车站、私立莫干小学、蚕种场、文治藏书楼等一批中欧式建筑旧址，以及梧桐大道、民国风情街、庾村广场、庾村1932文化市集等网红型旅游资源均是游客喜爱的网红打卡点。这些或经典或时尚的乡村文旅IP在构成IP体系的同时，也处于相互促进、相互转化的共生系统内。随着时代发展与大众文化审美的演变，传统经典文化的现代化表达成为必然。一些表达在保持传统文化面貌的基础上，借助新技术、新手段呈现于世，或是有机融入文化体验活动中，形成"原汁原味"的文化感知。另一些表达则对传统经典进行了较大幅度的改编或创新，形成了新经典IP或时尚IP。如已形成新经典IP的《大圣归来》《西游·降魔篇》《大话西游》等电影，以及《梦幻西游》《悟空传》等网络游戏和小说，均源自四大名著之一的《西游记》，它们以更具新奇性、娱乐性、社交性的特征反映着当代大众文化对传统文化的基因表达，是传统文化创造性转化、创新性发展的多维探索。同时，互联网时代下的信息爆炸与资本加持使得时尚型IP数量与日俱增，一些时尚型IP在经历短暂的辉煌后销声匿迹，一些时尚型IP则通过精心的设计、独到的内容运营以及产业链的形成走上了可持续发展之路，变成了新经典IP。后者的成功显然不是巧合，而是在文化基因传承与价值坚守的基础上，与所对应的经典文化形成了深度融合的共生关系。乡村文旅IP的共生化也是如此，就像一棵百年大树，传统经典IP、新经典IP与时尚IP分别象征着树的根脉、干枝与分枝，共同演绎着一脉相承的故事，体现着时代发展的精神。

5.3.4 社群化与价值化的乡村文旅IP运营

5.3.4.1 社群化的乡村文旅IP运营

从国外的脸书、推特，到国内的微博、微信以及其他各类移动社区，早已融入了全球网民的生活日常，粉丝经济、社群经济、社群电商等商业模式和营销类型也层出不穷，社群化传播已成为互联网信息传播的重要途径。大多数社群均拥有较为典型的特征与社群文化，并以此为纽带在社群规范、价值认同与自我认同等方面综合形成社会化的群体结构和一致的群体意识。乡村文旅IP的社群化运营就是要突破传统地域化的物理空间社群，充分介入基于文化场域的线上线下共生空间社群，推动形成乡村文旅IP社群运营与粉丝培育机制，探索线上线下双平台传播营销路径，以及粉丝参与IP生产和价值创造的路径，从而打破单向传播模式，充分考虑包括游客、当地居民等所有利益相关者在内的需求与期望，重视用户生成内容在IP运营中的重要作用，同时加强用户运营，变流量为转化量。

（1）IP文化场域的构建

随着大众旅游时代的到来，旅游地居民，特别是参与本地旅游经营业务的居民在不断成为乡村文旅的"原生粉丝"，或是因为业务来往，或是因为在茶余饭后的相聚交流中分享起当地某个有意思的可游可玩之处、某次文化氛围浓厚的活动或者某家富有创意的引客做法，等等。但这些交流往往限于口耳相传的本地化传播，远远没有形成有影响力的对外传播价值。当旅游业越来越多地成为许多地方的经济发展亮点或重要产业的时候，纷至沓来的媒体宣传报道跨越了地域、穿越了时空，将有关特定区域的旅游吸引物信息传递到更广泛的群体中。一方面，传统媒体较早的传播促使一些旅行团游客以及爱好旅游的"驴友"参与到乡村文旅活动中去，并且逐渐扩大了一些旅游地的知名度、好感度，特别是具有显著标识化特征的旅游地，如世界文化遗产地的宏村，以及婺源、太行山、湘西乌龙山等艺术写生基地等。在这些游客或"驴友"中，部分人因为特定爱好而自发组团，经常性地组织旅游活动，或者加入一些社会团体，在一定程度上形成了跨地域的"再生粉丝"与旅游爱好型社群。社群内的交流分享以及对外的一些自发性传播行为，对于旅游地口碑起到了一定的积极作用，可以被看作旅游地社群化运营的基础。另一方面，移动互联网的广泛普及，使基于社群的旅游信息分享、传播不再局限于物理空间或单向通路，而是更多地通过在线的、双向互动的形式进行，从互联网早期的各种在线旅游论坛、兴趣小组，到移动媒体盛行下的App社区、微博超话社区、微信社群、抖音号社群等，都是不同时期、不同类型旅游社群化运营的重要阵地，同时也催生出完全摆脱地域化限制的"网生粉丝"与旅游在线社群。

技术的不断进步促使社群化的传播形式日新月异，而基于文化和历史背景接近的群体认同则是社群得以维系和强化的根本原因。古有"以诗会友""以文会友"乃至"以武会友"等说法,均反映出同一或相近文化背景对社群传播的重要作用。也就是说,当粉丝群体不再因地域空间相关联,而是主要因移动互联空间相关联时,社群化传播将更多地基于特定的文化场域而进行。前述故宫猫IP的受众群体就是虽然来自五湖四海,但却因猫与故宫的历史、现实共同交织而成的文化场域而汇聚在一起,他们共同分享、交流、传播着属于同一社群的文化性内容,共同赋予了故宫猫IP人格化的名称和性格特征,使故宫猫实现了从"故宫萌宠""文物保安"到"文明见证者"的身份演变,这种演变恰恰体现着故宫御猫IP承载着越来越多的文化寄托。乡村文旅IP的社群化运营也必将围绕着乡村的文化场域而展开。

一是夯筑乡村文化与居民物质精神生产生活的联合域。任何一种离开现实土壤的文化必然摆脱不了日渐式微乃至消亡湮灭的命运。当前对非遗不遗余力地开展保护传承及创造性转化、创新性发展行动,就是为了避免非遗文化日益与生产生活脱节,面临被束之高阁、传承人缺失等问题。《"十四五"文化发展规划》在"十三五"期间"推进非物质文化遗产生产性保护"的基础上,更为明确深入地提出要提高非遗传承实践能力,强化将非遗融入生产生活,创新开展主题传播活动,推进非遗进校园、进社区、进网络。乡村文旅IP是基于乡村文化基因及其编码的新型文化载体,若想获得长久的生命力,就必须牢牢地扎根乡村生产生活实际,以丰富居民物质精神生活、夯筑"双向奔赴"的联合局面为内在要求开展社群化运营。这种运营方式将常常被忽视的乡村当地居民、乡村本身的文化发展放到首位,从根本上获得源源不断的内生发展动力,解决乡村文化与乡村旅游发展"两张皮"、融合效果不佳、模式千篇一律等问题,不仅使当地文化得到了更好的保护传承和创新发展,同时也以更为真实、更加原汁原味的"活"的文化吸引着游客、打动着游客,真正成为游客心中可玩、可感、可忆的"乡土风景线"。

浙江省衢州市江山市大陈村根据当地的汪氏历史传说,创作了一首名为《妈妈的那碗大陈面》的村歌:"轻轻的在风中翻转,香香的在碗中盘旋……祖宗殷殷的叮咛和嘱托,就像这浓浓的大陈面。妈妈的慈爱游子的祝愿,浓缩进芳香可口的大陈面。不管我们走得多么远,故乡永远在我们的心间……"歌曲以"一碗面"为感情纽带,从婉转而深情的歌声中映射出子女对妈妈、儿孙对先祖、游子对故乡那浓浓的、无法割舍的亲情、乡情。当这首歌被大陈村的村民们踊跃传唱时,那淳朴的个人情感与集体荣誉感、归属感、责任感,以及千百年传承的孝文化、家国文化深深地融为一体,激荡心灵、陶冶性情。实现"观乎人文,以化成天下"的文化理想,不正是需要这样平凡却致远的生活实践吗?虽然,《妈妈的那碗大陈面》的"名气"很大,但它其实是大陈村的第二首村歌,在歌名上更显文化味的《大陈,一个充满书香的地方》才是第一首,其内容也确实更专于讲述大陈村深厚的文化积淀,勾勒出一个充满书香气息的村庄形象,是大陈村"文化治村"理念的"开拓者"。除了"一碗面"等村歌文化IP外,市委宣传部又推出了一部以孝道文化为题材的沉浸式村歌剧《大陈见面》和一部红色革命题材剧《你好江山》，一举成了大陈旅游打卡的"新热点"，村中还成功实施了"一条小吃夜市、一座村歌长廊、一片古韵民居、一方诗意田园、一场灯光演绎、一个戏曲基地"的"六个一"特色文旅项目，并且开设了"我在大陈"夜游直播节目，全方位宣传推广大陈物产、人文与自然风光，在动与静、昼与夜之间形成了均衡发展态势，充分实现了文旅融合的倍增效益。总之，充分激发当地居民的文化情感与文化自觉，将乡村文化内化为日常生活中的一环，并且借助多元化的媒介表达，构筑起线下与线上联动发展、守望与日常并行不悖的文化场域，是乡村文旅社群化IP运营的基石。

二是构筑仪式感与认同感的共振域。社群形成与存在的基础在于其成员间的群体认同，然而，由于个体差异和需求的复杂化演变，以及社会文化的多元化冲击，群体认同的基础也并非一成不变。乡村文旅IP可以被看作一种社会性建构，是一种文化表达的媒介，内在地彰显着一种新的生活方式与价值观。社群化的乡村文旅IP运营正是要不断强化游客群体对这种内在的认同，仪式感的创造就是其中十分关键的强化方式。仪式通常被视作一种标准化的、表演性的、象征性的、由文化传统规定的一整套行为方式，是一种沟通和维持群体活动的途径。现代社会的快速发展消解了传统的生产生活方式，使得许多具有文化价值的传统仪式逐渐被历史尘埃所掩盖。在激活优秀传统文化、倡导文化自信的今天，人们对充满仪式感的行为、活动趋之若鹜，特别是年轻一代在面对日益快节奏化的工作生活时，经常被疲倦、困惑、焦虑等情绪裹挟着，生活化的仪式感有助于缓解这些问题，为心灵带来慰藉。实际上，今天的仪式感与基于集体意识、集体行为、集体场合的传统仪式感有所不同。清晨起床和自己说"今天又是崭新的一天，加油！"是一种仪式，精心设计过的朋友圈"九宫格"是一种仪式，每年都要过一个难忘的生日是一种仪式，和好友约定在特定的日子完成一些具有纪念意义的事项是一种仪式，在5月20日为所爱的人献上一朵鲜花也是一种仪式……可见，今天的仪式感营造被赋予了更多的内涵，既可以是公众的、集体的，也可以是自身特有的或少数人约定的；既可能是基于一个概念、一个主题，也可能只是基于一个时间点、一句口号、一个动作等。乡村文旅具有显著的教育价值和心灵疗愈功能，其社群化IP运营应积极挖掘这种融合了传统与现代的新的仪式感本质，在群体认同的基础上注重仪式感机制的构建，不同主题的仪式应在确定参与者的基础上，就仪式的时间、地点、内容、表现形式等进行专项设计，彰显IP的文化内涵与内在价值，从而通过定期、不定期的仪式化行动，不断增强社群凝聚力、感召力，形成仪式感营造与认同感提升的同频共振，实现社群的可持续性发展。此外，在仪式感的设计上，应本着同理心、有温度的服务意识，真正从内心、价值和意义上去触动、打动用户与消费者，同时要避免导致不良攀比、过度消费与非理性消费等问题，认清"伪仪式感"的危害性。

三五好友围炉而坐，一杯清茶配上当地特色小吃，感受"红泥小火炉"独有的闲适与温暖……这是2022年冬风靡网络的"围炉煮茶"主题IP所传递出来的仪式感。例如，四川省绵阳市齐心村利用风格各异的乡村民宿开展"围炉煮茶"活动，被网友称赞为满满的"冬日仪式感"，别有一番风味。再如浙江省湖州市安吉县大竹园村的稻田间、井村的小溪边、竹博园的露营基地里，桌子、小火炉、烤架、果盘、板凳等设施一应俱全，为游客提供"煮煮茶，烤烤小吃，聊聊人生"等服务。

（2）"裂变"式与自组织式的社群传播

当人格化与生态化的乡村文旅IP相继被设计开发出来后，如何制定社群化传播运营策略，如何基于不同文化场景进行传播运营，如何实现高质量的营销传播效果，这些都是亟待解决的关键问题。

一是IP的"裂变"式社群传播。裂变传播的本质是社交，基础是社会化网络的形成和社交媒体的支持。或者说，裂变传播模式最明显的特征是"用户裂变"与"科技传播"。在"用户裂变"上，社群化运营不是单一社群的运营，而是相互关联、共同合作的多社群之间相互交叉、相互补充的运营。互联网用户对社交媒体、兴趣社群的选择有着充分的自由度，所驻留或主导的社群也多种多样，使得社群与社群之间形成了多维度的关联。一种主题信息或IP的社群传播很容易实现跨边界的扩散，一旦"种草"或营销成功，就能在原有用户的基础上衍生大量新用户，并产生新的二次传播和另一批新用户，如此循环，最终实现"用户裂变"。在"科技传播"上，移动互联媒介及多种社交平台显著增强了技术作用于社会生活、文化传播的能力，以微博为代表的社交媒体信息扩散模式，也由以往"一对一"的人际传播、"一对多"的群体传播、"推""拉"并存的网络大众传播转变为核裂变式的"链式反应"，具有基于人际网络信任链的病毒性传播特点和典型的多级传播属性，特别是通过专业生产内容（Professional Generated Content，PGC）、用户生产内容（User Generated Content，UGC）和人工智能生成内容（AI Generated Content，AIGC）等多种方式所形成的联合传播，可以呈现出滚雪球般的裂变性，一个特定的引爆点就能引发蝴蝶效应。诞生于互联网时代的IP概念，天然具有适合"裂变"式传播的流量化属性，其社群化经营要充分利用这种优势，从"裂变"的切入点、策略、途径、效果等方面综合施策。

主要以发现、领略城市历史、地理、人文、风俗等内容为目的，名为"Citywalk"的文化探索及其交流分享型短线游产品，近年来在国内一、二线城市率先"走红"。"Citywalk"的理念最早来自英国伦敦，其字面含义就是"城市行走、城市漫步"，注重用行走的概念去丈量、感悟自己的城市。其参与者最初主要是希望能够重新、深入地认识自身所在城市的本地居民，之后快速扩展至城市周边居民以及外地游客。由于国内一、二线城市具有行政区域大、空间体量大、生活工作节奏快等典型的现代化城市特征，城市居民特别是上班族和年轻人群体，他们往往受限于规律性的两点一线式工作模式、常规性的"大众景点报到"模式或"宅"模式，对即便是生活多年的城市也缺乏深入的了解。就像北京人和到过北京的人大都去过长城和故宫，杭州人和到过杭州的人也大都去过西湖和西溪湿地，每个城市经典的景点都没有落下，但如果要想人们对这座城市有进一步的体会，则往往如蜻蜓点水、不甚了了。实际上，无论是本地人还是外地游客，对一座城市的感知和旅游需求并非都是大众化的，越来越多的人期待小众化、独特化与深入型、精品型的旅游产品，特别是独立设计、主题鲜明且兼具社交属性的深度游线路更能带来高价值的旅行体验。早年间由"游侠客"旅行平台所引领的"旅游+社交""注重玩法、线路设计"等模式就是一种深度游的具体体现。当前，"Citywalk"理念也十分契合用户群体渴望更多、更高效地了解所在、所处城市并与其进行"对话"的内在需求。

"Citywalk"对于乡村文旅IP"裂变"式社群传播的关键价值在于，推动传统的产品概念向基于新发现、新分享的流量概念的转化，即通过线下主题活动将线上社群用户聚合起来形成主题化的线下社群，以增进社群成员间的了解，加强IP连接度与信任度，促进IP传播的再"裂变"与新用户引流。在这种流量导向下，乡村文旅的话题可能就会变成"发现历史建筑的另一面、赶赴一场文化体验与文化社交的盛宴、不一样的网红打卡地"等。具体做法可以包括，在前期开发的乡村文旅IP的引领下，对乡村独特的历史文化点位进行再考察、再挖掘，规划设计具有吸引力的专项主题游或深度游线路，完善线路上各串联点位的故事化讲解内容、体验化活动策划以及"尖叫时刻"的设置计划等，然后通过线上社群发布线下主题活动话题吸引用户参与，最终落地实施。

二是IP的自组织式传播。自组织性是社群的重要特征，是相对于他组织而言的个体之间自发组织和协作的系统和过程。当前，年轻消费者越来越愿意表达自我的好恶态度，开始在品牌关系中获得更多主动权，并自认为是品牌的"投资者"和共享者，自发地以品牌主人翁的姿态看待和共建品牌价值本身。此外，"社群经济"不同于"粉丝经济"，它是由社群成员自组织参与生产、传播和消费并激发出群体生产力和创造力的过程，可以直接带动产品服务和商业模式创新。例如《端午奇妙游》制作前，节目组就广泛发布了三条"江湖征集令"，即"唐小妹的名字你们说了算""唐小妹喊你来当编辑啦""'在逃'的唐小妹会是你吗"。后续在节目中实际出现的"唐小玉、唐小可、唐小竹、唐小彩"等名称确实都来自网络报名的"素人"，相关情节也参考了网友提供的思路，完美地诠释了社群成员参与IP内容生产的内涵。2020年以来，网红IP重庆洪崖洞相继打造了多场主题化的场景体验项目，并促使游客自发地进行传播和二次传播，带来了更多流量。

当然，无论是"裂变"式还是自组织式的IP社群传播，都要坚守主流文化在社群运营中的主体地位，在社群用户互动、用户内容生产等各个环节注重主流价值观导向与话语权的掌控，把握好IP文化场域构建中的娱乐度，避免出现过度的娱乐化倾向。

（3）精细式与服务式的用户运营

"裂变"式与自组织式的社群传播扩大了IP的知名度和影响力，形成了一定数量的用户群体、IP粉丝，在新用户获取难度日益增大、获客成本居高不下的今天，具有关键的基础性作用。从根本上看，这一层面的社群化运营成效主要在于对用户流量的获取、增殖以及对获客渠道的拓展，属于IP整体运营中的流量运营部分，然而，如何有效地留住用户、增加用户忠诚度、提升二次消费率等问题依然是摆在IP运营前的一只只"拦路虎"。对于大量旅游企业来讲，在IP运营中往往过于关注用户流量，侧重于流量运营而忽视了或者缺乏使用好已有用户流量的有效方法。对于这些问题，许义提出了用户分层、数据建模和标签、用户成长和激励体系等3项用户运营的底层能力。实际上，用户分层、数据建模和标签应该同属一类能力，因为用户分层离不开用户数据的标签化与建模分析，而数据建模和标签一旦完成，那么用户分层也就水到渠成了。这两种措施的具体内容主要包括对用户统计学数据、社群日常行为数据、社群消费及其偏好数据等的收集整理与分析，以及基于数据标签化的用户建模、用户分层。这些数据的颗粒度越细化，对用户需求的获取就越深入，对有效用户的筛选与重点关注，以及对潜在消费需求的挖掘也越科学。

用户成长和激励体系的构建是社群用户运营的重中之重，也是服务设计理念中有关服务流程、服务质量、服务关系等方面的内在要求。从服务流程上看，用户的社群行为主要有登录、签到、阅读、点赞、收藏、评论、分享、消费与推荐等过程，每个接触点的互动行为都可以根据该接触点的性质、复杂度以及用户参与度等因素赋予相应的权重值，当用户每完成一次社群互动后，都会得到相应的量化分数，累计的量化分数可以用于获取用户等级、用户权益等方面的内容。在服务质量上，要以打造峰值体验为目标，相比于好的服务态度，恰到好处地制造惊喜、展现真诚更容易被评为好的服务。曾有一件关于某酒店为客户提供极度满意服务的例子。当时，已离开酒店一段时间的亲子家庭客户，发现小朋友的骆驼玩具落在了酒店，小朋友因此十分伤心，但其父母认为不值得返回拿取一趟，就给了小朋友一个"骆驼也要在酒店度假"的"善意的谎言"。酒店服务员在发现玩具联系家长后获知了这个"谎言"，却在联系完客户后以酒店的网红打卡点为背景给"骆驼"拍了照，还给"骆驼"在游泳池边接受"按摩服务"的瞬间拍了照。最后，酒店将玩具与照片一并寄给了这户家庭，为他们带去了惊喜和感动。这样的意识与效果就是高质量的服务，即使是在习以为常的事情上也能为客户创造出极致体验。在服务关系上，重点是与用户在人际交流、服务过程中的关系营销，同时也要注意与其他利益相关者之间的关系维护与问题处理，即对包括用户在内的相关利益方，在互动目的、互动频率、互动效果上做好整体把握。腾讯通过大量的行业实践，认为微信"小程序官方商城""官方导购""超级社群"等三种业态具备可复制、可规模化、可持续化的交易特征，可以成为企业长期运营的私域业态。其中"超级社群"的内容型运营模式对于乡村文旅IP的用户运营具有重要的启发价值。内容型社群是打造品牌内容运营的主阵地，群管家通过在群内有计划地发布教程、话题、视频等方式触达用户，并持续解决疑问、满足需求，维持群内成员的活跃度和互动性，同时进一步寻求销售转化。此外，IP社群中的海量信息，既是用户资产的流量池，也是供应链优化的数据池。在前期数据建模和标签、用户分层的基础上，对用户数据的价值挖掘和意义塑造尤为关键。对于一名在数据反馈上属于经常访问且停留时间足够但始终没有实际消费的用户，如何更精准地获知其出游需求与消费偏好？如何通过优质的服务维持好用户关系并最终促成消费？这些问题都需要服务供给方进行深入的分析研究。

总之，只有通过构建精细式与服务式的用户运营机制，才可以使用户获得"一路陪伴""一路成长""一路收获"的融过程性与结果性于一体的优良体验，使企业赢得更多高黏度、高忠诚度的有效用户，实现总体化的社群运营目标。

5.3.4.2 价值化的乡村文旅IP运营

文旅IP的最大价值在于能在有形产品、服务产品中被广泛应用，还能依托市场的力量创造出巨大的经济、社会和文化价值。乡村文旅IP运营首先是一种商业行为，主要以追求商业利益最大化为运营目标，同时也因其具有文化属性与乡村空间的公共属性，还需要综合考虑对文化保护传承、对乡村社会发展的影响，寻求商业价值与社会价值并重的发展途径。这也符合服务设计以用户体验优化、商业价值提升与社会价值创造为出发点和落脚点的内在要求。从宏观层面来看，打造具有地域特色的优质文旅IP，推动文旅IP价值创造的实现，也是文化和旅游部提出的"宜融则融、能融尽融；以文促旅、以旅彰文"目标的重要着力点。

（1）乡村文旅IP的"确定性"内容挖掘与价值塑造

除了主要以经济效益为目标的商业性服务设计以外，服务设计还充分体现了设计在新的历史时期、经济模态和技术条件下，以新的理念和方法参与社会生活的特点。辛向阳等在有关服务设计定位的研究中特别提到了基于意义创造和组织变革的服务设计，这类服务设计的宗旨在于对既有组织文化、社会文化的变革性创新，从而使服务设计被赋予更多的社会使命。如"设计立县""设计丰收"等项目，再如针对留守儿童这一社会问题，国内知名记者、公益项目发起人邓飞策划了"e农计划"，挖掘服务痛点，针对农产品推出"微博共创"的设计挑战项目，邀请网友、设计师一起参与农产品包装设计，以让更多的人了解"e农计划"，最终实现"把农村父母带回家"的设计初心。

浙江省杭州市淳安县下姜村是一个"梦开始的地方"，多年前"土墙房、半年粮、烧木炭，有女莫嫁下姜郎"的"穷山窝"已经一去不复返，现如今的下姜村在"农家乐、民宿忙，游人如织来下姜"的山水田园中实现了"小康梦"，正向着"共同富裕的梦"追逐奔跑。这期间，村里一方面系统挖掘、梳理了八月初三、伊家十三锣等特色民俗活动，以及多年流传的传统手艺，开设了篾匠铺、剪纸坊、打铁铺、石头画等传统技艺文化作坊，将"老手艺"与"新文化"相结合，并适时将红色资源与乡村旅游密切结合，开展研学营地建设和教育培训活动，讲好红色故事，打造红色文化品牌，赋予红色旅游新内涵，最终提炼出"下姜村——梦开始的地方"文旅IP。另一方面，在各类政策支持下，依据"平台共建、资源共享、产业共兴、品牌共塑"理念，以下姜村为核心，以地缘相邻、文化相近、产业互补为原则，组建包括22个行政村在内的"大下姜乡村振兴联合体"，推动美丽乡村从"一处美"到"一片美""全域美"，探索先富带后富、区域共同富的乡村振兴路。

优质内容的生产以文案、图片、视频、数字交互等多种形式为载体，以网络、广播、电视等融媒体为传播介质，构筑起一台"超文本大戏"。在这个"戏台"上，乡村文旅开发运营方是幕后"编剧"，承担着IP内容价值"把关人"的重要角色。2022年，字节跳动公益和抖音生活服务联合发起"山里DOU是好风光"公益项目，旨在促进乡村文旅资源推广和产业发展。让非遗"活"起来、跟着好风光去旅行、美好乡村打卡点等三组专题网页对该项目作了集中展示。让非遗"活"起来专题主要包括土家族、苗族的非遗文化展示；跟着好风光去旅行专题主要包括"上饶好乡音""丰收在江西""丰收在湘西""丰收在广西""黄山卢村"等乡村特色推介；美好乡村打卡点专题主要包括婺源篁岭、上饶葛仙村、有着"金色布达拉宫"美誉的丽水杨家堂村以及丽水云和梯田等自然与人文景观。除了这三组合集以外，另有几十条乡村文旅相关的短视频作品，均从不同视角和层面展示、分享了美丽乡村的无穷魅力。

整体上看，无论是下姜村的"梦开始的地方"，还是"山里DOU是好风光"公益项目，所形成的乡村文旅IP都是对美丽乡村、共同富裕"确定性"内容的挖掘，彰显了乡村文化的文化自觉和文化自信。

（2）乡村文旅IP的"矛盾性"关系协调与价值引导

近年来，借助网红经济、网络直播等热点型消费模式，冲动消费、情绪消费等现象层出不穷，所引发的消费反思与社会反响也各不相同。在这些消费现象中，一些是非主动营销形成的。如2021年夏，在自身企业经营严重亏损的情况下，鸿星尔克仍向遭受洪灾的河南捐赠5000万元物资，网友发现后便蜂拥至其网络直播间，发起了"买买买"的情绪消费，其他如白象、贵人鸟等企业也因低调公益而受到消费者追捧。另一些情绪消费则源自相关主体主动的营销推广行为。据报道，2021年，河南省乡村振兴局联合人民日报、新媒体、拼多多，共同启动"爱心助豫 豫你一起拼"公益活动。活动上线仅1天就掀起了情绪消费，带动全平台河南农产品单日销量增长170%。2022年冬奥会的举办也促使大众对"冰墩墩"IP进行了几波情绪消费，极大地释放了人们的文化消费热情。进一步从总体消费情况来看，人民智库微信公众号于2022年8月发布的一篇名为《当前我国消费领域新动向调查报告》显示，追求高品质与性价比共存、理性消费与情绪消费共存，以及重视健康、绿色、适度性是我国当前消费领域的重要特征。此外，新华网与小红书共同发布的《Z世代生活方式新知》报告显示，"95后"在消费上十分注重产品的实用性和性价比，习惯看成分、看配料表、看测评，也爱砍价、爱拼团、爱抢优惠券，具有精明消费、理性消费特征。可见，情绪消费并非消费领域的常态，往往是社会、文化、价值观等综合因素催化下的热度性产物，与冲动消费相比，情绪消费并非完全非理性，而是在命名上带有网络流行语性质，本质上由感性消费与理性消费相互交织的综合消费现象。不过，情绪消费受冲动情绪、盲目从众心理的影响依然较大，消费者也经常碰到产品质量粗糙、品牌信誉差或者"被套路"等"消费陷阱"，且因其具有热度性特征，容易在热潮退却后回归常态，所以在一定程度上具有不可持续性。

对于乡村文旅IP运营来说，既要从市场营销要求、商业效益追求的层面顺应网红经济发展趋势，挖掘网络市场的巨大消费潜力，满足消费者在某种特定时刻、特定情境下的情绪消费、冲动消费等本能消费心理，也要从企业口碑维护、品牌形象提升与社会价值创造等层面，对情绪消费中存在的问题及时发现、着力解决，以高质量的产品创新和高度的社会责任感赢得消费者的长久信赖与追随，推动企业的长效经营。此外，无论是商业经营还是公益项目，均应加强情绪消费、冲动消费前中后全过程中的价值引导，注重协调高品质与性价比、感性消费与理性消费等因素间对立统一的矛盾关系，全方位发挥主流价值观的引领与促进作用。

5.4 面向商业模式创新的市场核心主体培育路径

在文旅融合之初，旅游产业和文化产业的融合是通过价值链的重组，将原来分属于两大产业的核心价值环节融于一体，改变了原来的价值创造逻辑，从而催生出新的商业模式，促进了两大产业商业模式的创新。当前，文旅融合进入"深水区"，传统的因重组而形成的被动式商业模式创新，日益无法匹配文旅融合发展的深层次要求。从源头出发，以主动式的商业模式创新引领文旅深度融合显得更为关键，而这个主动权的实施主体只能是具有强大整合力、专业生产力与综合运营力的各类核心市场主体。

5.4.1 商业模式创新内涵与工具应用

5.4.1.1 商业模式创新应用于服务设计的理论基础

商业模式一词最早出现在贝尔曼（Richard Bellman）等有关商业博弈的研究文献中，2000年以后受到广泛关注，但有关商业模式的定义、要素及商业模式创新仍众说纷纭、千差万别。如商业模式被定义为一种经营活动、一种竞争手段、一种战略定位、一种经营模式、一种解决方案、一种治理框架、一种交易结构、一种盈利模式、一种价值创造逻辑、一个商业活动系统等。此外，越来越多的观点认为商业模式与商业战略在本质上具有差异性，如商业战略强调竞争与垄断，是线性思维、行业思维、零和博弈思维，而商业模式更加强调共创价值与合作共赢，是生态网络思维、跨行业思维、互利共赢思维。总体来说，商业模式是价值创造的逻辑，是企业依托各类资源进行价值创造从而获取利益、实现发展目标、传递自身理念的内在逻辑。张越等使用函数及自变量、因变量等数学概念解释商业模式的内涵，即如果将包括人力、物力、资金等生产资料在内的企业资源作为自变量，企业价值就是因变量，企业按照一定逻辑规则将资源整合转化为企业价值，这个逻辑规则就是商业模式。也就是说，$y=$企业价值$=f$（企业资源）。

因此，商业模式创新就是以价值创造为核心的组织重构，是一种涉及企业商业模式内部构成要素和诸多环节的系统创新，是一种范式创新，是一种不同于一般渐进式组织变革的非常规、激进式的长期组织变革过程，具有变革性、颠覆性、重构性等特征，涉及范围包括企业内部的资源要素、组织要素以及技术、政策、市场等外部要素。只有对资源进行高效利用，才有可能使价值创造、价值传递得到最大化体现，企业获取的价值才能最大化。此外，商业模式创新不只是静态的交易或架构，更是一个不断优化、不断演化的过程。张振鹏基于扎根理论对文化企业商业模式创新的形成机理作了深入分析，提出"对象—因素—过程—成果"的分析框架（彩插5-19）。

根据前述提出的服务设计观点，经济学、管理学领域的商业模式创新与服务设计领域的商业模式创新在许多层面上均具有相似性。例如，在自身性质上均属"范式"级别，在核心指向上均围绕"价值"机制（服务设计还特别强调"体验"机制），在具体运作方式上均是对各类资源的集成、优化与整合创新，在外部驱动因素上均包括TPM（技术、政策与市场）等。两者也具有差异性：经济学、管理学领域的商业模式创新对象主要是商业企业，是为了提升企业经济效益的价值创造，而服务设计领域的商业模式创新也包括由企业主导的商业项目中的商业模式创新，具体的目标对象取决于服务设计的服务对象是企业自身还是企业所运营的服务项目。同时，服务设计领域的商业模式创新还需考虑该模式对于社会价值创造的促进与意义，本书所指的服务设计理念下乡村文旅产业的发展研究就离不开这一现实要求。因此，二者所倡导的价值主张范畴与内涵也会有所差异，需要加以区分。此外，在资源、要素的整合以及创新原则上，服务设计更加强调系统、整体与可持续发展原则，也更为注重体验层面上的流程优化与触点设计。总体上看，以服务设计理念推动产业发展离不开商业模式创新，但服务设计下的商业模式创新也要适应、遵循服务设计的内在机制。当前，将商业模式画布、系统图、服务蓝图等思维化、工具化方法运用于服务设计中，并根据服务设计实践进行适配与优化，助力企业、行业、社会的价值创造就是服务设计领域商业模式创新的具体体现，为服务设计在产业发展中发挥更大力量提供了行之有效的途径。

5.4.1.2　商业模式画布及其应用

商业模式画布是奥斯特瓦德（Alexander Osterwalder）与皮尼厄（Yves Pigneur）所提

出的一种直观化、视觉化的商业模式分析工具（图5-4、图5-5）。该工具在空白版面上划分出9个不同区域来展现、分析企业在商业模式各方面的表现。这9个模块分别为重要合作（Key Partnerships，KP）、关键业务（Key Activities，KA）、核心资源（Key Resources，KR）、价值主张（Value Propositions，VP）、客户关系（Customer Relationships，CR）、渠道通路（Channels，CH）、客户细分（Customer Segments，CS）、成本结构（Cost Structure，CS）与收入来源（Revenue Streams，RS）。商业模式画布既可以对企业现有商业模式进行分析、研判，也可以对新的商业模式提前进行刻画与创新，有助于企业更好地发现、挖掘、审视内外部资源、关系与企业价值，实现新的价值创造。

商业模式画布作为一种战略管理工具，将资源、收入流、成本结构等"硬属性"与用户画像、用户旅程图、服务蓝图和生态地图等"以用户为中心"的设计工具联系起来，并

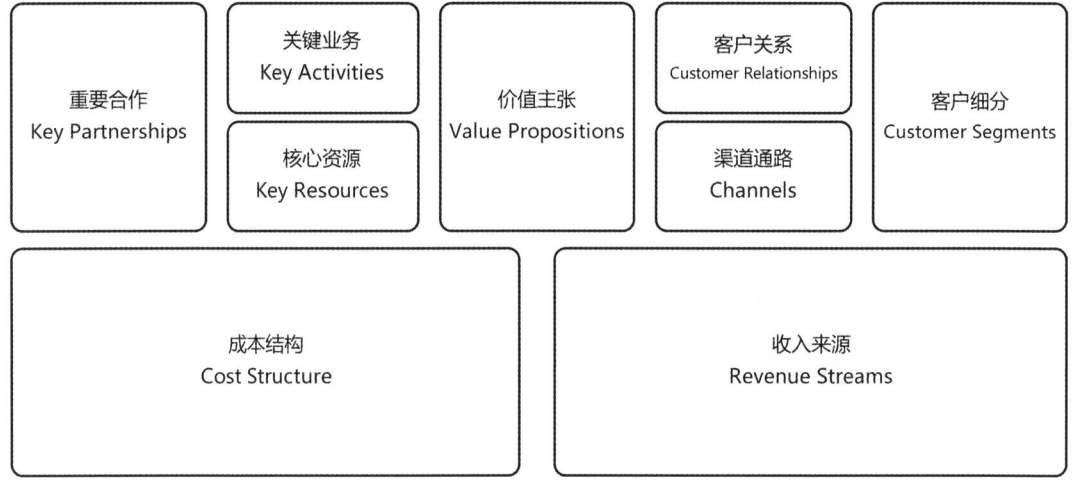

图5-4　商业模式画布框架

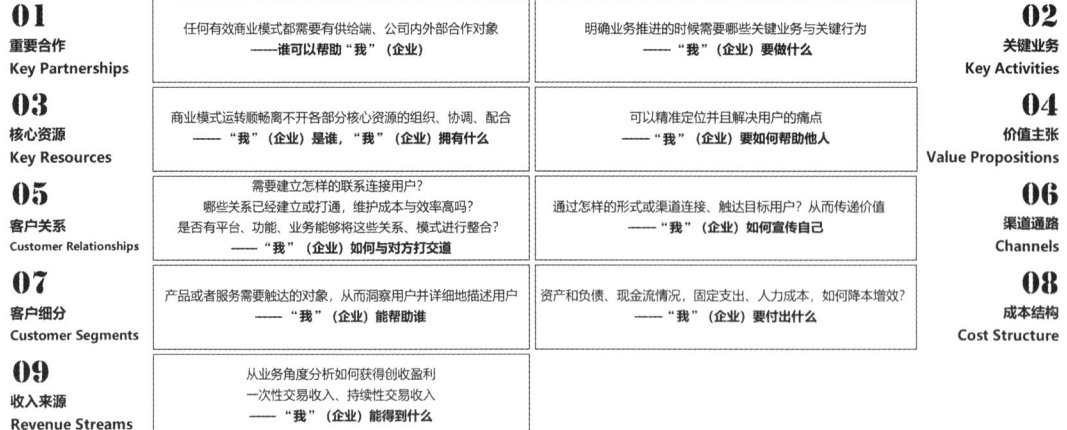

图5-5　商业模式画布九大模块

找到平衡点,为乡村文旅相关运营企业提供了清晰、可靠的商业分析方法,也是服务设计师与其他利益相关者共创交流的基础框架。

抖音作为短视频运营商,具有独特、成熟的商业模式,通过对其商业模式画布进行分析可以为乡村文旅运营提供一定启发(图5-6)。一是核心价值主张与细分价值主张的区分。"记录美好生活"是抖音为用户提供产品与服务的初衷与终极目的,是深入洞察用户需求与行业发展趋势的结果,也是对自身产品最大特性的完美诠释。同时,该主张在信息传达上朗朗上口、清晰明了,完全可以胜任抖音核心价值主张的"身份"。在此基础上,继续沿着"如何帮助他人"的思路,针对用户不同的产品使用场景给出相应的细分价值。如作为内容创作者的用户和作为阅读者的用户在产品需求上显然是不同的,一个重在关心自我的内容输出、分享及情感认同,另一个则以观众的身份期望产品与服务能满足自身娱乐休闲、享受生活的目的。为此,应从不同的侧重点加以区分,从而为用户提供有针对性的、真正匹配需求的价值化服务。同时,在对细分价值进行描述时,要注意突出自身与其他类似价值主张的产品或服务的区别。如"记录美好生活"这一表述并不少见,它可以被用于任何能"记录"生活的产品之中,从早期品牌众多的相机到现今一体化的手机相机,从早期的博客到今天的朋友圈等产品,都具有记录日常、记录生活的功能。但是,抖音显然在产品类型、使用方式、社交途径等方面与这些产品有着较大差异,其细分价值可以就

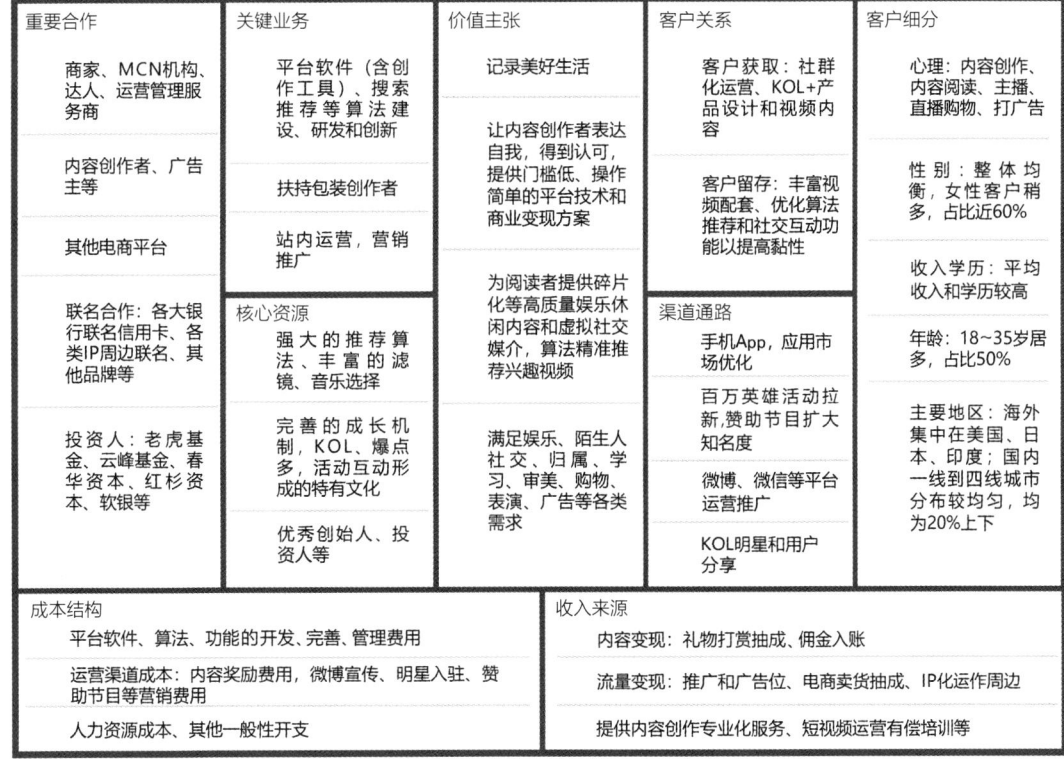

图5-6 抖音商业模式画布

这些差异作进一步的阐释，从而使有关价值主张的表达更为精确，内容更为丰满。因此，细分价值主张是整体价值主张中必不可少的组成部分，更是进一步阐述核心价值主张的"加分项目"，在乡村文旅项目运营中应对此有充分的认识。

二是核心资源的"软硬"兼顾。首先，要紧紧围绕价值主张确定核心资源，不能另起炉灶，自说自话。如抖音将其强大的推荐算法、丰富的滤镜选择、完善的成长机制及创投人等一整套从技术到制度、从文化到人力与资本的强大资源作为核心资源，正是这些资源支撑着核心价值主张与细分价值主张的实现。其次，核心资源是价值感知的源头与载体，它们是物质性与非物质性、有形与无形的联合体、统一体，不可偏废。有强大、先进的技术但缺乏敏锐的市场与消费洞察，有一日千里的业绩但缺乏根本的制度机制与文化机制，都不能为可持续的运营保驾护航。

三是客户细分的层次化。客户细分是商业模式上的称谓，从服务设计角度可以理解为用户画像。用户画像的本质是将用户研究的结果打包到某个模板中，该模板可以将不同类型用户的不同需求最概括、最全面地整合进来。一般来讲，用户画像的结构复杂度与内容描述的细化度都取决于对用户细分的程度，而任何一种产品、一个行业都有值得深入研究的不同用户需求，即使是市场上已经十分普遍的、需求大众化的、竞争白热化的产品，也有可能再找到独特的细分方向，从而创造出差异化的产品与服务。旅游资源、旅游吸引物的多样性以及旅游者旅游动机的复杂性，导致把握乡村文旅市场用户需求的难度显著增大。前述迪克罗与麦克彻关于五种文化旅游者类型划分的研究，为解决这一问题提供了较为有效的途径。从本质上看，这种划分是一种层次化的分类方式，既与本书对产品开发设计的层次化原则有所对应，也对如何在互联网时代年轻群体日益成为消费主力的新形势下加强用户细分具有指导意义。

四是关键业务与重要合作的"珠联璧合"。抖音的关键业务包括平台技术研发、创作者包装和运营等具体应用实践环节，是自身核心资源的成果转化与用户需求满足、价值主张实现的保障。通过这些关键业务的实施，抖音才成了如今的抖音，成了短视频领域的翘楚。同时，关键业务的落地既要依靠自身的资源优势，也离不开其他利益相关者，特别是投资方、内容创作方、运营合作方、广告方等多个重要合作伙伴，他们都是关键业务维持与创新的支撑力量，各方在合作协议框架内充分发挥自身优势，共同推动商业模式的创新与发展。

五是收支方面的"开源节流"。抖音的成本结构包括产品开发、运营渠道与人力资源等，收入来源则主要有内容变现、流量变现及专业化服务收入等。乡村文旅运营的成本结构也比较类似，根据本书前述观点，主要应用于对"妙"产品的开发设计与IP化发展上；收入来源方面具有较大差异，并且需要根据各旅游地的具体情况加以区分。

5.4.1.3 服务系统图、服务蓝图及其应用

一般情况下，工业设计师、产品设计师在进行设计服务时，会就目标对象的关联事物

进行头脑风暴并制作出思维导图，以便更全面地分析、掌握目标对象的基本情况、竞品情况与问题痛点。但这种思维的关注点往往不涉及产业链层面的目标对象系统与相关系统间的关系研究，也不包含对不同系统、不同利益相关者间的产品与服务关系分析。服务设计的视野更为广阔，可以利用系统工具来构建系统模型，为提出更有效的通用特性提供论据，以便为服务和包含在系统中的利益相关者提供服务。其中，服务系统图、服务蓝图等系统化模型多用于对复杂信息的分析、综合与重建，从而促进新商业模式的形成与产业链内外关系的协调。

服务系统图是一种用来表述服务系统动态机制的工具，也称为系统范式图，目的是快速比较、理解和展示产品服务系统所提供的设计问题解决方案，其中，要素和信息流动是构成服务系统图的关键和基础。服务系统图整合了产业链中的相关要素与利益相关者，就整个服务体系内不同要素间物质、资金、信息、服务的流动情况进行视觉化描述，从而为企业提供更为直观的产业链关系分析，增强利益相关者沟通，优化与创新商业模式，也为服务设计助力产业发展提供了有力的思维方法与分析工具。服务系统图的应用场景有两种：一是现有服务的系统图。在进行服务设计时，为了对现有服务系统进行深入理解，可以制作一份系统图用于整体把握与问题发现。二是新服务的系统图。在引进服务设计理念后，企业或被服务项目原有的服务系统往往会被改良或被全新的服务取而代之，此时，一份新的服务系统图对深入理解新服务系统来说就显得十分重要，该图在某种程度上甚至可以被看作一份商业领域的"作战图"。企业依据该图就可以明确自身服务在产业链中的地位、作用以及与其他关联体的联系，并且就此展开各种服务，构建新的商业模式。

除了服务系统图外，还有一种常用的基于系统视角的服务设计工具——服务蓝图。运用服务蓝图进行服务分析是企业增强服务效率、提升服务质量与顾客满意度、改善服务体验、加快服务化转型的有效方法。服务蓝图源自服务营销与管理领域，其后不断被应用于服务质量管理、工程质量提升，以及产品服务系统设计、体验设计、交互设计、服务设计等方面。初代服务蓝图由肖斯塔克于30多年前提出，时至今日，服务蓝图已有许多新的变化和完善。从形式上看，主要是在服务蓝图的纵轴方向上以可视线为基础，相继增加了交互线与内部交互线、渗透线、执行线等元素，对服务行动区域进行了细分；从内涵上看，服务蓝图历经了以服务接受者为中心、以利益相关者为中心，再到以系统为中心等演进阶段。在服务蓝图的实际使用中，大多以可视线、外部交互线、内部交互线对服务行动区域进行划分，就能满足有形事物、用户、前后台服务人员以及服务支持和管理系统之间的服务交互分析（图5-7）。

宜家作为体验经济、体验设计领域的典范，其服务本质也是一种高效的服务设计。下面以儿童家庭用户为例，对宜家服务系统进行服务蓝图分析。从图5-8中可见，宜家充分考虑了儿童家庭用户的特征，专门设置了儿童乐园等娱乐设施，满足了带孩子家长的内在需求，并且将餐厅直接设置在商场内，便于顾客长时间逗留，延长了他们购物的时间，为消费者打造"外出游玩一天式的购物体验"。宜家餐厅的魅力甚至使一些消费者单纯为了就餐而光顾宜家。除此以外,宜家差异化商业模式的创新重点还在于开放式的产品体验空间、模块化的产品设计、扁平式的包装、"面向预算设计"的极致性价比、巧妙搭载烤面包味道和"冰淇淋诱惑"的支付场景等。其中,烘烤的味道、温暖的味道,特别是糖的味

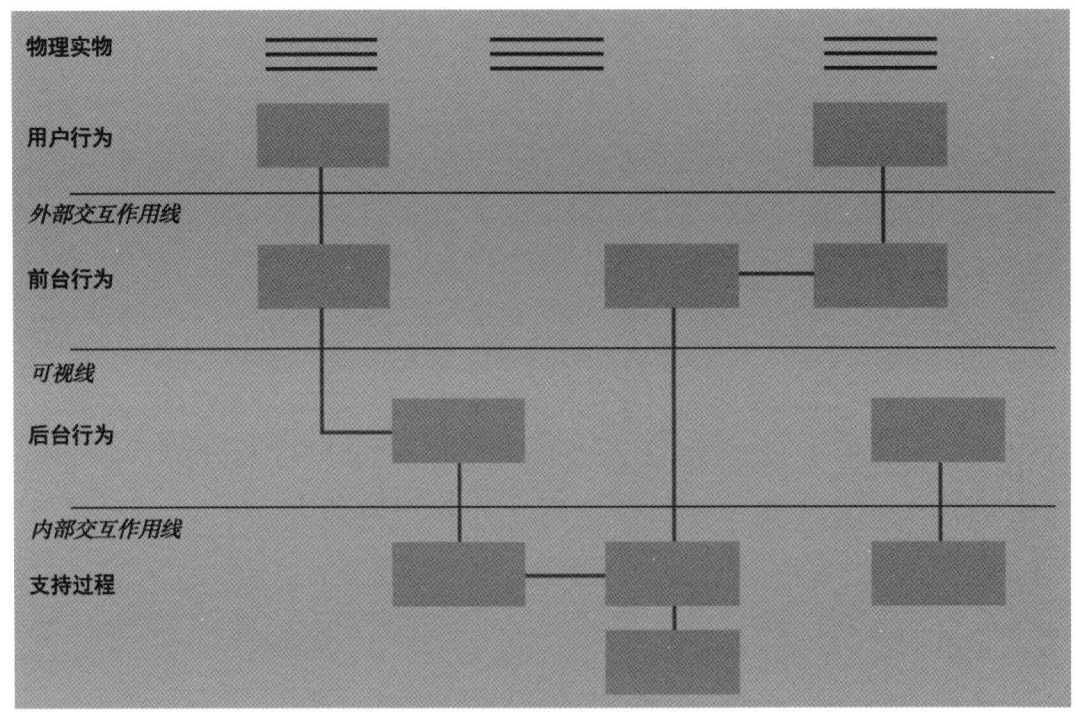

图5-7 服务蓝图常规模式

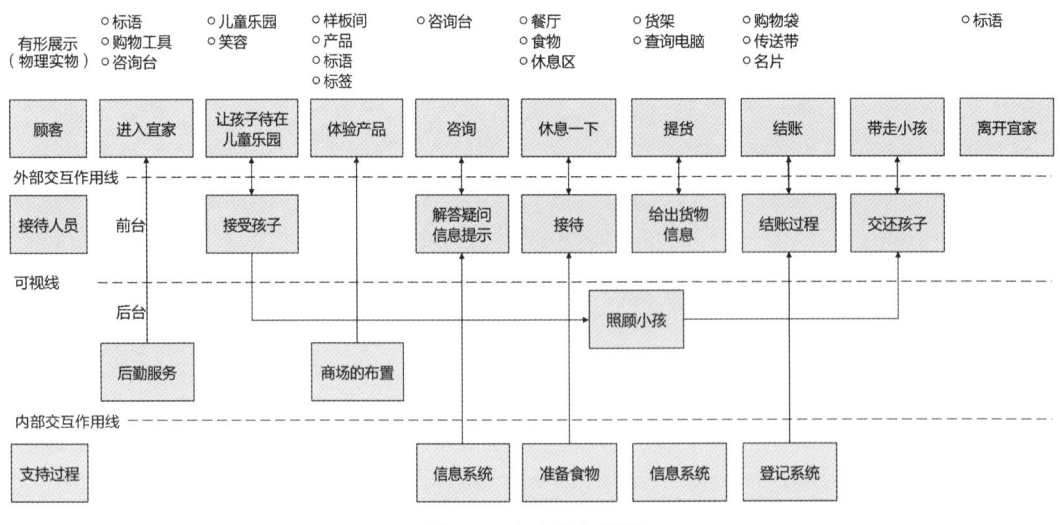

图5-8 宜家服务蓝图

道，对缓解消费支付压力有一定作用，这也是服务设计在模式创新基础上对触点情形的精准洞察与巧妙设计。

从总体上看，服务系统图与服务蓝图在功能上具有一定的相似性，都强调利用框架图式对设计师从概念构想到服务创造的整个过程进行辅助，不仅刻画、反映着商业模式的创新，也体现了以全服务流程、全链路优化为目的的闭环设计思维。区别在于，服务系统图侧重于挖掘并呈现服务的利益相关者之间潜在的服务场景，以及服务系统中各关系要素之间所形成的商业联系。相比于服务蓝图重点关注如何描绘和可视化用户在享受服务体验时的时间线和可视线，尽可能直观显示服务流程的方式而言，服务系统图的图形显示方式和效果更加丰富、直观和具体。

5.4.2　乡村文旅市场核心主体培育

无论是产品开发设计还是IP化发展，无论是商业模式创新还是服务系统构建，其市场运作主体都是乡村文旅相关企业。互联网时代消费市场的透明化、即时化，以及消费者消费观念、行为的多元化、复杂化，日益加剧着企业间的竞争，没有核心资源、创新发展理念的企业随时都面临着"出局"的风险。如何在乡村振兴国家战略纵深发展、相关政策力度不断增大的良好态势下，紧紧抓住乡村文旅市场广阔的发展潜力，勇立乡村文旅产业潮头，是相关企业面临的重要课题。

5.4.2.1　市场核心主体缺位问题

据国家统计局数据，截至2022年末，全国范围内规模以上文化企业数量从2021年的6.5万家增长到约6.9万家，全年实现营业收入121805亿元，较上年增长0.9%。在9个文化行业中，内容创作生产、新闻信息服务、文化投资运营、文化装备生产和文化消费终端生产等5个行业的营业收入较上年实现增长，增速分别为3.4%、3.3%、3.2%、2.1%和0.3%。再据中国人民大学文化产业研究院发布的《2022年中国省市文化产业发展指数》数据，截至2022年末，在生产力指数上，广东省位列全国第一，省内文化企业数量超过66万家，规模以上文化企业超过1万家，从业人员数量超过300万人；位列第二的是北京市，在文化资本方面投入较大；位列第三的是浙江省，在产业活跃主体、注册资本和从业人员三方面发展较好。在影响力指数上，北京排名第一，主要因为其社会影响表现突出，在媒体品牌认可、上市文化企业数量等领域均是全国第一；浙江省排名第二，社会影响和经济影响分列全国第二、三名；广东省排名第三，规模以上文化企业收入达2.1万亿元，文化及相关产业增加值突破6900亿元，经济影响连续多年位列全国第一。在驱动力指数上，浙江省排名第一，较受资本青睐，在投资吸引、国家级文化产业示范区数量等方面全国领先，省内国家级文化产业示范园区、国家文化产业示范基地、国家文化和科技融合示范基地等文化产业国家级品牌数量总计已达164个；广东省排名第二，拥有超过90万个文化产业相关商标和30万个专利、软著等文化产业相关知识产权；北京市排名第三，在媒体品牌认可、企业宣传方面位于全国前列。

然而，与文化企业整体发展势头较好的情况相比，文旅产业融合与乡村文旅产业发展依然陷于市场主体不强、具有引领力的头部企业偏少、创新力较强的高成长企业匮乏、本土企业发展模式固化等困境，依然存在文旅业态同质化、产品开发低质化、文化内涵浅层化等问题。近年来，特别是"十四五"以来，从国家到地方各级政府纷纷出台多项政策措施，不断强化顶层设计，持续助力企业创新发展。如《关于促进旅游业改革发展的若干意见》明确提出，要积极培育壮大市场主体，扶持特色旅游企业，鼓励发展专业旅游经营机构，推动优势旅游企业实施跨地区、跨行业、跨所有制兼并重组，打造跨界融合的产业集团和产业联盟，支持具有自主知识产权、民族品牌的旅游企业做大做强。2017年，山西省组建了全省唯一一家以文化旅游为主业的省属国有大型企业——山西省文化旅游投资控股集团有限公司，并组建了黄河、长城、太行三大旅游板块平台公司，挂牌成立了山西黄河人家、长城人家、太行人家品牌管理公司，推进旅游企业公司化、市场化、产业化合作，为打造影响力与专业性并重的市场主体提供了一种思路。

在乡村文旅领域，产业发展主体与当地文旅开发模式息息相关，分别涉及政府、旅游企业、农户、农村集体经济组织等相关方。其中，"旅游企业+村集体+村民"等联合体日益成为市场发展的重要力量。不过，此类联合体也面临着诸多问题，如核心主体意识不强、旅游产品创新度不足、整合创新能力较弱、商业运营水平参差不齐、专业人才缺乏等。问题的根源一方面在于，一些乡村地区自身的旅游资源较为匮乏或特色不够鲜明，产业"硬"开发后极易导致千篇一律，市场效应不可持续，也难以吸引优秀的企业或人才。另一方面，一些乡村地区即使成立了某种形式的联合体，往往也是只"联"不"合"或弱"联"弱"合"，联合体的形式大于功能，无法保障市场开发运营质量。总体来说，乡村文旅市场经营主体的规模较小、辐射面较窄、影响力较弱，能形成市场核心主体地位的企业屈指可数，亟待采取有力措施加以破解。

5.4.2.2　打造植根本土的旗舰型核心运营主体

在乡村振兴、美丽乡村建设大潮中，乡村日益成为旅游开发、产业融合、文化传承与创新的一片热土。乡村文旅价值创造的载体离不开优质的产品与服务，贯穿于研发生产、营销传播与服务提供的各个环节，需要强大的综合运营能力。乡村文旅运营是一项专业性强、复杂度高、综合性显著的系统工程，既需要有情怀、有专业能力的领头人和专职团队，也需要创新的商业模式。近年来，文化市场上涌现出一批以文博文创、城市文创、景区文创、校园文创为方向，集设计研发、生产运营、品牌管理、IP孵化、产业管理等业务为一体的综合文化创意运营企业。不过，由于该类企业业务范围较广，有针对性的乡村文旅运营项目、经验偏少，远远不能满足当前广大乡村地区文旅发展需求。因此，可持续的乡村文旅运营真正需要的是爱乡村、懂乡村、懂经营、会经营，特别是乐于植根本土的专业人才与团队，地方政府既要视野向外，也要目光回望，培育"内外联合"的植根本土的核心运营企业。同时，积极引入服务设计等先进理念，凝聚各方智慧和力量，持续打造旗舰型的核心运营主体，从而在复杂多变的市场中稳扎稳打，不断形成核心竞争力，推动乡村文旅产业健康发展。

位于浙江省杭州市临安区的"龙门秘境"村落景区，由石门、大山、龙上三个行政村跨区域联合打造而成。其运营主体为返乡创业人员和村集体组建的合资公司，在开发设计理念与商业模式上，汇聚投资、策划、建设、文创、传媒等专业人才；统筹规划区域内的特色文旅资源，从主题定位、景点开发、线路设计、故事建构、情境营造等方面全方位进行系统的产品开发设计；深入挖掘本土文化内涵，以农家土酱为切入点打造"龙门秘酱节"，以特色农产品、农俗为基础，举办"农民丰收节、菊花文化节、寻味龙门年俗节"等情境化文旅活动；统一输出"龙门秘酱""龙门秘境"品牌IP，并通过短视频、网络直播等方式进行多渠道、多平台宣传推广；规范景区商业行为，注重特色化、差异化经营，避免同质化与价格战，取得了良好的经济与文化效益。特别是其盈利模式与业态创新，以不谋取一时利益为原则，着眼于长久的合作共赢、红利共享模式，注重发挥其他各类经营主体作用，统筹运营各类业态，激活产业链各个环节。经过一系列的长效运营，"龙门秘境"运营商逐渐在当地奠定了乡村文旅核心运营主体的地位，成为跨区域性文旅产业发展的"链主型"企业。当然，"龙门秘境"运营商要把先进的经营理念、创新的产品体系落到实处，离不开政府部门与相关政策的扶持，尤其是在整体发展方向、道路改造等基础设施建设、整体提升农家乐等餐饮住宿配套设施建设，以及土地流转与利益冲突协调等方面，当地各级部门给予了大力支持。2020年7月，在临安文旅局的倡导下，区内7家村落景区运营商还自愿组建了临安村落景区营销中心，"抱团"推广村落景区品牌，发挥各运营商优势，协调组织文旅产品策划与整合营销，提高运营企业整体的组织化程度，实现共创共赢。

对于像"龙门秘境"运营商这样植根本土的乡村核心运营主体来说，在既有优势和良好发展的基础上，还应不断增强内生软实力，努力打造乡村文旅运营领域的旗舰型企业。荷兰皇家航空公司为了实现其"贯彻'以客户为中心'理念为最、创新性为最"的发展目标，并能在未来继续发挥先锋作用，便委托了Livework公司就其组织适应能力和创新能力进行服务设计。最终，Livework从三个方面构建了这项服务设计。一是建立可持续的内部能力。为了确保在项目结束后荷航能够继续实行设计驱动的工作机制，Livework与其共同成立了一个骨干小组，并且制定了包括愿景、能力框架、项目品牌、共享语言、量身定制的设计方法工具等在内的一系列内容。二是开发基于特定技能的培训模块。对荷航员工开展特定创新技能的培训，并在实际工作中给予指导，逐步使员工适应、掌握新工具、新方法。三是制定合目的性的学习旅程。Livework还定制化开发了不同的培训模块，并与员工的个人技能评估相结合，制定满足目标需求的学习旅程，在标准化和定制化之间取得了平衡，为在荷航整个组织中扩大变革提供了条件。

因此，核心运营主体可积极引入服务设计理念，加强与服务设计机构的联系与合作，构建更为系统化的服务知识与技能体系，更为深入地洞察旅游者等各利益相关方需求，提升企业整体的服务供给能力，促使企业产品与服务最大化地彰显其文化内涵、提升愉悦体验、实现价值创造，从而实现成为旗舰型企业的发展目标。

5.4.2.3　精耕细分领域的专业型核心主体

传统大而全的企业往往通过设立产品研发、生产加工、市场营销等部门，形成从产品到商品一条龙式的生产经营模式。随着社会发展与专业化分工的深入，一些企业专注于优势产品的设计开发与生产，一些企业侧重于为生产型企业提供销售渠道与品牌传播，还有一些企业将自身定位为服务咨询等策略性解决方案的提供商。无论是哪种类型的分工，对于乡村文旅来说，除了核心运营主体以外，还需要各类专业领域的核心主体作为产业发展、市场消费的重要部分，共同形成市场化的核心主体。例如，衢州的"乡村旅游根据地"模式就是以衢州市旅行社协会拥有的游客资源为依托，在遵循市场导向和游客需求的基础上，构筑起涵盖"吃住行游购娱"等多个层面的专业型核心主体。

近年来，生活方式化小旅游企业在经济发达国家和地区已经成为一种重要的旅游企业类型，我国东部沿海或具有明显地域文化特色的地区也陆续出现了类似的小微旅游企业。生活方式化小旅游企业的出现有着深刻的经济、社会、文化发展与生活理想追求背景。一般来说，基础设施完善、环境宜人的地区更容易产生该类型的小型旅游企业，其创立目的主要是期望在保证基本收入的基础上持续自己的生活方式，满足其独特的生活需求和价值观，而非迫于生存需要。陈蕾等认为，生活方式化小旅游企业是一种企业主根据以往旅游经历和生活方式偏好，在旅游地创建的不以营利为主要目标的旅游小企业。他们还根据相关文献研究，就生活方式化小旅游企业的创立动机作了深入分析。这些动机依据"推-拉"理论被分为三大类：一类是"拉力-追求机会型"，另一类是"推力-生存必须型"，还有一类则是两者的混合型。可以明显看出，"推力-生存必须型"是相对注重实际效益的动机类型，如由于劳动力过剩、收入过少或税收优惠而转行从事小型旅游企业的，在一定程度上有被动性特征。"拉力-追求机会型"是源于企业主自身的主动经营，此类需求集中于"逃离原有生活环境、获得高质量的舒适环境，平衡工作与生活、享受家庭美好时光，文化的吸引"等方面，用马斯洛需求层次理论来看，其追求的目标处于较高层次。但无论是哪种类型，企业主对于转化自身生活方式以实现自我实现的期许和渴望始终贯穿其中，且具有主导地位。针对"推力-生存必须型"动机所创的小企业，只需要创建一种生活方式以平衡家庭需要与收入之间的关系，对目的地的喜爱使其可以接受较低的利润。

总体上，生活方式化小旅游企业与一般以经济效益为先的旅行社、旅游集团企业有着很大区别。在消费者对于美好生活向往的社会大背景与旅游需求多元化、个性化的多重影响下，此类企业在我国的快速发展方兴未艾，在未来的旅游经营阵营中将成为不可或缺的组成部分。进一步来看，由于该类企业主群体对生活方式有着深刻的理解和充分的重视，创办企业的价值主张也是寻找"乡村宁静"，一旦在目标乡村开展经营活动，将自然而然地在消费者和旅游者享受、融入当地宁静生活、乡土文化的同时，向他们分享、传播这种生活观、价值观，实现对当地文化的新传播，直接或间接地满足了旅游者对休闲观光、田园理想、文化体验等方面的需求。如果他们所经营的范围直接涉及文化商品或文化空间，包括民宿建筑与设计等领域，将更为有效地服务于当地文化和旅游的融合发展，乃至使其自身成为当地文旅吸引物的一部分。实际上，生活方式化小旅游企业主群体往往从事创意型、创新型经营活动，是产品开发的先行者和创新者，与文化的融合式创新有着天然的耦合度，再加上出于对自身生活方式与文化理想的追求，他们也会更加注重目标乡村的文化保护和承续，更富有社会责任感，并且更为认同乡村可持续发展理念。因此，乡村文旅地应积极鼓励、支持生活方式化小旅游企业的发展，使其在业态创新、共创日常生活文化等方面发挥更大作用。

此外，也应吸引个性化参与定制的平台型服务企业成为专业型的核心主体。一方面，随着消费者个性化需求以及参与创造的意识的不断升级，如何更便捷、更高效地为此提供专业服务应是作为核心主体建设的重要内容。另一方面，从"妙意"依恋型产品设计要求来看，加强个性化设计、实施用户自主选择策略是形成用户依恋的有效方法。从国外某些在线类产品定制服务平台来看，用户可以在线自由挑选设计方案、材料、色彩、工艺乃至自主进行一定程度的设计，促进了用户与产品的多方位互动，受到消费者的普遍喜爱，前述来自瑞士的Freitag产品在线定制平台就是此类服务的代表。

近年来，国内也有一些研究性质的参与定制化服务的平台逐渐兴起，如王倩等针对非遗"秦淮灯彩"，综合应用互联网、虚拟现实、3D打印、数控加工、交互界面设计等技术，开发文创产品定制化服务平台，为消费者、手艺人提供包括"发布、浏览商品，讲述产品故事，大数据分析消费者类型，交互式设计界面，包装与物流，社区分享，售后服务"在内的综合服务（彩插5-20、彩插5-21）。通过这个平台，消费者可以预览并参与定制灯彩产品的个性化3D设计效果，并且通过增强现实技术将产品投影到真实的使用环境中，全方位、立体式地感受产品的"在场"效果。

5.5 面向复杂系统创新与标准化创新的价值涌现路径

新时期,文旅产业融合进程不断提速,融合深度也日益增加。然而,我国乡村文化遗存、传统手工艺、艺术表演、非遗等文化资源转化为文旅产品的能力有限,文化创意、高科技元素与旅游产品融合的应用面不广,融合产品的实际转化率不足,文旅基础与公共服务难以满足个性化、细分化、品质化的消费需求。从本质上看,这些问题的存在不是单一环节、单一产品的问题,而是整个产业链从源头到末端,从某一环节到另一环节,从产业内部到外部环境之间交互机制的问题,是对复杂系统把握不充分的问题,也是对标准化引领认识不到位的问题。再从服务设计角度来看,服务设计扩展了设计的边界,通过系统方法将多个组织和利益相关者关联起来,形成跨层次和跨规模的价值共创图景。同时,当服务设计挑战的规模和复杂性扩展到自然生态系统、产业经济系统或者公共服务及其政策体系等层面时,以用户为中心的设计方法将无法满足此类设计对象的复杂性需求。对此,需要恰如其分地筛选,引入复杂系统与标准化相关理论,对服务设计具体措施进行支持和指导。

5.5.1 复杂系统创新、标准化创新和价值涌现

5.5.1.1 复杂系统创新

系统思想作为哲学思想的重要范畴古已有之,老子思想中的"道生一、一生二、二生三、三生万物"就是对系统超循环思想的生动体现。近现代以来,康德首先在哲学上提出了"自组织"概念,之后在自然科学领域出现了大量关于复杂系统、复杂性的新兴理论,如耗散结构理论、协同学、超循环论、混沌理论、分形理论以及突变理论等。在我国,对复杂系统科学做出显著贡献的科学家有钱学森、吴学谋等。当前,复杂系统的研究重点集中于自组织过程、重大边缘创新的涌现、复杂网络结构的分析,具体可以包括技术、工作流程、商业模式以及制度的创新。

普里戈金(Ilya Prigogine)于20世纪70年代提出耗散结构理论,并由此获得诺贝尔化学奖。他还是第一个系统性使用"自组织"概念的学者,揭开了自组织理论的序幕。耗散结构是指当系统处于远离热力学平衡的状态(无序状态)时,在一定外界条件下,输入能量,释放出熵,并通过系统内部非线性相互作用与突变形成新的有序结构,贝纳德对流、化学钟、化学波等现象以及生命系统的新陈代谢都是耗散结构理论的实证。自组织系统是指远离平衡的开放系统在外界输入物质、能量或信息的条件下,内部各组分之间发生非线性交互作用,自发地从平衡、均匀的完全随机状态走向有序的系统内在机制,从而产生

更复杂、更有序的结构。霍兰德（John Holland）于1994年提出复杂适应系统（Complex Adaptive System，CAS）理论，创造性地引进了"适应性主体"这一概念，为研究复杂系统行为提供了新视角。CAS是由大量按一定规则或模式进行非线性相互作用的行为主体所组成的动态系统。系统里的各类"适应性主体"在与外部环境的信息、能量和物质等交互作用的过程中，持续不断地"学习"或"积累经验"，从而调整自身结构和行为规则，以适应外部环境和其他主体的变化要求。该系统特别强调主体的主动性、能动性，包括主体与环境、主体与主体之间的适应性交互，以及因各主体行为方式变化而导致的系统整体性变化，使系统逐步实现从混沌到有序的秩序性跃升和从简单到复杂的层次性跃升。同时，这里的系统整体并不是各组成部分行为的简单叠加，而是个体通过与其他个体及环境的正负反馈、非线性交互作用不断完善自身属性，最终使得整体大于部分之和，引起系统发展水平的涨落和突变，以及系统要素和功能的涌现。总体来说，复杂系统的自组织过程具有"远离平衡"、内外能量交换、内部非线性交互、整体动态演化等特征，这些特征反映了复杂系统从无序到有序、从平衡到不平衡，从简单到复杂，从低级到高级的演变机制和规律。

在旅游领域，复杂系统理论以往较多地被应用于旅游目的地的空间发展、环境演变及驱动机制等方面的研究，而将旅游产业作为复杂系统的研究不多。实际上，乡村文旅产业显然是一个不同要素间碰撞、交叉与融合的复杂系统，乡村文旅系统与CAS的基本特征高度契合，适合以CAS理论为指导，开展全方面、全过程、综合性、整体性的研究。一方面，产业的可持续发展要求产业内部各要素之间及其与外部环境之间应始终维持动态的、非线性的交互关系。产业系统只有不断从外界吸收能量，避免熵的增加，才能不断从无序走向有序、从低级走向高级，才能促进系统演化的顺利推进和结构变迁，产业创新才不会停滞，而是始终充满活力。另一方面，产业类系统的自组织不同于自然科学或生物领域系统中的自组织，产业类系统中不同要素的自主性特征更加明显，使得整体系统的复杂性显著增大，将复杂系统相关理论应用于乡村文旅产业系统发展研究具有必要性和紧迫性。

5.5.1.2 标准化创新

战国《孟子·离娄章句上》有云，"不以规矩，不能成方圆。"时至今日，标准无处不在，并在人类生活生产的各领域中发挥着越来越显著的作用。2021年10月，我国印发了《国家标准化发展纲要》，明确指出标准化在推进国家治理体系和治理能力现代化中发挥着基础性、引领性作用。根据国家标准《标准化工作指南　第1部分：标准化和相关活动的通用术语》（GB/T 20000.1—2014）中的定义，标准是为了在一定范围内获得最佳秩序，经协商一致制定并由公认机构批准，共同使用和重复使用的一种规范性文件。标准化则是为了在一定范围内获得最佳秩序，对现实问题或潜在问题制定共同使用和重复使用的条款的活动。国际标准化组织和国际电工委员会的标准化概念还进一步强调了其目的是在给定范围内达到最佳有序化程度。可见，标准与标准化的最终目标是"获得最佳秩序""达到最佳有序化程度"，这与复杂系统自组织"从无序到有序"的演化机制有着天然联系，说明标准化活动与复杂系统演化发展具有"相向而行"的内在特质。

一般来说，旅游标准化工作包括标准体系建立，标准制定、修订，标准实施、监督、评价和改进；所涉及的标准有基础、信息、通用标准，标志、术语标准，基础设施与项目设施标准，服务质量标准，规划和资源普查标准，专门产品与质量标准，安全、卫生、环境保护和劳动保护标准等。西班牙、德国、法国和英国等欧洲国家在旅游标准化领域具有较高的国际影响力，如国际标准化组织下设的旅游及其相关服务技术委员会的两个秘书处之一就设立在西班牙，曾研究编制了饭店和其他旅游住宿业的术语等国际标准；欧洲标准化委员会下设的欧洲旅游标准化委员会秘书处设立在德国，曾研究编制了旅游代理商和旅游运营商术语标准等。从标准质量和采标数量上来看，欧洲国家的旅游标准国际化程度很高，国际标准采标率也较高。我国旅游标准化权威机构是1995年由国家标准化管理委员会设立的全国旅游标准化技术委员会，负责全国的旅游标准化工作。截至2023年6月，归口单位为包括全国旅游标准化技术委员会在内的多个部门的现行旅游类国家标准达52项，行业标准64项。目前，我国旅游标准化已形成了三位一体的旅游标准化管理模式，建立了独具特色的旅游标准体系，创新了综合示范与单项评定相结合的标准实施方法。其中，"机制建设、部门联动、规划指引"三位一体的管理模式是我国特色的旅游标准化工作模式，是旅游标准化治理的创新体现。

旅游业属于服务业，每一个环节的服务情况都需要给予关注，任何一次"糟糕"体验都可能导致整体体验质量大幅度下降。旅游标准化是旅游业行业管理的重要方式和重大创新，有助于提高产品服务质量、提升行业服务水平与企业效益、促进产业资源整合、维护旅游者合法权益，特别是针对乡村文旅产业这一复杂系统而言，通过标准化理论、方法的"武装"，在宏观组织与微观企业两方面均能获得更高水平的服务供给能力，促进产业高质量发展。发布于2021年5月的《文化和旅游部关于加强旅游服务质量监管提升旅游服务质量的指导意见》，明确提出要完善旅游标准体系，推动各层级旅游标准协调发展，特别是要重点加强旅游新产品新业态、在线旅游服务、旅游服务质量评价等领域的标准制定，以及有序制定涉及旅游新业态、新模式等方面的标准，推进文旅融合背景下的旅游标准化试点工作，确定一批标准化示范单位，以标准化引领旅游服务质量提升。同时，提升服务质量也是服务设计的重要内容与目标，以服务流程为主线，对所有接触点的服务提供进行标准化治理，可以有效保障服务设计的成效。就像前述的"Citywalk"虽然是一种短线、短期旅游模式，但要想在短时间内集中交付、落地实施且支撑规模化的排期任务，也离不开标准化的工作方法。

5.5.1.3 价值涌现

涌现是复杂科学、复杂系统中的一个重要概念。涌现一词的提出者刘易斯（George Lewes）认为，涌现是在不同种类的事物之间进行合作，涌现不同于其组成部分，不能被还原为它们的总和或差。涌现理论的主要奠基人霍兰德这样描述"涌现"现象："在复杂的自适应系统中，'涌现'现象俯拾皆是，蚂蚁社群、神经网络、免疫系统、互联网乃至世界经济等。但凡一个过程的整体行为远比构成它的部分复杂，皆可称为'涌现'。"戈尔茨坦（Jeffrey Goldstein）将涌现定义为，在复杂系统自组织过程中产生的新颖而连贯的结构、模式和性质。康宁（Peter Corning）在戈尔茨坦的定义基础上归纳了涌现所具有的共同特征，即根本的新颖性（以前在系统中没有观察到的特征）、连贯性或相关性（意味着在一段时间内维持自身的完整）、全局或宏观的"层次"性（即一个整体的特性）、动力学过程的产物（可以演进）、明显性（可以被感知）。

涌现产生的原因是构成系统的要素之间通过相互作用，产生了新的功能、属性、行为、特征等。对产业来说，其价值共创体系是由多个既独立运行又相互交联的主体子系统构成的复杂系统，其价值创造能力不取决于个别系统的竞争力，而是取决于各子系统相互作用而产生的整体能力，即系统的涌现。系统涌现产生前往往处于一种各要素高度关联的涌现临界状态，既非有序也非混沌，而是处于混沌边缘。此时的系统也具有最大的复杂性、演化性和创新性，任何个体单元的微小行为都可能导致整个产业系统发生相变，从而形成较大的产业创新效应。再从服务设计的新内涵来看，服务设计遵循"有无之道"，新服务、新体验的创新创造也是一种从无序到有序，从平衡到不平衡的非线性的循环迭代过程，且服务设计中的有无转化也经常会进入一种类似于混沌边缘的"惚兮恍兮，恍兮惚兮"的状态。创新的产品与服务，其愉悦的体验和价值的创造总是在一轮轮设计迭代和持续投入的过程中，在某个时间节点形成突破而获得的。

对具体企业来说，企业价值共创体系是企业在超越实体边界的更广范围内建立的动态"价值创造超系统"，它由每个复杂的、独立的系统作为构成要素，依赖相互之间复杂的非线性网络关系，彼此交互，共同完成同一价值创造任务，并且达到响应市场快速变化的要求。服务设计理念下的乡村文旅产业发展致力于协调、整合产业各要素，进行商业价值与社会价值共创，从根本上来说也是要构建出一种价值共创体系。一种产业内外各关联着系统自身及其相互间非线性交互所形成的动态"价值创造超系统"，从而促使文化产业、旅游产业及其相关产业在若干相同、相近的"价值频率"上实现"同频共振"，以及复杂系统意义上的价值涌现。

5.5.2 "1∩1＋1×1＋……"的复杂性融合模式构建与创新

文化与旅游的融合既是"文化+旅游"，也是"旅游+文化"，是"文化+""旅游+"思维模式的结果。随着文旅消费需求多元化、产业发展纵深化趋势日益显著，"+旅游"的发展模式越来越多，催生了更为丰富的文旅业态与产品。这些模式总体上呈现出"1+1"式的直接叠加特征，其优势在于清晰明了地体现了不同领域、业态的融合，从而形成新领域、新业态。如"民俗+旅游"显著表明了民俗文旅价值，"生态+旅游"体现了生态文旅价值，"中药+旅游"则是对养生文旅价值的表达等。不足之处在于，当两个或者多个乡村文旅地都拥有同一类型的旅游吸引物、旅游价值标识时，其开发运营可能会陷于"千篇一律""千村一面"的怪圈，所形成的产品或服务会因此缺乏差异性、创新性，对于普通消费者来说，区分度不够，无法形成鲜明印象。从复杂系统角度来看，聚集是CAS最根本的适应性机制，但聚集不是简单的合并，也不是原有主体的消失，而是新的更高主体层次的出现。同时，越复杂的系统，各种交换就越频繁、越错综复杂。因此，单纯的"1+1"表达模式仅反映了产业融合的表层关联，没有体现出产业内部各要素间相互融合、聚变的多元复杂关系，在实际应用中，也容易造成简单叠加与线性发展的认知误区，陷入缺乏自组织性与适应性的"路径依赖"中。因此，应积极运用复杂系统理论，深刻领悟非线性和适应性在系统演化中的动力机制，助推复杂性融合新模式与产业创新新高度。

5.5.2.1 厘清乡村文旅产业系统与复杂系统的关键对应关系

早期系统科学中的系统要素或构成部分往往是按照固定模式在系统"指令"下被动响应的，复杂系统特别是CAS的组分不再是一个静止、被动的概念，而是被称为"适应性主体"，是一个具有适应能力，能在与其他主体及环境的互动中不断学习、调整、进化的概念。乡村文旅产业要素具有多样性，一般包括旅游者、旅游企业、旅游吸引物、旅游设施，以及相关的技术与产业政策等。这些要素不是一成不变的，而是根据产业发展需求、发展阶段动态演变的，如企业会主动获取新知识，并根据需求创造出新产品、新服务或新的组织形式，村民则会根据自身利益和旅游感知形成对旅游产业支持、中立或反对的不同态度等。因此，乡村文旅产业的要素对应着CAS中的适应性主体，乡村文旅产业系统中各适应性主体的交互方式和演化规律反映着乡村文旅产业系统演化的动力学机制和发展规律。

5.5.2.2 运用更具针对性的符号深化产业主体间的多元化交互关系，创新业态融合模式

霍兰德构建了CAS的共同特征，即聚集、标识、非线性、流、多样性、内部模型和积木七个基本概念，以阐释CAS的产生。其中，聚集、非线性、流和多样性是基本特征，标识、内部模型和积木是运行机制，特别是"积木"概念，形象化地反映了多元化的交互概念。代表不同主体的不同"积木块"会因自身状态和与周边环境的关系，使"积木组合"呈现出多样性、适应性与创新性特点。对于乡村文旅产业来讲，就是突破"1+1"的常规融合模式，进而探索"1∩1""1×1"等具有更多适应性内涵的新的"积木组合"形式，

从而更深入、更全面地拓展产业融合思路。其中，"1∩1"属于交集思维，重点在于发现、挖掘主体间的共性特征而不对主体做任何改变；"1×1"则体现交叉思维及其创新转化，更加注重主体间互为促进、互为补充、互为转化的融合途径，有助于促进主体属性的创造性转化与创新性发展。根据前述对形象感知要素与调研的分析，乡村文旅产业系统内的第一层级聚集主体可被划分为旅游吸引物主体、旅游设施主体、核心适应性主体以及外部环境与氛围主体，相应的第二层级聚集主体包含于其中。例如，旅游吸引物主体包括旅游地自身旅游资源以及新开发的产品与服务；旅游设施主体包括住宿餐饮与交通等基础设施，以及博物馆、民俗馆、公共设施等特色设施；核心适应性主体是产业系统中主观能动性与适应性最强，最能体现核心利益相关者关系的聚集体，主要包括旅游者、社区居民、文旅开发经营方、政府部门或组织等，各自扮演着乡村文旅产品与服务的消费主体、开发与营销主体、参与主体、服务主体等角色；外部环境与氛围主体包括自然环境、人文社会环境与TPM（技术、政策与市场）环境等。将"1∩1""1×1"等思维模式运用到这些不同层级主体的交互和"内部模型"的响应与优化中，有助于发现、创造新的交互关系，产生新的"积木组合"与新业态。如，拥有经济、社会等不同诉求的主体间，往往通过契约来选择一种最优的利益、权益分配制度，进而加快与外部环境的能量、信息、要素的交流与互换，推动乡村文旅系统发展。再如，旅游地社区居民的日常生产生活作为乡村文化"活"的载体，不仅是被观赏、被凝视的旅游体验对象，还应作为适应性主体在与旅游者的互动中调整自身行为，营造良好的旅游氛围，积极参与产业发展，在获得经济效益的同时也提升自身的文化素养，增强文化自豪感与社会责任感，实现个体与产业整体的多赢局面。

5.5.2.3　构建复杂性融合模式，促成整体价值涌现

"1∩1""1×1"等新组合模式只是众多"积木组合"中的一部分，对于乡村文旅产业系统而言，在各类主体的动态交互中还会出现其他类型的组合。因地制宜、因时制宜地选择不同组合并整体形成复杂性融合模式，对于产业发展来说具有突变效应和创新涌现价值。乡村文旅产业发展初期，主要是以尝农家菜、住农家屋、观田园景为主要内容的农家乐发展模式，随后在消费者、农户、旅行社与乡村特色资源等多元主体的动态交互中，各类新业态、新产品陆续出现，实现了较好的融合效应。然而，在经历了一段时间的爆发式增长后，产业创新有所停滞，项目盲目建设、重复建设、产品雷同、同质化，市场需求不高、客源流失等现象层出不穷，产业发展遇到瓶颈。就此问题，一方面需要深化"1∩1""1×1"等模式的融合创新，在新"积木组合"的基础上形成新的"内部模型"，激活产业发展潜力；另一方面，需要通过"1∩1+1×1+……"的复杂性融合模式对各种来自不同主体的"内部模型"进行筛选、整合，找到最佳的价值突变点，实现价值涌现与创新。例如，近年来"乡村运营师"概念的提出就是乡村振兴产业中各主体不断交

互、不断在不同"积木组合"的共同作用下探寻出来的一种复杂性发展模式。长期以来，乡村经济社会发展事务是在政府推动或直接参与、企业投资、村集体自治等各种传统机制下开展的。其中，企业项目的引进与投资往往是最为常用的发展手段，对许多景区依赖型的乡村尤其如此。同时，由于这类投资主要限于单一项目，企业以获取经济收益为目的，其项目运营发展与乡村整体发展的关联性不高，有时也会因利益冲突使企业与当地居民之间产生矛盾，导致出现项目开发、经营不成功等问题。村干部乃至村集体不可能都具有专业经营乡村经济的能力，在这种情况下，作为专业负责乡村整体产业经营与社会发展的乡村运营师便作为一种极具创新性的适应性主体"走上前台"。以"整村运营"为目标是乡村运营师区别于传统项目投资企业最显著的特点，其引进、考核也都是围绕着这一最大目标而展开。以文旅产业为主业的乡村文旅地也可以设置乡村文旅运营商、乡村文旅运营师等专职企业与人员，推动形成新的商业生态系统与创新发展模式。例如，浙江省杭州市富春江镇以系统化思维打造主题为"富春慢生活·山居实景地"的富春慢居县域风貌样板区，在一定程度上形成了区域性的复杂系统。其旅游吸引物主体群以"富春山水"文化，马岭古道、富春江镇区、湾里村、芦茨村、茆坪村、石舍村等资源型主体为基础，通过"1∩1""1×1"等模式形成"乐活富春江、幸福湾里、游村芦茨、艺术青龙坞、原真茆坪、未来石舍"等多元化融合主体与节点网络，实现了业态创新，并以此构建起更高一层的"四大隐逸场景"复杂性融合系统，集"富春文化体验、乡村风情度假、户外拓展运动、乡野栖居生活、文化艺术创作"等功能于一体，促使样板区整体价值涌现，有力推动了相关产业的深度融合。

此外，现实中的自组织过程演化到临界相变状态是比较缓慢的，是量变到质变的过程，需要厚积薄发，创新的程度也有大有小。韩蓉等提出"微创新"的概念（区别于较大创新或重大创新），便于在大创新来临之前，对阶段性创新加以定义和表达。相对大的创新往往要依靠一定量的微创新的积累，在乡村文旅产业融合中，应充分认识到微创新的重要性，细致做好各环节工作，以精益求精的工匠精神锻造新产品、新服务、新体验与新价值，为形成较大的产业创新、推动产业融合奠定坚实基础。

5.5.3 社区参与的"细胞增殖"式创新

乡村社区居民普遍的生产生活方式、文化活动不仅是居民自身日常生活的写照，也是构成旅游地文化资源乃至人文景观等核心吸引物的重要组成部分。长期以来，社区主要是人们居住、生活、休整的"社会终端空间"，并且是被管理、照顾的对象，整体上被定位于产业链和创新链的末端。新时代以来，越来越多的产业实践与复杂系统理论明确显示，旅游业的发展离不开乡村社区居民的支持，旅游开发必须充分考虑社区居民利益，将其作为重要的支持者、参与者与利益共享者看待。社区居民也应发挥主观能动性，提升主人翁意识，科学合理地建言献策，共同推动当地的旅游发展，实现经济、社会效益双丰收。

社区最初的概念是指有着相同价值取向、人口同质性较强的社会共同体，第二次世界大战后新增了"地域"的涵义。本书所研究的是乡村文旅社区，主要沿用的是费孝通对乡村社区的观点，并且参考了学界的主流观点，将乡村文旅社区定位于自然村或行政村等乡村地域范围内的，以当地居民为主体的社会群体。作为整个社会的一种缩影，社区可以被认为是社会有机体中最基本的内容，或者说是一种"社区细胞"，而细胞对于有机体来说是生成单位与生成内容的关系。因此，可将社区参与及其过程类比于生物体的细胞增殖，从内在机制、影响因素以及科学控制等方面进行分析与转化。同时，结合前述相关调研结论，综合提出"细胞增殖"式社区参与途径，创新社区参与乡村文旅发展的路径机制。

5.5.3.1 以促进社区内生生长与自主创新为核心

细胞的生长与分裂取决于基因的规定性与环境刺激，内外因素联动是细胞增殖的成因。当前，乡村文旅的社区参与依然面临着不同程度的权利失败、机会缺失与能力匮乏等问题，其中权利失败问题对于社区参与的内生机制影响较大。在依法治国语境下，法律制度成为旅游发展成果分享和解决旅游纠纷的重要根据，有学者就此研究了依法增权与立法增权两种路径的制度增权机制，并认为这两种路径可在时间维度上分别构成制度增权的现在时和未来时。

因此，一方面应在法律制度的框架内加快解决、优化不合理的制度性、机制性问题，扫除制约社区参与的根本性因素，真正实现社区成员的可参与性与自主性，提升其积极性。婺源的"篁岭模式"在推动乡村旅游转型升级方面已成为一种典范，特别是在解决乡村旅游的各方产权关系、各方利益诉求等方面开拓了新思路。婺源篁岭文旅采用"新村换古村、新房换古宅""产权置换"等方法，解决了制约乡村旅游发展的农村产权难题；通过老建筑所有权、经营权分离，以及异地搬迁、旅游活化等方式，解决了古建筑保护的问题。另一方面，与纯粹的生物学细胞增殖不同的是，社区参与的"细胞增殖"具有主观能动性，如何激发、凝聚"社区细胞"的内生力量、自主力量，调动发挥社区及其居民的创新创造能力也将是社区参与的重要内容。娄永琪通过在社区开展的协作设计工作坊活动，发现普通人基于日常生活的智慧创造是社会创新的源头，也是重要的设计灵感与财富，通过对产品、服务、交互、环境的设计可以激活社会关系和人们参与社区营造的创造力。他由此提出了社区可以从产业链和创新链的末端走向前端的理论假设，并从社区最贴近问题、社区最贴近消费端、社区具有丰富的多样性和社区的宽容度高等方面进行了优势说明。

5.5.3.2 以拓展多元化的居民参与方式为重点

社区及其居民参与乡村旅游的方式与深度影响着乡村旅游产业发展的水平和方向，并将进一步反馈至环境系统和其他适应性主体。汪芳等将乡村旅游发展过程中的社区参与状况分为社会参与、经济参与、文化参与和决策参与四个层次，其中经济参与的相对重要性较高。

经过多年发展，我国已形成多元化的乡村文旅开发经营模式，如农户自主经营、社区+农户经营、公司+社区+农户经营等，这些模式同时也是社区参与在经济参与方式上的具体体现。不同的参与方式由乡村文旅地具体的区位条件、历史发展、利益关系等多种因素所决定，总体上形成了因地制宜、因时制宜的选择机制。除了社区成员普遍的经济参与外，这里需要特别提出另一种经济参与方式以作探讨，即乡村能人与返乡创业人员的社区参与。近年来，随着美丽乡村建设、乡村振兴的深入发展，越来越多的人回归乡村，投身于乡村建设热潮中。其中，乡村能人示范带动效应显著，成为乡村旅游发展中不可忽略的群体，乡村能人凭借自身的资本积累、经营能力、致富机会吸引其他主体、资源的聚集，使乡村旅游经营的关联性、复杂性、组织性大大增强，带动了乡村整体经济规模的扩大。返乡创业群体的规模也日益上升，"农创客""新农人"及其创业创新已成为乡村振兴中的一道亮丽"风景线"，同时也是社区参与的新途径。浙江省专门印发了《浙江省人民政府办公厅关于实施"两进两回"行动的意见》，鼓励青年回乡参与乡村振兴、支持青年回乡发展产业、培育青年"农创客""新农人"，在政策上给予了大力支持。

除了经济参与以外，社会参与、文化参与和决策参与等其他参与方式也应被重点关注。这些方式提供了更为多元的参与途径，不仅使社区参与具有了更多的选择性，有助于从全方位参与的层面构建社区参与体系，更为重要的是，还可以加深社区居民对本地经济社会发展、文化特色的认知，增强社区发展的主人翁意识，促进社区成员间的互动交流，推动社区的可持续发展。王英等以浙江青田稻鱼共生系统为对象，研究了旅游解说在社区参与中的"资源—社区—解说"机制。本质上看，旅游解说就是一种社会参与的有效方式，社区居民积极参与旅游解说，既增强了居民的社会文化认同感，也为游客提供更为真实、鲜活的旅游体验，甚至有价值、成体系的旅游解说本身也能成为创新性的旅游吸引物，形成独特的旅游资源。可以在旅游解说参与方式上探索观光导引与讲解的结合，如独特技艺、民俗活动的现场展示与表演、边体验边解说等，以及根据生产生活时节、不同年龄段人群等因素对解说的内容进行调整。

5.5.3.3 以居民感知公平为保障

居民感知公平可以划分为分配公平、程序公平和互动公平。分配公平取决于个体得失与他人得失的对比结果，程序公平意味着收益分配程序或分配过程具有一致性、无偏见性、准确性和道德性，互动公平是个体在与组织互动交往和接受信息时被公平对待的程度的反映，三种公平感的满足均对社区参与旅游发展、社区的支持感有着正向影响。具体来说，应形成健全的利益分配机制，确保社区成员能公平地获取收益、参与市场竞争，并且可以接受相关培训与教育，在收益分配程序、过程合法合理的基础上，确保公平地对待每一位社区成员，维持程序的稳定性，同时在具体互动上相互尊重，注重以乡土情结为纽带，提升对和谐人际关系的维护水平。

篁岭乡村文旅景区注重依托项目和景区发展，推动村民"洗脚上岸"，让地道农民变为旅游市场的参与者，构建村民和景区的"利益共同体"，让广大群众共享旅游发展成果。一是让村民以土地、资源入股。凭借当地祠堂、古树等公共资源和流转给景区的土地，拥有篁岭户籍的村民每年都可从公司的旅游收益中获得分红。二是让村民在景区中就业。篁岭按照"每户至少一人"的标准返聘、搬迁村民，共同参与景区建设，特别是很多女村民获得了"家门口"的就业机会，使原本无业可就没有收入的"篁岭大妈"摇身一变成为"晒秋达人"，成为篁岭的一张名片。三是让村民在旅游中创业。依托景区发展，一批服从规划、懂得经营的村民纷纷返迁，在家门口创业，经营相关旅游业态，逐步形成了山上古村景区与山下新村居民生活区"珠联璧合、相得益彰"的发展态势，同时也带动了周边旅游业的兴盛。根据国家发展改革委网站2020年4月的一篇报道，晓容、前段、栗木坑、篁岭新村等周边村庄有50余家从事农家乐经营，户均增收近10万元，篁岭村原住民从旅游开发前的人均年收入3500元提升到3万元，户年均收入从1.5万元提升为10.66万元，增幅巨大，家庭一年与旅游相关的收入最多近30万元。

5.5.4 适应性动态赋能与可持续发展导向下的标准化创新

产业演化具有明显的自组织特性。在文化产业领域，国外的伦敦西区、洛杉矶好莱坞、纽约苏荷区、巴黎第八区、德国北威州、澳大利亚昆士兰，以及国内的798艺术区、什刹海等都是自组织发展的产物。自组织演化有助于产业系统对"恒新性"环境的动态适应与创新涌现，但也因间接下达"外部指令"、缺乏"中央控制"，可能导致低质量产出与恶性竞争等后果；如果一味加强控制力，又会"反噬"自组织的开放性、多样性与创新活力。针对此问题，多数研究的共识是将两者视为一组相互依存的"变革的悖论"，聚焦于如何通过规则设计提升矛盾治理能力。这种规则的设计原则以最突出、最紧迫的冲突问题为首要治理目标，以冲突问题间相互赋能的互补关系为设计依据。

历史上，企业通过构建层级制组织以及技术化、标准化的规则设计，实现了稳定的分工合作与高效生产。韦伯（Max Weber）为层级制奠定了理论基础；泰勒（Frederick Taylor）认为对企业实施标准化和形式化的改进，能够确保企业最大程度地通过明确分工实现效率的最大化；斯科特（W. Richard Scott）也认为，通过标准化、规范化、形式化能使行为变得更确定，使团体中的每个成员能够更加稳定地预测其他成员在特定条件下的行为；许多学者注意到，组织内与组织间的层次治理，在复杂自组织互动和冲突治理目标方面具有相似性。标准化方法通过一系列规则的设定，使目标对象"达到最佳有序化程度"，从而成为复杂系统协同的有效手段。对于乡村文旅产业这一复杂系统而言，既存在自组织的演化过程，也存在他组织的参与，应以适应性动态赋能与可持续发展导向开展标准化创新。

5.5.4.1 以乡村文旅目的地整体运营为目标优化服务标准体系

乡村文旅地是"以文塑旅、以旅彰文"理念的主要载体，是旅游景区、饭店、民宿、各类旅游设施的集中场所。以乡村文旅地的整体运营为目标构建服务标准体系，有利于整合各类服务标准，集中体现文化特色，发挥标准体系的综合价值。随着标准化理论与实践的不断发展，人们越来越认识到标准体系不是由多个个体标准简单分类汇总而成，而是具备整体功能、一致目标和系统结构的结合体，通过相互协同产生系统效应。也就是说，标准化过程也应该是一个系统化的协同过程，通过各类目标一致、结构优化的标准制定与整体应用，形成创新涌现。

目前，国内尚缺乏与乡村运营直接相关的国家、行业标准。不过，自2022年以来，《乡村运营（村庄运营）规范》（Q/410XCZX001—2022）、《乡村运营师标准》（Q/410XCZX002—2022）、《乡村文旅线下目的地运营模式规范》（Q/CYW 001—2022）、《乡村文旅线上服务运营模式规范》（Q/CYW 003—2023）等一批与乡村运营相关的企业标准陆续发布，推动了乡村运营领域的标准化进程。其中，《乡村运营（村庄运营）规范》将乡村运营描述为乡村运营商运用市场化的手段，对乡村内外部资源要素进行整合、配置和经营的活动，将乡村运营师描述为乡村运营规范的决策参与者、编制组织者，是熟悉乡村产业、爱乡村、会策划、懂经营、善管理的人员。《乡村运营师标准》进一步补充了乡村运营师的定义，即乡村运营师也是乡村愿景意见的采集员，乡村建设项目的建议员，规划实施的指导员，村庄建设矛盾的协调员，以及乡村规划的研究员、科普员、宣传员。可见，乡村运营师的概念定位从前期以商业经营管理为主，扩展到了乡村发展规划与建设、公共事务参与等方面，与乡村整体发展形成了更为紧密的关系，这一点对于乡村文旅运营商、运营师来说也应如此。在运营内容上，《乡村运营（村庄运营）规范》制定了10条规则，《乡村运营师标准》在10条规则的基础上增加了14条新规则，用以体现扩展后的乡村运营师定义，加强商业经营内容的细化，如乡村建设的顶层设计、投资建设、业态植入、市场推广、品牌招商、项目研究等。24条规则中，与乡村文旅直接相关的包括积极引进乡村旅游，营造旅游氛围，提升文化内涵，策划开发民俗非遗类、乡村美食类、农事体验类、户外康养类"一村一品"的特色体验项目，开发具有地域特色和文创品牌性质的旅游商品，形成区域性线路产品等共计6条。其他新增规则虽未明确针对乡村文旅，但其综合体现了乡村项目运营的全业务流程，自然对乡村文旅项目也具有重要的影响，需要给予关注。《乡村文旅线下目的地运营模式规范》规定了乡村文旅目的地建设与智慧运营的基本要求，内容主要包括乡村文旅资源的开发及保护，基础设施、旅游服务、营销管理、旅游管理、区域统筹、安全管理、环境卫生、乡村文旅智慧旅游景区认定与检查等方面的规范和要求。与前述两份标准相比，该标准内容较多地继承了传统景区的建设与管理要求（注重全面性与丰富性），以及智慧旅游建设规范。

总体来看，应以乡村文旅地的整体运营为目标优化现有的服务标准体系，积极推动体系内标准的制定与实施，充分反映新时期乡村运营的内在要求。首先，在服务标准体系主体之外，设置若干必备的指导规制，具体包括文化资源秉性、文旅规划与发展目标、相关法律法规与标准、利益相关者需求等，即乡村文旅地整体服务标准体系的构建应当在符合相关法律法规与标准规范的基础上，密切联系当地文化资源秉性及文旅规划与发展目标，既要在标准体系中体现文化的规定性价值，也要通过体系的构建反映文化的影响，同时还要综合考虑利益相关者的需求。其次，以文旅产品与服务、服务质量、运营管理、工作执行为主要内容构建标准体系主体。其中，充分体现当地特色文化是制定文旅产品与服务标准内容的必备要求，体现方式则需根据具体情况作适应性的动态调整，并以相互赋能的互补关系为设计依据，如传统与现代风格兼顾、手工与科技手段并用、共性与个性服务共存，以及寻求外部互补性资源的合作与开发等方式。服务质量侧重于"食住行游购娱"各要素中的质量管理标准，运营管理侧重于企业运营管理中的管理与服务标准，工作执行针对的是所有工作岗位中的具体要求，可以根据工作性质、职位情况等进行分类设置。总之，乡村文旅地服务标准体系的主体结构相对稳定，具体内容则应根据旅游地内外部环境情况做适应性的动态调整，以实现整体的服务创新。

5.5.4.2 以产业组织网络治理为抓手联动产业标准化试点示范

演化经济学认为，产业组织演化具有系统开放性、非线性和涌现等自组织系统特征，同时，也认为技术进步、制度创新、政府行为等环境因素是产业组织演化的重要前提。良好的组织治理能够确保组织的有效性、可持续性和高绩效性，进而提高组织在价值链中的可靠度和信任度。组织治理方式主要包括基于规则或合同的契约治理，以及基于信任、承诺和共同利益期望的关系治理。从自组织的培育到对边缘创新的保护，从对系统良好网络的维持到对创新机制的选择都能映射出组织治理的影子。

产业组织演化到一定程度就会形成产业组织网络，其本质是受环境变迁影响而形成的一种自组织的产业组织形式，也是许多相互关联的企业及其联合体为达到共同目标通过动态交互作用而形成的特殊治理结构，有助于产业组织适应多变的市场环境、保持核心竞争力、强化组织内企业与利益相关者的合作、产生效率放大效应。乡村文旅产业组织以相关企业为主体，涉及各级文旅管理机构与行业组织，形成市场、政府、其他非营利组织等多维网络。作为一种复杂适应性系统，自组织治理依然是该组织主要的治理模式。此外，乡村文旅产业既有经济商业属性，又事关文化振兴、乡村振兴等国家战略，以及农村地区经济社会发展与民生福祉，与国家政策导向、地方政府支持力度息息相关。因此，需要站在更为宏观、整体的高度看待乡村文旅产业组织网络。一方面，乡村文旅产业组织的政策引导与制定应以有利于产业组织的自组织演化，以及促进系统演化的多样性生成、创新和学习为目标。应避免强迫得到期望结果与放手不管两个极端，即政府的作用应该"不是一只沉重的手，也不是一只看不见的手，而是一只轻轻推动的手。"政策的制定还应着眼于企业能否有效、灵活地利用资源，促进系统内不同企业的协同演化、创新和知识的交流，而不是局限在对价格、利润等静态指标和效率的考察。另一方面，由于涉及面广，再加上乡村自身千差万别的独特性，乡村文旅产业组织主体十分多元，交互行为错综复杂，组织边界开放而模糊，使得系统复杂性大大提高，纯粹的自组织演化容易导致低效率与重复性损耗，需要从统一认识、提高效率、规范发展等方面发挥"他组织"的优势，优化产业组织网络的演化机制。

标准化试点示范从高标准、宽覆盖、多模式等角度进一步提升了标准化工作质量。作为首个国家标准化综合改革试点省份，浙江省于2019年8月公布了《浙江省标准化试点项目管理办法》，内容涵盖农业、工业、服务业和社会事业等各领域。截至2022年底，浙江省已承担了331个国家级标准化试点示范项目，组织开展了1717个省级标准化试点项目，涌现出一批可复制可推广的标准化试点，取得了良好的经济效益、社会效益和生态效益。不过，从全国来看，也出现了标准化认知不充分、形式化的标准化、建设实效不明显等问题，往往空有一套标准体系与评价细则，但对企业发展、产业创新的渗透性、引领性不足，没有充分发挥其标准化价值。

因此，在乡村文旅领域，既要引入标准化试点示范机制，也要避免标准化实践中的误区，应将复杂系统的组织治理理论与标准化试点示范密切结合，以产业组织治理思维推动标准化的"落地生根"，形成较好的产业带动效应。张敬博等就海尔集团平台组织在战略、组织运营、成员间合作治理的三个层次上提出了共同价值主张规则、互动赋能规则、竞合平衡规则的治理框架，虽然这一框架的适用对象是企业平台，但对乡村文旅产业的组织治理与标准化试点示范依然具有概念上的启发意义。一是在价值主张上应形成对标准化系统性价值的统一认知。各地负责乡村文旅产业发展的部门与产业链中的行业企业，应在价值认知上进一步提升标准化在试点示范与自身组织治理中的系统性作用，全面融会贯通标准化理念，并选派理论扎实、实践经验丰富的标准化专业人员定期宣贯，指导标准化理论与实践应用，避免出现认知不一、重视度不够等基本问题。二是在互动赋能上追求"点面结合"。潜心研究、创新开展关键标准、特色标准的制修订，同时加快应用价值高、普及面广的标准的制修订及其推广。关键标准、特色标准是衡量标准创新度的主要指标，应充分开展调研，细致梳理需求，深挖最具典型性、最具冲突性的问题，潜心开展研究。三是在竞合平衡上实现价值涌现。标准化试点示范具有很强的联动与优选效应，可以将产业组织网络中的相关业态、企业等要素整合起来，组成"标准化共同体"，共同进行产品与服务创新；开拓市场，共同进行标准联合开发或相互授权，推动标准扩散。"标准化共同体"中的不同主体也应在自身领域通过特色发展产出差异化标准，巩固特色标准的优势地位，最终在竞争与合作中实现共赢，更大程度地提升试点示范效应，促进整体价值涌现。其中，无论是在横向还是纵向组织网络的竞合关系中，相关方均可以采取先关系治理后契约治理的治理路径。关系治理可以快速提高彼此间的信任，促进彼此间的发展；契约治理可以通过签订合同来降低未来价值创造和获取的不确定性，减少知识外泄，更好地保护企业的核心业务和能力。

5.5.4.3 以可持续发展为宗旨开创标准化整体创新

可持续发展的核心思想是"既满足当代人的需要，又不对后代人满足其需要的能力构成危害的发展"，并以公平性、持续性、共同性为三大基本原则，是生态可持续、经济可持续、社会可持续、科技可持续以及文化可持续的协调统一。以乡村文化为基底的"乡村性"是乡村文旅的显著特征与核心吸引力，然而，过度开发甚至是破坏性开发的问题时有发生，近年来随着政策规制强化与文化保护意识提升，这些问题有所遏制。标准化作为一种规范性方法，可以从更广范畴、更细领域发挥可持续发展规则前置的重要作用。以可持续发展为宗旨进行乡村文旅的标准化建设具有现实而深远的意义，有助于全面而系统地梳理乡村文旅当前与未来发展中的基础性问题和需求，有助于获得良好的制度性、机制性保障，以标准化整体创新服务于乡村文旅产业的可持续发展。

2021年11月1日实施的《旅游景区可持续发展指南》（GB/T 41011—2021）在旅游可持续发展的标准化上具有重要意义。该指南将旅游景区的可持续发展描述为：遵循代际公平与代内公平原则，动态平衡不同利益相关者的合理诉求，实现旅游景区综合效益最大化、负面影响最小化的发展模式。其在继承了可持续发展的核心思想的同时，将利益相关者置于重要地位，并且充分体现了可持续发展的动态性、平衡性、综合性要求，不仅对旅游景区的可持续发展具有重要指导作用，还勾勒出了整个旅游产业可持续发展的蓝图。在总体原则中，分别从目标导向、问题导向和效果导向三方面辩证地阐明了环境保护、经济发展、社会变迁、文化冲突、治理绩效等多个矛盾关系的处理原则，既体现了可持续发展要求，又与适应性动态赋能机制相呼应。此外，指南还分别就资源与环境保护管理、经济与社会发展促进、游览体验与接待服务、可持续的管理与运营等方面进行了相关标准内容的设置。其中，就文化资源保护提出了尊重原真性、促进文化间的理解与宽容，统筹保护与阐释功能，遵循最小干预原则，避免破坏性开发、提倡有机更新，尊重原有特色文化并进行创新性利用，避免过度商业化等要求。在游览体验与接待服务版块也特别强调了要引导旅游者遵循保护文化资源等行为准则，针对生态与环境脆弱性强或文化与历史资源敏感度高的区域，要采取措施整体性保护所有吸引物，减少旅游活动的负面影响等要求。在可持续的管理与运营上，从可持续发展战略制定、组织体系构建、规划与建设管控、安全与健康保障等方面作了具体规定。总体来说，该指南以旅游景区这一确切范畴为对象进行标准制定，目标性、针对性很强，具有重要的实践指导意义。同时，从现有的国家、行业与地方标准的角度来看，以"可持续"为关键词的旅游类标准屈指可数，国家标准只有上述这一项。与同为国家标准的城市和社区可持续发展系列标准相比，旅游可持续发展的国家标准数量还比较少，细分程度还不够，未来进一步深化的空间较大。

一方面，单独为乡村文旅制定可持续发展的相关标准。现代社会中，快节奏的工作和生活压力使人们向往大自然、追求田园理想、体验传统习俗的热情不断高涨，乡村文旅具有得天独厚的休闲环境与传统文化氛围，在整个旅游行业中的重要性日益凸显。针对乡村文旅和城市旅游景点、一般旅游景区的相似性与差异性，从生态与经济协同、社会和谐、文化保护传承与创新以及科技应用等方面，开展基础标准、设施标准、产品标准、管理与服务标准等的研究制定工作，贯彻可持续发展理念，发挥标准的基础性、引领性作用，以标准化创新全面促进乡村文旅发展。另一方面，提升标准化可持续发展的大众意识，推动标准落地生根。乡村文旅的可持续发展及标准化意识、理念不应仅停留在相关管理者、标准制定者层面，还应充分推广到广泛的大众领域，应通过多种渠道做好宣传，使之有机融入旅游的各个环节，促进共识，变从上到下的硬性说教为从下到上的主动行为。只有这样才能真正发挥标准创新的最大价值，实现乡村文旅的可持续发展。

参考文献

[1] 余可发. 乡村旅游目的地品牌建设研究——理论建构与案例分析［M］. 北京：经济管理出版社，2020.

[2] 丁培卫. 近30年中国乡村旅游产业发展现状与路径选择［J］. 东岳论丛，2011，32（7）：114-118.

[3] 焦爱英，赵燕华. 价值共创视角下的乡村文化旅游发展研究［M］. 北京：中国铁道出版社，2021.

[4] 吴良墉. 人居环境科学导论［M］. 北京：中国建筑工业出版社，2001.

[5] 张祖群. 当前国内外乡村旅游研究展望［J］. 中国农学通报，2014，30（8）：307-314.

[6] 刘德谦. 关于乡村旅游、农业旅游与民俗旅游的几点辨析［J］. 旅游学刊，2006，21（3）：12-19.

[7] JAFARI J, AASER D. Tourism as the subject of doctoral dissertations [J]. Annals of tourism research, 1988, 15(3): 407-429.

[8] 世界旅游组织. 旅游业可持续发展：地方旅游规划指南［M］. 北京：旅游教育出版社，1997.

[9] LANE B. What is rural tourism? [J]. Journal of sustainable tourism, 1994, 2(1): 7-21.

[10] SHARPLEY R, ROBERTS L. Rural tourism—10 years on [J]. International journal of tourism research, 2004, 6 (3): 119-124.

[11] 杜江，向萍. 关于乡村旅游可持续发展的思考［J］. 旅游学刊，1999（1）：15-18+73.

[12] 黄海辉. 发达国家和地区乡村旅游的发展模式探析［J］. 黑龙江对外经贸，2011（6）：112-114.

[13] 吴巧红. 后现代视角下的乡村旅游［J］. 旅游学刊，2014，29（8）：7-9.

[14] 胡鞍钢，王蔚. 乡村旅游：从农业到服务业的跨越之路［J］. 理论探索，2017（4）：21-27+34.

[15] 费孝通. 乡土中国［M］. 北京：北京时代华文书局，2018.

[16] KNEAFSEY M. Rural cultural economy: Tourism and social relations [J]. Annals of tourism research, 2001, 28(3): 762-783.

[17] 李伟. 论乡村旅游的文化特性［J］. 思想战线，2002，28（6）：36-39.

[18] 陶玉霞. 乡村旅游需求机制与诉求异化实证研究[J]. 旅游学刊, 2015, 30（7）: 37-48.

[19] 余可发. 生态位视角下乡村旅游目的地品牌成长机制研究——以婺源篁岭为例[J]. 江西财经大学学报, 2021（6）: 13-28.

[20] 冯淑华, 沙润. 乡村旅游的乡村性测评模型——以江西婺源为例[J]. 地理研究, 2007（3）: 616-624.

[21] 周云鹏. 中国乡愁文化情境下游客乡村性感知与怀旧情感的关系研究——以安徽宏村为例[D]. 南京: 南京大学, 2019.

[22] BROHMAN J. New direction in tourism for third world development[J]. Annals of tourism research, 1996, 23: 48-70.

[23] 邹统钎. 中国乡村旅游发展模式研究——成都农家乐与北京民俗村的比较与对策分析[J]. 旅游学刊, 2005, 20（3）: 63-68.

[24] 张环宙, 许欣, 周永广. 外国乡村旅游发展经验及对中国的借鉴[J]. 人文地理, 2007, 22（4）: 82-85.

[25] THOMPSON C S. Host produced rural tourism: Towa's Tokyo antenna shop[J]. Annals of tourism research, 2004, 31(3): 580-600.

[26] DANN G M S. Anomie, ego-enhancement and tourism[J]. Annals of tourism research, 1977, 4(4): 184-194.

[27] ISO-AHOLA S E. Toward a social psychological theory of tourism motivation: A rejoinder[J]. Annals of tourism research, 1982, 9(2): 256-262.

[28] 罗伯特·麦金托什, 夏希肯特·格波特. 旅游学: 要素·实践·基本原理[M]. 蒲红, 译. 上海: 上海文化出版社, 1985.

[29] 谢彦君. 旅游体验研究——一种现象学视角的探讨[D]. 大连: 东北财经大学, 2005.

[30] 卢小丽, 成宇行, 王立伟. 国内外乡村旅游研究热点——近20年文献回顾[J]. 资源科学, 2014, 36（1）: 200-205.

[31] 杨军. 中国乡村旅游驱动力因子及其系统优化研究[J]. 旅游科学, 2006, 20（4）: 7-11.

[32] 王娜, 鲁峰. 乡村旅游发展的动力机制探讨[J]. 桂林旅游高等专科学校学报, 2006, 17（6）: 706-708.

[33] 乔磊. 基于利益相关者理论的乡村旅游可持续发展模式构建[J]. 新疆社会科学, 2010（5）: 27-32.

[34] 何艳琳, 耿红莉. 论政府在乡村旅游产业组织模式中的作用[J]. 商业时代, 2012（5）: 119-122.

[35] 杜宗斌, 苏勤, 姜辽. 社区参与对旅游地居民社区归属感的中介效应——以浙江安吉为例[J]. 地理科学, 2012, 32（3）: 329-335.

[36] 贾衍菊, 王德刚. 社区居民旅游影响感知和态度的动态变化[J]. 旅游学刊,

2015, 30（5）：65-73.

[37] 向富华. 乡村旅游社区参与机制研究［J］. 北京第二外国语学院学报, 2012（7）：65-71+64.

[38] 曹兴平. 文化绘图：文化乡村旅游社区参与及实践的新途径［J］. 旅游学刊, 2012, 27（2）：67-73.

[39] 龚伟, 马木兰. 乡村旅游社区空间共同演化研究［J］. 旅游科学, 2014, 28（3）：49-62.

[40] 郭凌, 周荣华, 耿宝江. 社区增权：实现乡村旅游社区参与的路径思考［J］. 农业经济, 2012（8）：45-46.

[41] 景秀艳, TIMOTHY J T. 权力关系、社区空间与乡村旅游利益获取——基于福建省泰宁县五个乡村社区的实证研究［J］. 旅游科学, 2012, 26（5）：20-29.

[42] 王鹏, 田至美. 国内乡村旅游开发模式及其影响因素［J］. 中国农学通报, 2018, 34（30）：148-152.

[43] PARASURAMAN A, ZEITHAML V A, BERRY L L. SERVQUAL: A Multiple-item scale for measuring consumer perceptions of service quality [J]. Journal of retailing, 1988, 64(1): 12-40.

[44] 姚娟, 陈飙, 田世政. 少数民族地区游客乡村旅游质量感知研究——以新疆昌吉州杜氏农庄为例［J］. 旅游学刊, 2008（11）：75-81.

[45] 王新越, 朱文亮. 山东省乡村旅游竞争力评价与障碍因素分析［J］. 地理科学, 2019, 39（1）：147-155.

[46] 安传艳, 李同昇, 翟洲燕, 等. 1992—2016年中国乡村旅游研究特征与趋势——基于CiteSpace知识图谱分析［J］. 地理科学进展, 2018, 37（9）：1186-1200.

[47] 庄丽娟. 服务定义的研究线索和理论界定［J］. 中国流通经济, 2004, 18（9）：41-44.

[48] 胡飞, 李顽强. 定义"服务设计"［J］. 包装工程, 2019, 40（10）：37-51.

[49] 胡飞. 服务设计：范式与实践［M］. 南京：东南大学出版社, 2019.

[50] 辛向阳, 曹建中. 服务设计驱动公共事务管理及组织创新［J］. 设计, 2014（5）：124-128.

[51] 让-克洛德·德劳内, 让·盖雷. 服务经济思想史：三个世纪的争论［M］. 江小涓, 译. 上海：上海人民出版社, 2011.

[52] 包国宪. 服务科学：概念架构、研究范式与未来主题［J］. 科学学研究, 2011, 29（1）：22.

[53] 理查德·诺曼. 服务管理：服务企业的战略与领导［M］. 范秀成, 卢丽, 译. 3版. 北京：中国人民大学出版社, 2006.

[54] 朱锦鸿. 服务、服务营销、感知服务质量的研究综述［J］. 现代管理科学, 2010（7）：112-114.

［55］GRÖNROOS C. A service quality model and its marketing implications［J］. European journal of marketing, 1984, 18(4): 36–44.

［56］PARASURAMAN A, ZEITHAML V, BERRY L L. A conceptual model of service quality and its implications for future research［J］. Journal of marketing, 1985, 49(4): 41–50.

［57］魏建良, 朱庆华. 服务科学理论研究及其面临的挑战［J］. 外国经济与管理, 2008, 30（6）: 15–21.

［58］佩恩 A. 服务营销［M］. 郑薇, 译. 北京: 中信出版社, 1998.

［59］克里斯托弗·洛夫洛克. 服务营销［M］. 韦福祥, 译. 北京: 机械工业出版社, 2014.

［60］赵泉泉. 设计"幸福": 从政策到行动的芬兰设计［J］. 装饰, 2022（4）: 114-119.

［61］陈嘉嘉. 服务设计: 界定·语言·工具［M］. 南京: 江苏凤凰美术出版社, 2016.

［62］柳冠中. 论重组资源、知识结构创新的系统设计方法——事理学［J］. 湖北美术学院学报, 2004（2）: 3-4.

［63］柳冠中.《事理学》——创新设计思维方法［C］//中国科学技术协会学会学术部. 节能环保和谐发展——2007中国科协年会论文集（二）. 清华大学美术学院, 2007: 9.

［64］柳冠中, DM. 事理学论纲——概述［J］. 设计, 2013（9）: 114-115.

［65］巩淼森. 面向社会创新的服务设计: 江南大学DESIS Lab的探索历程［J］. 创意与设计, 2017（2）: 100-104.

［66］罗仕鉴, 胡一. 服务设计驱动下的模式创新［J］. 包装工程, 2015, 36（12）: 1-4+28.

［67］罗仕鉴, 朱上上. 服务设计［M］. 北京: 机械工业出版社, 2011.

［68］辛向阳, 曹建中. 定位服务设计［J］. 包装工程, 2018, 39（18）: 43-49.

［69］王国胜. 服务设计与创新［M］. 北京: 中国建筑工业出版社, 2015.

［70］茶山. 服务设计微日记［M］. 北京: 电子工业出版社, 2015.

［71］雅各布·施耐德, 马克·斯迪克多恩. 服务设计思维［M］. 郑军荣, 译. 南昌: 江西美术出版社, 2015.

［72］张淑君, 王月英. 服务设计与运营［M］. 北京: 中国市场出版社, 2016.

［73］赵先德, 简兆权, 傅文慧. 基于平台的商业模式创新与服务设计［M］. 北京: 科学出版社, 2016.

［74］胡鸿. 中国服务设计发展报告［M］. 北京: 电子工业出版社, 2016.

［75］宁芳, 朱小军, 张玉峰. 产品服务设计［M］. 青岛: 中国海洋大学出版社, 2017.

［76］李四达, 丁肇辰. 服务设计概论: 创新实践十二课［M］. 北京: 清华大学出版社, 2018.

［77］黄蔚. 服务设计驱动的革命: 引发用户追随的秘密［M］. 北京: 机械工业出版社, 2019.

［78］马克·史迪克多, 马科斯·霍梅斯, 亚当·劳伦斯, 等. 服务设计方法与项目实践［M］. 马徐, 孙蕾, 译. 北京: 清华大学出版社, 2021.

［79］布鲁斯·布朗, 理查德·布坎南, 卡尔·迪桑沃, 等. 设计问题: 服务与社会［M］. 孙志祥, 辛向阳, 谢竞贤, 译. 南京: 江苏凤凰美术出版社, 2021.

［80］黄蔚. 好服务，这样设计：23个服务设计案例［M］. 北京：机械工业出版社，2021.

［81］孙聪，饶雅云. 无障碍与服务设计［M］. 沈阳：辽宁人民出版社，2021.

［82］刘军. 服务设计思维与方法［M］. 北京：光明日报出版社，2022.

［83］韩清波. 互联网+时代App系统性服务设计与创新［M］. 北京：化学工业出版社，2022.

［84］周砚钢. 都市老年社区服务设计研究［M］. 南京：江苏凤凰美术出版社，2022.

［85］吴春茂. 产品服务与积极体验设计［M］. 北京：中国纺织出版社，2022.

［86］姜霖，陈雨涵. 智慧城市老年人出行主动服务系统设计研究［M］. 合肥：合肥工业大学出版社，2022.

［87］王祥，李奕文. 服务设计［M］. 北京：化学工业出版社，2022.

［88］刘星，周妍黎. 服务设计：创造与改善服务体验［M］. 北京：中国建筑工业出版社，2022.

［89］陈俊. 库恩"范式"的本质及认识论意蕴［J］. 自然辩证法研究，2007（11）：104-108.

［90］曾令华，尹馨宇. "范式"的意义——库恩《科学革命的结构》文本研究［J］. 武汉理工大学学报（社会科学版），2019，32（6）：72-77.

［91］郑杭生，李霞. 关于库恩的"范式"——一种科学哲学与社会学交叉的视角［J］. 广东社会科学，2004（2）：119-126.

［92］莫春菊. 库恩的"范式转换"理论与行政文化分析［J］. 南京农业大学学报（社会科学版），2006，6（1）：91-96.

［93］楚东晓. 为服务而设计（D4S）：范式转换下的设计新维度［M］. 北京：中国建筑工业出版社，2023.

［94］周祎德，陈汗青. 服务设计理念下丽江文化旅游产品系统性开发问题［J］. 设计艺术研究，2014，4（2）：6-10.

［95］丁熊，刘珊. 产品服务系统设计［M］. 北京：中国建筑工业出版社，2022.

［96］郭芳. 中国古代设计哲学研究［D］. 武汉：武汉理工大学，2004.

［97］刘和山，周坤鹏. 论影响中国古代设计的儒家美学思想［J］. 装饰，2005（11）：52-53.

［98］李砚祖. 设计的智慧——中国古代设计思想史论纲［J］. 南京艺术学院学报（美术与设计版），2008（4）：27-32+80+161.

［99］杭间. 朴素而精致的古代设计思想［J］. 新美术，2013，34（4）：7-11.

［100］梁晓萍. "妙"范畴探微［J］. 文艺研究，2017（10）：67-74.

［101］刘文英. 老子道论的现代分疏与解读［J］. 南开学报，2002（2）：14-20.

［102］冯友兰. 中国哲学史新编（第二册）［M］. 北京：人民出版社，1984.

［103］王博. 老子哲学中"道"和"有""无"的关系试探［J］. 哲学研究，1991（8）：38-45.

［104］胡适. 中国哲学史大纲［M］. 北京：商务印书馆，1987.

［105］张岱年. 张岱年全集·老子哲学辨微（第五卷）［M］. 石家庄：河北人民出版社，1996.

［106］詹剑峰. 老子其人其书及其道论［M］. 武汉：华中师范大学出版社，2006.

[107] 陈鼓应. 老子注译及评介[M]. 北京：中华书局，2009.

[108] 高亨. 老子正诂[M]. 北京：中华书局，1959.

[109] 赵汀阳. 道的可能解法与合理解法[J]. 江海学刊，2011（1）：5-11.

[110] 蒙培元. "道"的境界——老子哲学的深层意蕴[J]. 中国社会科学，1996（1）：115-124.

[111] 王子怡. 从"舻"到"舻不舻"看中国古代道器设计思想及其当代意义[J]. 艺术百家，2006（6）：54-57.

[112] 王勇. 科学技术发展如何遵循"道"的辩证思想[J]. 天水行政学院学报，2022，23（1）：66-69.

[113] 王中江. 道与事物的自然：老子"道法自然"实义考论[J]. 哲学研究，2010（8）：37-47+127.

[114] 刘进. 论《老子》的设计美学思想[J]. 装饰，2006（5）：22.

[115] 张耀引. 从老子的"有无思想"看现代产品生态设计思维[J]. 美术大观，2019（10）：128-129.

[116] 黄金川，方创琳. 城市化与生态环境交互耦合机制与规律性分析[J]. 地理研究，2003，22（2）：211-220.

[117] 齐世泽. 角色理论：一个亟待拓展的哲学空间[J]. 北京交通大学学报（社会科学版），2014（4）：115-120.

[118] 任志峰. 角色理论及其对集体行为者的可行性分析[J]. 华中科技大学学报（社会科学版），2016，30（4）：122-127.

[119] 李永红. 谈旅游服务理念在旅游企业中的确立[J]. 商业研究，2003（22）：153-155.

[120] 黄薇. 服务设计：用极致体验赢得用户追随[M]. 北京：机械工业出版社，2020.

[121] 郭万超. 文化和旅游产业前沿·第九辑[M]. 北京：社会科学文献出版社，2023.

[122] 中国旅游研究院，驴妈妈旅游网. 中国旅游业创新和IP发展年度报告（2019）[M]. 北京：中国旅游出版社，2019.

[123] 陶力，布乃鹏. 超大城市周边乡村旅游实践与案例[M]. 上海：上海交通大学出版社，2021.

[124] 吴殿廷，张艳，王欣. 论反向旅游[J]. 桂林旅游高等专科学校学报，2005，16（6）：10-13+18.

[125] 吴殿廷，吴昊，王三三. 反向旅游的有限性分析[J]. 商业研究，2012（2）：170-172.

[126] 四川省旅游培训中心. 乡村旅游创新案例——乡村旅游操盘手实录与经验分享[M]. 北京：中国旅游出版社，2018.

[127] 王云才. 中国乡村旅游发展的新形态和新模式[J]. 旅游学刊，2006（4）：8.

[128] 国家发展和改革委员会社会发展司，文化和旅游部资源开发司. 全国乡村旅游发展典型案例汇编[M]. 北京：中国旅游出版社，2019.

[129] 赵智慧. 服务设计与新时代乡村文化旅游产业的耦合机制研究[J]. 建筑与文化，2022（12）：87-89.

[130] 戴斌, 周晓歌, 梁壮平. 中国与国外乡村旅游发展模式比较研究[J]. 江西科技师范学院学报, 2006（1）：16-23.

[131] 张树民, 钟林生, 王灵恩. 基于旅游系统理论的中国乡村旅游发展模式探讨[J]. 地理研究, 2012, 31（11）：2094-2103.

[132] 邓爱民, 龙安娜. 乡村旅游可持续发展路径创新与政策协同研究[M]. 北京：中国旅游出版社, 2021.

[133] 吕丽, 胡静, 田小波, 等. 武汉市乡村旅游空间集聚演化格局及影响因素[J]. 长江流域资源与环境, 2022, 31（6）：1234-1248.

[134] 高颖, 刘竹青, 刘玉梅. 中外乡村旅游发展模式比较研究[J]. 世界农业, 2011（1）：80-82.

[135] 赵承华. 乡村旅游开发模式及其影响因素分析[J]. 农业经济, 2012（1）：13-15.

[136] 张耀一. 乡村旅游社区参与开发模式与利益分配机制研究[J]. 农业经济, 2017（3）：65-66.

[137] 马勇, 赵蕾, 宋鸿, 等. 中国乡村旅游发展路径及模式——以成都乡村旅游发展模式为例[J]. 经济地理, 2007, 27（2）：336-339.

[138] 单钢新, 陈怡宁. 新时期我国旅游需求侧管理的内涵与实现路径探讨[J]. 决策与信息, 2022（10）：24-36.

[139] 游上, 江景峰, 谢蕴怡. 自组织理论视角下乡村民宿聚落"三生"空间的重构优化——以海南省代表性共享农庄为例[J]. 东南学术, 2019（3）：71-80.

[140] 汪仁正. 文旅IP的建设路径与价值创造[J]. 当代农村财经, 2020（2）：29-31.

[141] 德村志成. 从乡愁、乡创、乡建谈乡村旅游与民宿发展问题[J]. 小城镇建设, 2017（3）：24-31.

[142] 朱振华, 刘国恩, 赖振宇, 等. 主客共享视角下辽宁省乡村旅游地分布特征及影响因素[J]. 经济地理, 2023, 43（1）：217-226.

[143] MACDONALD R, JOLLIFFE L. Cultural rural tourism: Evidence from Canada [J]. Annals of tourism research, 2003, 30(2): 307-322.

[144] 冯曹冲, 陈勇锦, 王毅, 等. 标准化试点建设常见问题及对策思考——以浙江为例[J]. 中国标准化, 2023（12）：90-93.

[145] 陆超. 读懂乡村振兴：战略与实践[M]. 上海：上海社会科学院出版社, 2020.

[146] 胡钰, 王一凡. 文化旅游产业中PPP模式研究[J]. 中国软科学, 2018（9）：160-172.

[147] 希拉里·迪克罗, 鲍勃·麦克彻. 文化旅游[M]. 朱路平, 译. 北京：商务印书馆, 2017.

[148] 索晓霞. 乡村振兴战略下的乡土文化价值再认识[J]. 贵州社会科学, 2018（1）：4-10.

[149] 张琳. 乡土文化传承与现代乡村旅游发展耦合机制研究[J]. 南方建筑, 2016（4）：15-19.

[150] 李凡, 蔡桢燕. 古村落旅游开发中的利益主体研究——以大旗头古村为例[J]. 旅游学刊, 2007, 22（1）：42-48.

［151］赵静. 乡村旅游核心利益相关者关系博弈及协调机制研究［M］. 北京：经济科学出版社，2021.

［152］施润周，杨晓妣. 旅游基本动机研究——基于旅游动机结构与马斯洛需求层次模型的同构性［J］. 黄山学院学报，2022，24（4）：56-61.

［153］王瑞婷，宋瑞，胥英伟. 新冠疫情背景下旅游需求新趋势——基于国内外文献综述的发现［J］. 资源开发与市场，2023，39（3）：345-355.

［154］王克岭，董俊敏. 旅游需求新趋势的理论探索及其对旅游业转型升级的启示［J］. 思想战线，2020，46（2）：132-143.

［155］束良勇. 基于游客需求的浙江桐庐县乡村旅游产品提升研究［D］. 南宁：广西大学，2016.

［156］庾君芳. 武汉都市圈乡村旅游客源市场需求分析［J］. 城市学刊，2018，39（2）：43-47.

［157］赵琴琴，张梦，付晓蓉. 物质奖励对旅游虚拟社区再分享意愿影响研究［J］. 旅游学刊，2018，33（3）：39-49.

［158］杨睿，陈志钢，范玉强，等. 旅游者需求与微信朋友圈旅游信息分享行为研究——使用与满足理论视角［J］. 河南科学，2022，40（9）：1529-1539.

［159］王敏. 基于网络文本分析的殷墟旅游形象游客感知研究［J］. 地域研究与开发，2019，38（5）：115-119.

［160］彭丹，黄燕婷. 丽江古城旅游地意象研究：基于网络文本的内容分析［J］. 旅游学刊，2019，34（9）：80-89.

［161］宋炳华，马耀峰，高楠，等. 基于网络文本的TDI感知探究——平遥古城实证分析［J］. 干旱区资源与环境，2016，30（3）：202-208.

［162］张文亭，骆培聪. 基于网络文本的目的地旅游形象游客感知与官方传播对比研究——以福建永定土楼为例［J］. 福建师范大学学报（自然科学版），2017，33（1）：90-98.

［163］郭庭利，姚晨洋，王林. 基于网络文本与IPA模型的民族地区旅游形象感知研究——以广西桂林龙脊景区为例［J］. 广西职业师范学院学报，2022，34（3）：63-71.

［164］文捷敏，余颖，刘学伟，等. 基于网络文本分析的"网红"旅游目的地形象感知研究——以重庆洪崖洞景区为例［J］. 旅游研究，2019，11（2）：44-57.

［165］黄杰，马继，谢霞，等. 旅游者体验价值感知的维度判别与模型研究——基于新疆游客网络文本的内容分析［J］. 消费经济，2017，33（2）：85-91.

［166］李佳，余本功. 基于服务科学构建旅游服务质量评价模型的研究［J］. 价值工程，2010，29（2）：240-241.

［167］李玺，叶升，王东. 旅游目的地感知形象非结构化测量应用研究——以访澳商务游客形象感知特征为例［J］. 旅游学刊，2011，26（12）：57-63.

［168］粟路军，黄福才. 旅游者形象感知影响因素及其对忠诚影响［J］. 商业经济与管理，2010（6）：80-88.

［169］赵振斌，党娇. 基于网络文本内容分析的太白山背包旅游行为研究［J］. 人文地理，2011，26（1）：134-139.

［170］付业勤，王新建，郑向敏．基于网络文本分析的旅游形象研究——以鼓浪屿为例［J］．旅游论坛，2012，5（4）：59-66．

［171］尤晨，陈敏红．福建南靖土楼形象感知与旅游产品设计——基于网络文本分析方法［J］．闽南师范大学学报（哲学社会科学版），2019（1）：18-28．

［172］王璐．略论徽派古村的建筑特色及其艺术价值——以安徽西递古村落为研究点［J］．农业考古，2014（3）：323-326．

［173］张玲．黑瓦白墙的水墨之梦——赏徽派建筑瑰宝西递、宏村［J］．文物世界，2010（5）：53-58．

［174］福建土楼编委会．世界遗产公约申报文化遗产：中国福建土楼［M］．北京：中国大百科全书出版社，2007．

［175］汜忠娟，蒋依依，谢婷．旅游地居民感知和态度研究综述［J］．资源科学，2017，39（3）：396-407．

［176］袁源，张小林，李红波，等．西方国家乡村空间转型研究及其启示［J］．地理科学，2019，39（8）：1219-1227．

［177］LEE T H. Influence analysis of community resident support for sustainable tourism development[J]. Tourism management, 2013, 34(1): 37-46.

［178］尹寿兵，刘云霞，赵鹏．景区内旅游小企业发展的驱动机制：西递村案例研究［J］．地理研究，2013，32（2）：360-368．

［179］尹寿兵，郭强，刘云霞．旅游小企业成长路径及其驱动机制——以世界文化遗产地宏村为例［J］．地理研究，2018，37（12）：2503-2516．

［180］李小建，李二玲．中国中部农区企业集群的竞争优势研究：以河南省虞城县南庄村钢卷尺企业集群为例［J］．地理科学，2004，24（2）：136-143．

［181］傅慧，赵世伟，蔡筱霞．旅游小企业成长研究：前因变量与结果变量［J］．中大管理研究，2013，8（3）：63-79．

［182］叶顺，应天煜，肖洪根，等．乡村旅游小企业的成长演化：模式、影响因素及效应［M］．杭州：浙江大学出版社，2020．

［183］SCHÜTTE S T W, EKLUND J, AXELSSON J R C, et al. Concepts, methods and tools in Kansei Engineering[J]. Theoretical issues in ergonomics science, 2004, 5(3): 214-231.

［184］韦伟，吴春茂．用户体验地图、顾客旅程地图与服务蓝图比较研究［J］．包装工程，2019，40（14）：217-223．

［185］楚东晓，彭玉洁．构建面向服务产品的感性价值创造模型［J］．装饰，2019（7）：87-91．

［186］李翠玉，蒋伟，李文慧．基于用户隐性需求的无意识设计方法［J］．戏剧之家，2019（11）：111-113．

［187］孙辛欣，李世国，靳文奎．基于用户无意识行为的交互设计研究［J］．包装工程，2011，32（20）：69-72．

［188］倪瀚，李文嘉，郑胜，等．无意识设计与科技产品创新体验研究［J］．包装工程，2014，35

（8）：35-38.

[189] 赵智慧, 张梦盈. 乡村文化旅游产业策略性服务系统设计研究 [J]. 农村经济与科技, 2023, 34（5）：108-110+142.

[190] 刘蒙之. 网络流行语的演化迭代、言语实践与价值评判——以2022年度流行语为例 [J]. 人民论坛, 2023（4）：94-97.

[191] 于鹏亮, 付圣. 青年亚文化视域下网络流行语的使用行为与社会心态分析 [J]. 宁夏大学学报（人文社会科学版），2022, 44（6）：111-115.

[192] 赵超. 适老化设计模型的构建：技术与文化语境中的直觉认知、先验知识和熟悉度 [J]. 装饰, 2022（5）：12-19.

[193] 杨春时. 中华美学的审美意识论 [J]. 广东社会科学, 2018（5）：163-171+255.

[194] 张琳, 张佳琪. 传统村落景观情境感知与游客体验质量的关系研究——以宏村、篁岭村、诸葛八卦村为例 [J]. 建筑与文化, 2017（7）：186-188.

[195] 张黎. 设计学的想象力：叙事、直觉与讲故事 [J]. 南京艺术学院学报（美术与设计），2015（4）：59-65+205-206.

[196] 吕宁. 旅游体验中的地方感研究 [D]. 大连：东北财经大学, 2010.

[197] 卢彬. 虚实相生 皆成妙境——从安藤忠雄作品分析设计中光影运用 [J]. 戏剧丛刊, 2013（2）：116-117.

[198] 冯英华. 李渔小说《无声戏》戏剧化特征及其审美意蕴探析 [J]. 四川戏剧, 2013（10）：119-121.

[199] 高琦, 张雪梅. 浅析《国家宝藏》的叙事方式 [J]. 新闻论坛, 2019（1）：63-66.

[200] 许义. 新旅游：重新理解未来10年的中国旅游 [M]. 北京：中国旅游出版社, 2021.

[201] 朱佳颖. 依恋理论述评及展望 [J]. 黑龙江教育学院学报, 2012, 31（8）：98-101.

[202] 陈琳, 乐国林, 王利敏. 依恋理论在组织研究中的应用与启示 [J]. 心理与行为研究, 2015, 13（6）：853-860.

[203] 姜岩, 董大海. 西方消费者依恋理论的研究进展 [J]. 管理评论, 2009, 21（1）：77-86.

[204] 潘莉. 依恋研究的多学科视角述评 [J]. 品牌研究, 2016（4）：44-53.

[205] NORMAN D A. Systems thinking: A product is more than the product [J]. Interactions, 2009, 16(5): 52-54.

[206] 鲁道夫·阿恩海姆. 艺术与视知觉 [M]. 成都：四川人民出版社, 1998.

[207] 舒伯阳, 张乐婷, 喻春艳. 文旅时代的IP智造 [M]. 北京：旅游教育出版社, 2021.

[208] 魏义方. 激发文化消费潜力 培育居民消费新增长点 [J]. 中国经贸导刊, 2023（3）：80-82.

[209] 刘中华, 焦基鹏. 非物质文化遗产IP资源创新性推广途径与策略探究——以中国非物质文化遗产保护联盟为例 [J]. 浙江艺术职业学院学报, 2018, 16（1）：144-148.

[210] 易开刚, 等. 文化和旅游IP：理论溯源与实践探索 [M]. 北京：中国旅游出版社, 2022.

[211] 赵毅衡. 指示性是符号的第一性 [J]. 上海大学学报（社会科学版），2017, 34（6）：104-113.

[212] 倪泰乐, 冯兆, 陈应双. 基于皮尔斯符号学的李冰图形元素提取与推演[J]. 包装工程, 2021, 42（4）：178-184.

[213] 王战, 张弘韬. 时尚、消费与设计符号——从消费文化的角度解读有计划商品废止制[J]. 装饰, 2011（5）：94-96.

[214] 马誉铭. 面向产品生命周期的可持续性设计探索[J]. 设计, 2017（21）：120-121.

[215] 王受之. 世界现代设计史[M]. 北京：中国青年出版社, 2002.

[216] 陈国强. 简明文化人类学词典[M]. 杭州：浙江人民出版社, 1990.

[217] 吴晔, 樊嘉, 张伦. 主流媒体短视频人格化的传播效果考察——基于《主播说联播》栏目的视觉内容分析[J]. 西安交通大学学报（社会科学版）, 2021, 41（2）：131-139.

[218] 向勇, 白晓晴. 新常态下文化产业IP开发的受众定位和价值演进[J]. 北京大学学报（哲学社会科学版）, 2017, 54（1）：123-132.

[219] 毕文波. 当代中国新文化基因若干问题思考提纲[J]. 南京政治学院学报, 2001（2）：27-31.

[220] 韩昱, 徐继宏. 解码浙江文化基因培育浙江文化标识[N]. 中国文化报, 2022-06-01（1）.

[221] 韩昱. 浙江：解码文化基因赋能城乡发展[N]. 中国旅游报, 2022-06-27（1）.

[222] 赵晓亮. 社群化、人格化、陌生化：戏曲新媒体传播的内容生产策略[J]. 现代传播（中国传媒大学学报）, 2020, 42（6）：110-114.

[223] 梁辰, 陈勤. 故宫御猫IP人格化传播策略研究[J]. 北京印刷学院学报, 2023, 31（2）：29-33.

[224] 邵培仁, 范红霞. 传播仪式与中国文化认同的重塑[J]. 当代传播, 2010（3）：15-18.

[225] 张芬芬. 裂变传播模式下农产品新零售裂变营销的难点与对策[J]. 湘南学院学报, 2023, 44（1）：33-36.

[226] 韩红星, 赵恒煜. 基于裂变式传播的新媒体噪音初探——以微博为例[J]. 现代传播（中国传媒大学学报）, 2012, 34（7）：105-109.

[227] 金韶, 倪宁. "社群经济"的传播特征和商业模式[J]. 现代传播（中国传媒大学学报）, 2016, 38（4）：113-117.

[228] 腾讯智慧零售. 超级连接：用户驱动的零售新增长[M]. 北京：中信出版社, 2020.

[229] 辛向阳, 王晰. 服务设计中的共同创造和服务体验的不确定性[J]. 装饰, 2018（4）：74-76.

[230] 李美云, 黄斌. 文化与旅游产业融合下的商业模式创新路径研究[J]. 广东行政学院学报, 2014, 26（3）：92-97.

[231] 李鸿磊. 基于价值创造视角的商业模式分类研究——以三个典型企业的分类应用为例[J]. 管理评论, 2018, 30（4）：257-272.

[232] 王建国. 1P理论：第三方买单的商业模式与模式营销[M]. 北京：北京大学出版社, 2016.

[233] 张越, 赵树宽. 基于要素视角的商业模式创新机理及路径[J]. 财贸经济, 2014（6）：90-99.

[234] 王雪冬，董大海. 商业模式创新概念研究述评与展望[J]. 外国经济与管理, 2013, 35（11）: 29-36+81.

[235] 张振鹏. 基于扎根理论的文化企业商业模式创新机理研究[J]. 理论学刊, 2022（4）: 109-116.

[236] 亚历山大·奥斯特瓦德, 伊夫·皮尼厄. 商业模式新生代[M]. 王帅, 毛心宇, 严威, 译. 北京: 机械工业出版社, 2014.

[237] 杨建武, 林卫兴, 吴健芬. 读村记——浙江省文旅赋能乡村运营范式[M]. 杭州: 浙江科学技术出版社, 2021.

[238] 陈蕾, 杨钊. 生活方式型旅游小企业的特征及研究启示[J]. 旅游学刊, 2014, 29（8）: 80-88.

[239] 王倩, 刘俊哲, 刘彦. "互联网＋"时代下秦淮灯彩文创产品定制化服务设计[J]. 设计, 2019, 32（1）: 14-17.

[240] 陆瑾. 产业组织演化研究——从对主流经济理论的批判到基于演化框架的分析[D]. 上海: 复旦大学, 2005.

[241] 罗家德, 曾丰又. 基于复杂系统视角的组织研究[J]. 外国经济与管理, 2019, 41（12）: 112-134.

[242] 韩蓉, 林润辉. 基于自组织临界性理论的知识创新涌现分析[J]. 科学学与科学技术管理, 2014, 35（4）: 74-79.

[243] 颜苗苗, 梅青, 王明康. 复杂适应系统理论视角下的乡村旅游系统发展研究——以山东省淄博市中郝峪村为例[J]. 地域研究与开发, 2021, 40（5）: 125-130.

[244] 张凌云, 朱莉蓉. 旅游标准化新论[M]. 北京: 中国旅游出版社, 2020.

[245] 邱萍, 冉杰. 旅游标准化研究与创新[M]. 北京: 旅游教育出版社, 2015.

[246] 魏琼琼, 罗公利. 基于涌现理论的企业价值共创体系价值创造能力评价研究——以我国膜企业为例[J]. 青岛科技大学学报（社会科学版）, 2018, 34（4）: 49-55.

[247] 肖云. 创意产业的要素构成和系统研究——基于CAS的理论与方法[D]. 成都: 西南交通大学, 2015.

[248] 孙梦水, 刘春成, 侯汉坡. 基于复杂适应系统视角的"城中村"管理分析[J]. 中国科技论坛, 2013（3）: 51-55.

[249] 左冰. 发展主义语境下社区参与旅游发展困境及其出路[J]. 思想战线, 2011（4）: 122-126.

[250] 辛纪元, 曹务坤, 吴大华. 旅游吸引物权的表达与实践[J]. 云南师范大学学报（哲学社会科学版）, 2014, 46（5）: 111-115.

[251] 王维艳. 乡村社区参与景区利益分配的法理逻辑及实现路径——基于现行法律制度框架视角[J]. 旅游学刊, 2015, 30（8）: 44-52.

[252] 左冰, 保继刚. 旅游吸引物权再考察[J]. 旅游学刊, 2016, 31（7）: 13-23.

[253] 王维艳. 社区参与旅游发展制度增权二元分野比较研究[J]. 旅游学刊, 2018, 33（8）: 58-67.

[254] 娄永琪. NICE 2035：一个设计驱动的社区支持型社会创新实验[J]. 装饰，2018（5）：34-39.

[255] 汪芳，郝小斐. 基于层次分析法的乡村旅游地社区参与状况评价：以北京市平谷区黄松峪乡雕窝村为例[J]. 旅游学刊，2008（8）：52-57.

[256] 王英，孙业红，苏莹莹，等. 基于社区参与的农业文化遗产旅游解说资源研究——以浙江青田稻鱼共生系统为例[J]. 旅游学刊，2020，35（5）：75-86.

[257] 胥兴安，王立磊，张广宇. 感知公平、社区支持感与社区参与旅游发展关系——基于社会交换理论的视角[J]. 旅游科学，2015，29（5）：14-26.

[258] 黄珂珂.《乡村旅游：乡村振兴的路径与实践》(节选) 英译项目报告[D]. 南京：南京师范大学，2021.

[259] 张敬博，席酉民，孙悦. 张力视角下的平台组织治理规则——基于海尔平台的案例研究[J]. 西安交通大学学报（社会科学版），2022，42（1）：141-154.

[260] 刘祖欠. 旅游景区标准体系构建研究——以海南省景区为例[J]. 标准科学，2023（3）：67-72.

[261] 曾艳芳. 中美旅游产业组织演化与创新比较研究[D]. 福州：福建师范大学，2014.

[262] 姜红，盖金龙，陈晨. 生命周期视角下技术标准联盟企业竞合关系研究[J]. 科学学与科学技术管理，2022，43（9）：89-107.

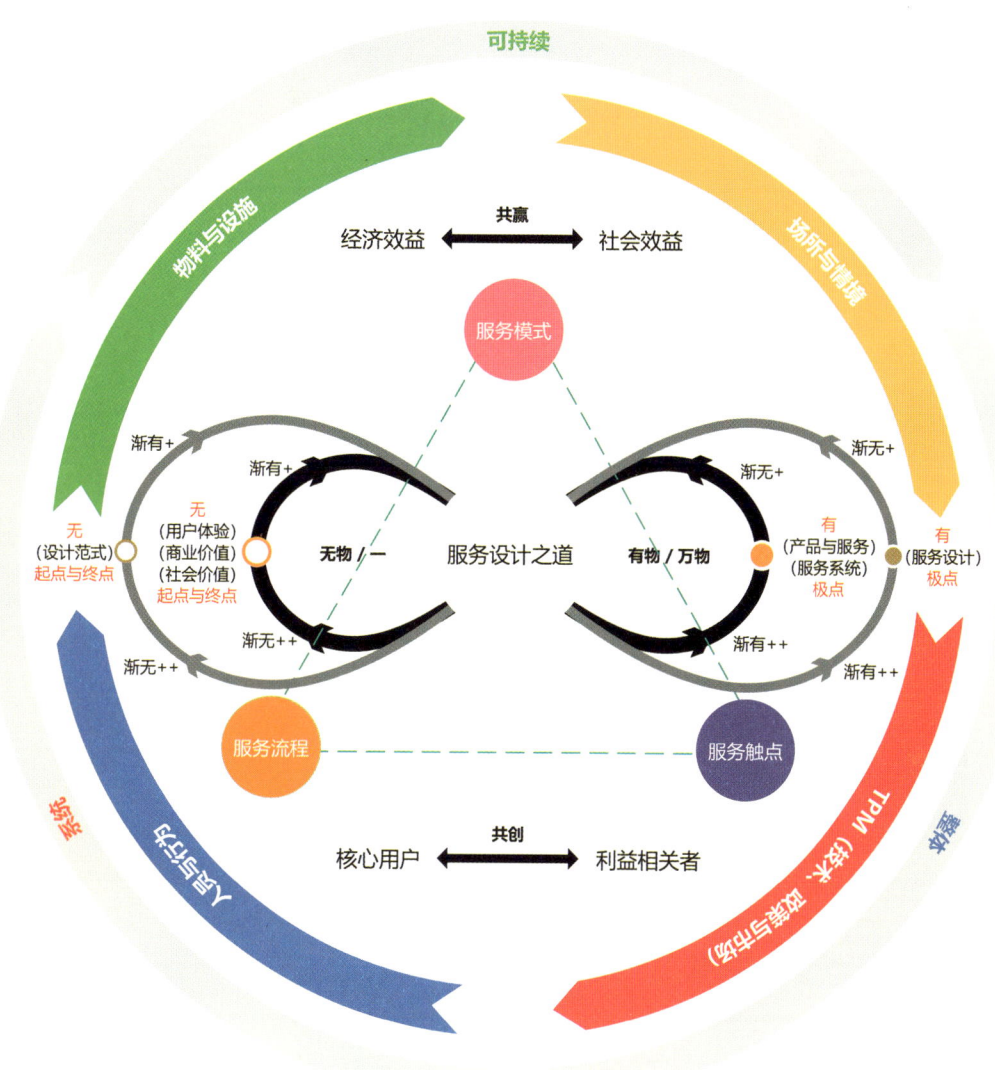

彩插2-1 服务设计概念模型

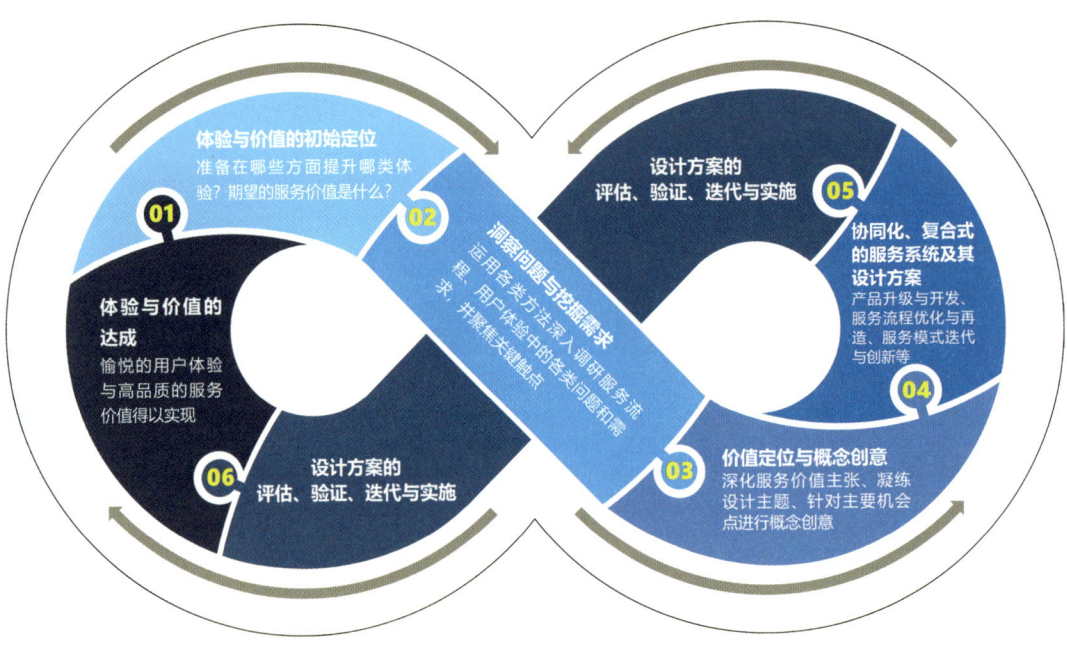

彩插2-2　服务设计内部流程模型

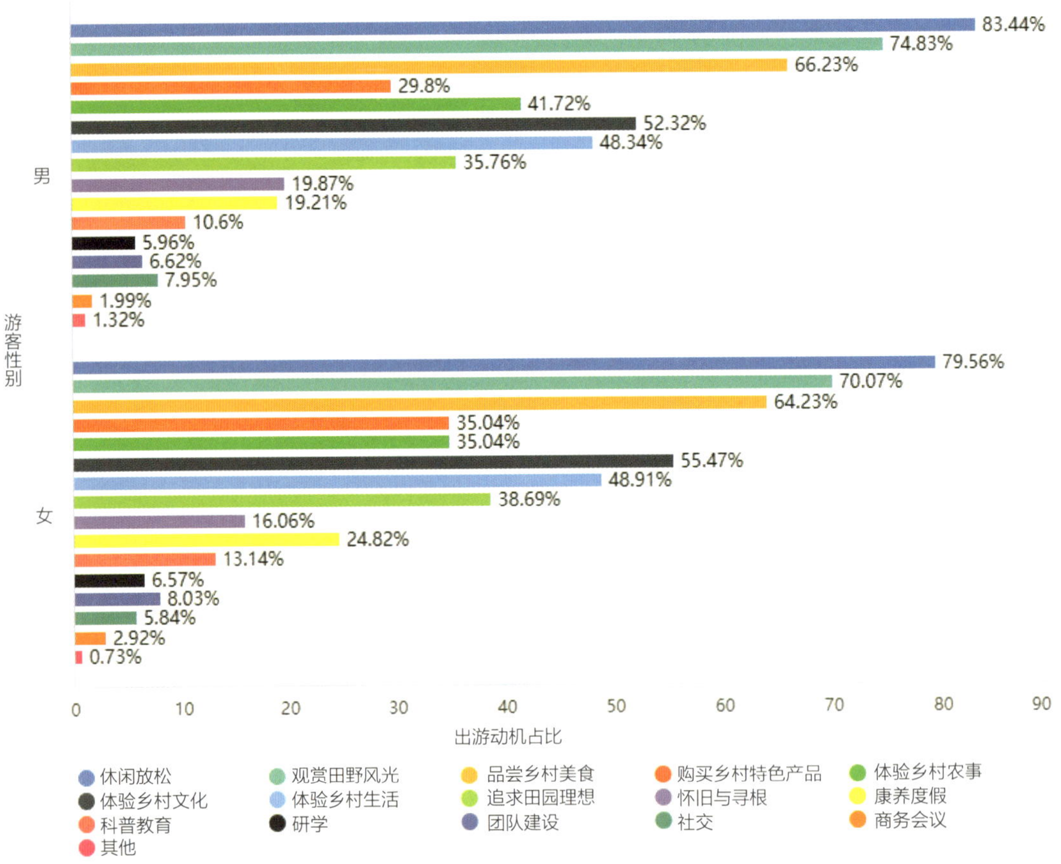

彩插4-1　游客性别与旅游动机的关系

198　服务设计与乡村文旅产业发展路径研究

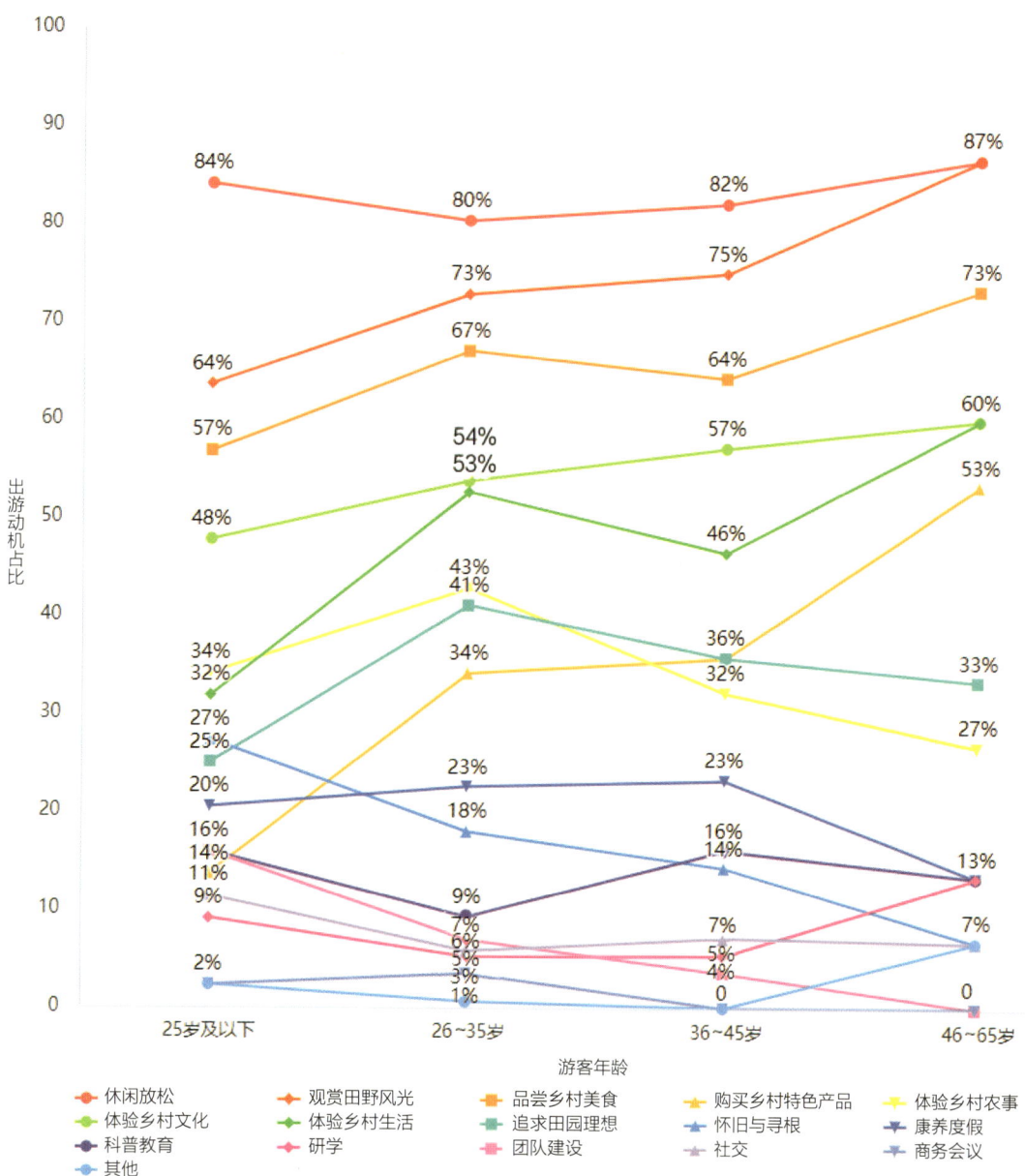

彩插4-2　游客年龄与旅游动机的关系

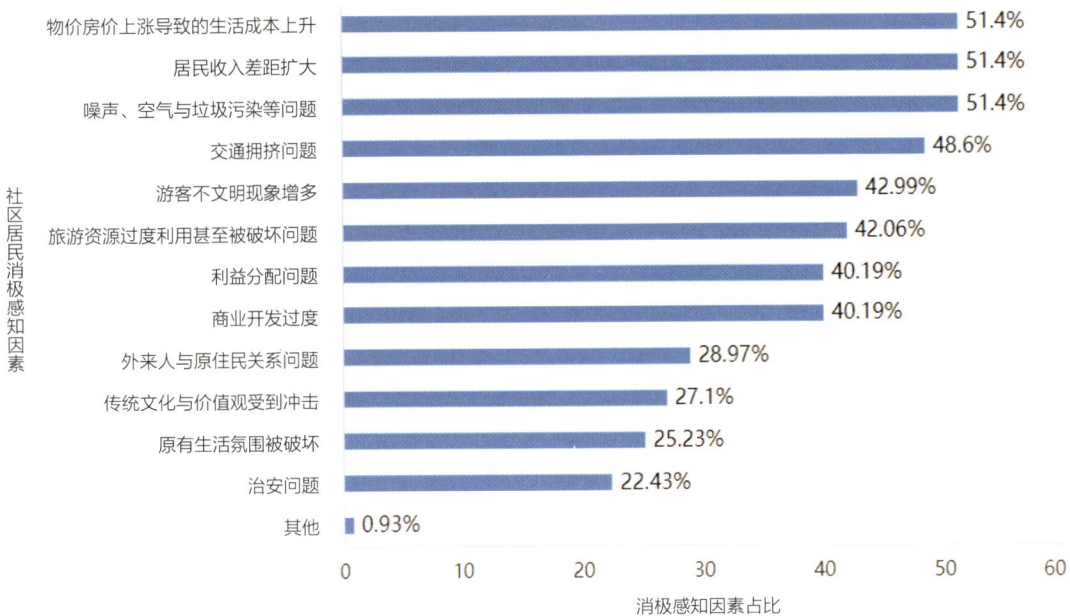

彩插4-3　乡村文旅地社区居民感知不满意原因及其占比

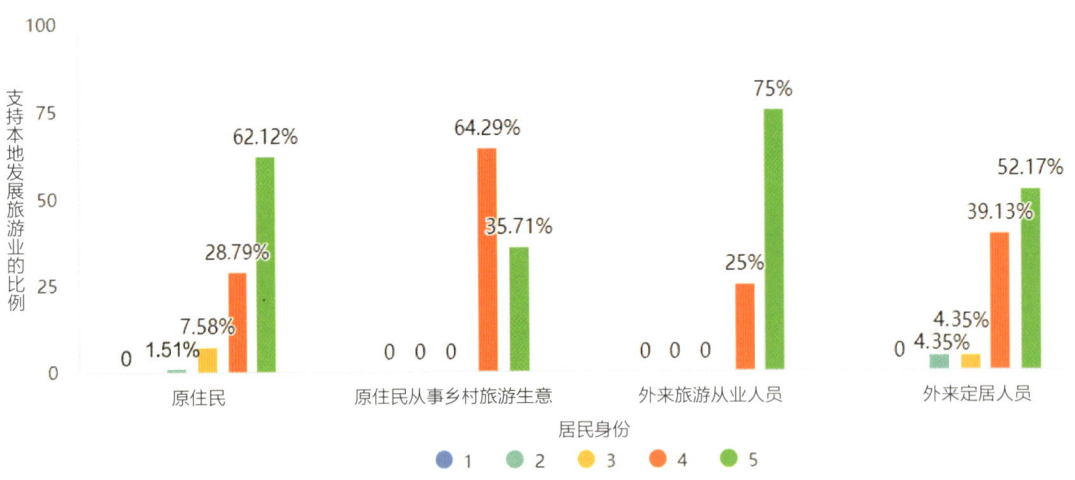

彩插4-4　居民身份与是否"支持本地发展旅游业"的交叉分析

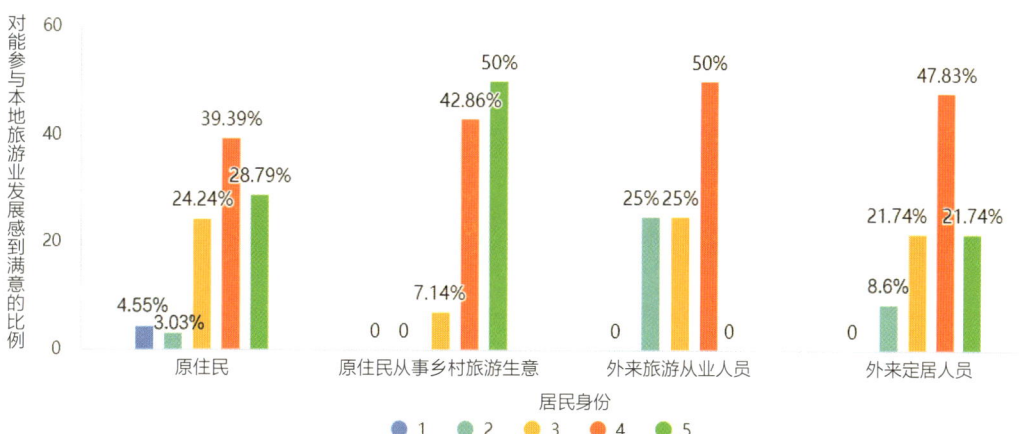

彩插4-5　居民身份与"对能参与本地旅游业发展感到满意"的交叉分析

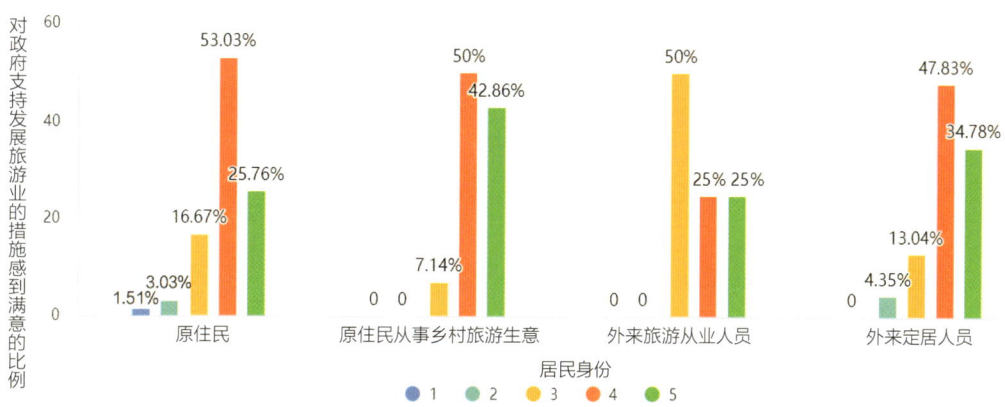

彩插4-6　居民身份与"对政府支持发展旅游业的措施感到满意"的交叉分析

彩插4-7　乡村旅游产业高质量发展政策导向

彩插4-8　产业发展各要素细分

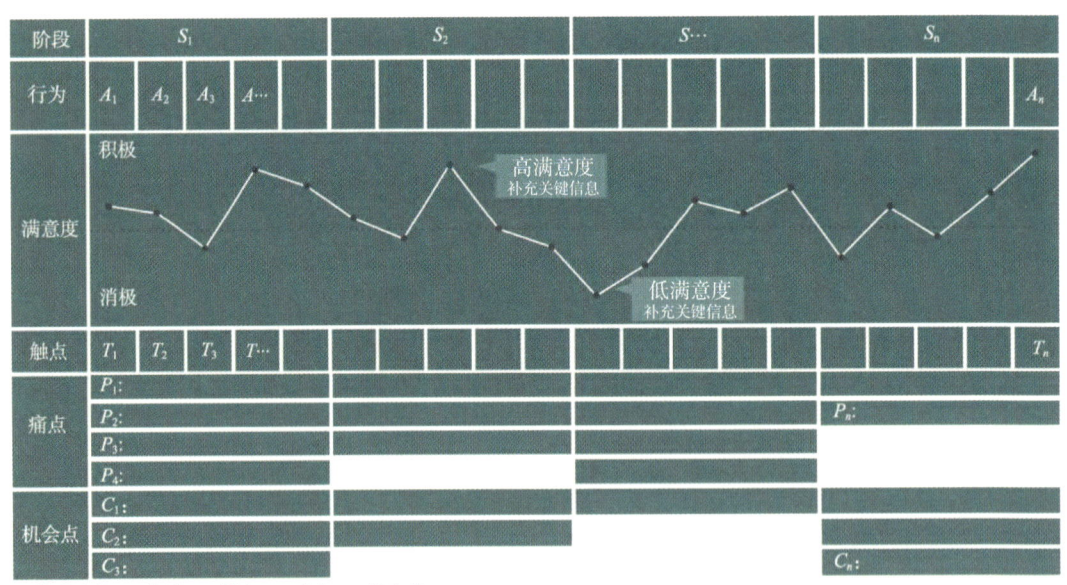

彩插5-1　用户体验地图模板

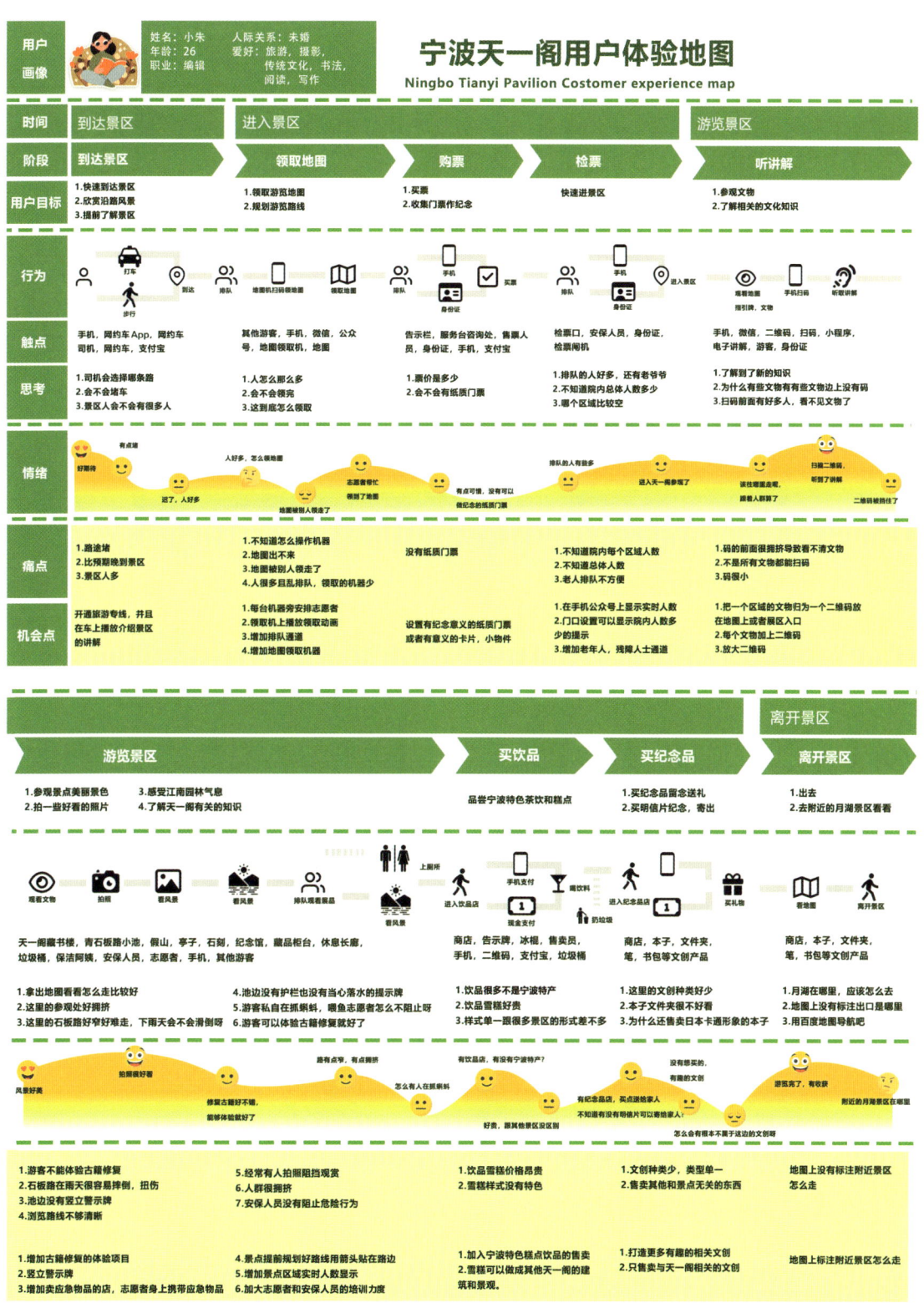

彩插5-2 宁波天一阁用户体验地图
林思平

彩插5-3 彝纹米奇
李木子

彩插5-4 奇·迹—之大
宁晓莉

彩插5-5　丝瓜络家居产品设计
拉波塞

彩插5-6　Seeding-C（丝瓜络育苗杯）
刘佳豪

彩插5-7　盛开的莲花
程嘉艺、李佳琪、周泉波、陈亦凡

彩插5-8 "莲连"IP产品
程嘉艺、李佳琪、周泉波、陈亦凡

彩插5-9 浙江桐庐石舍村未来乡村体验馆情境化产品

彩插5-10　乡村流动文旅书屋概念设计
仇佳宁、赵智慧

彩插5-11　Freitag产品图例

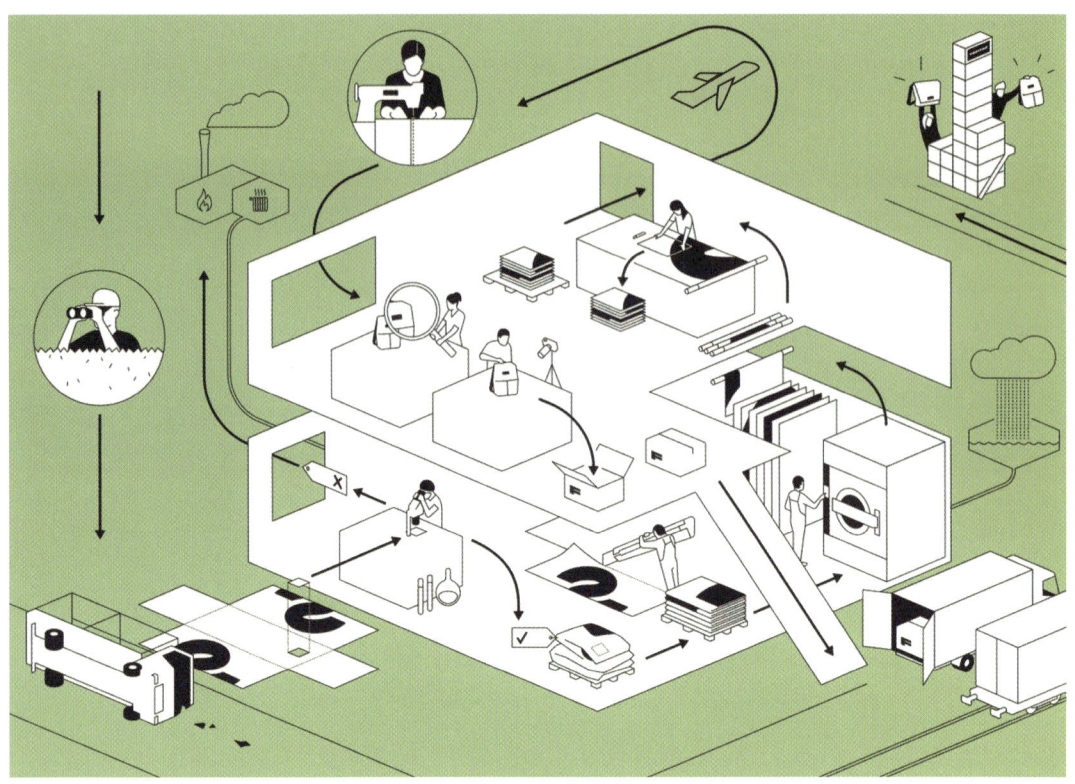

彩插5-12　Freitag产品生产过程示意图

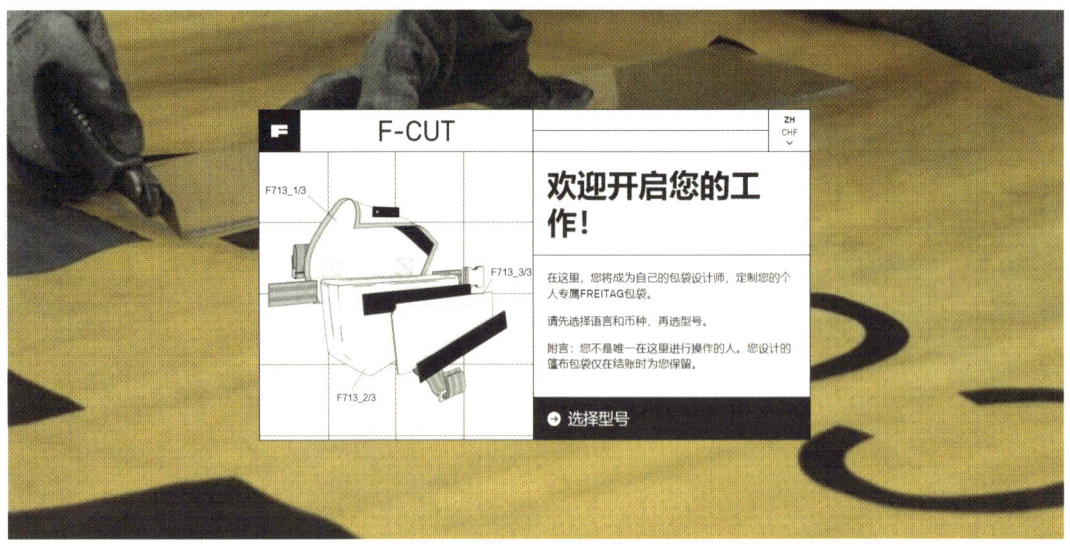

彩插5-13　Freitag在线产品定制界面首页

彩插5-14　Freitag在线产品定制界面功能页面

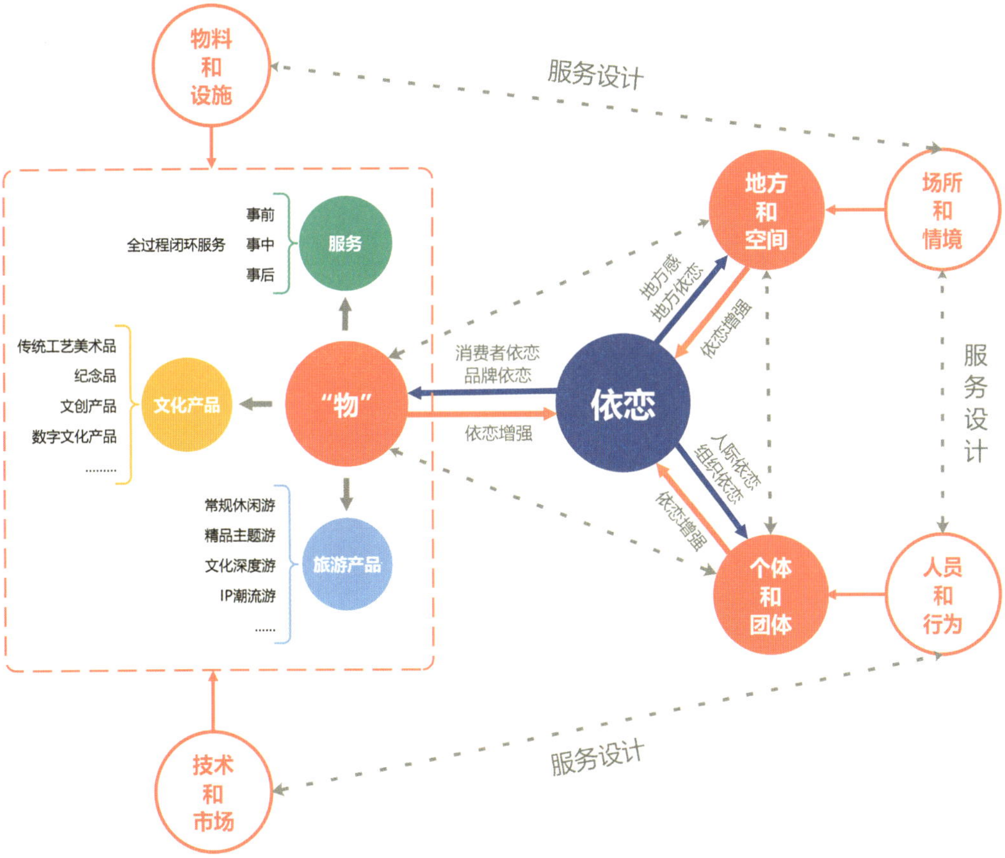

彩插5-15　依恋型乡村文旅产品服务设计开发机理

彩插5-16　长耳朵的自行车轮
冯翰婷

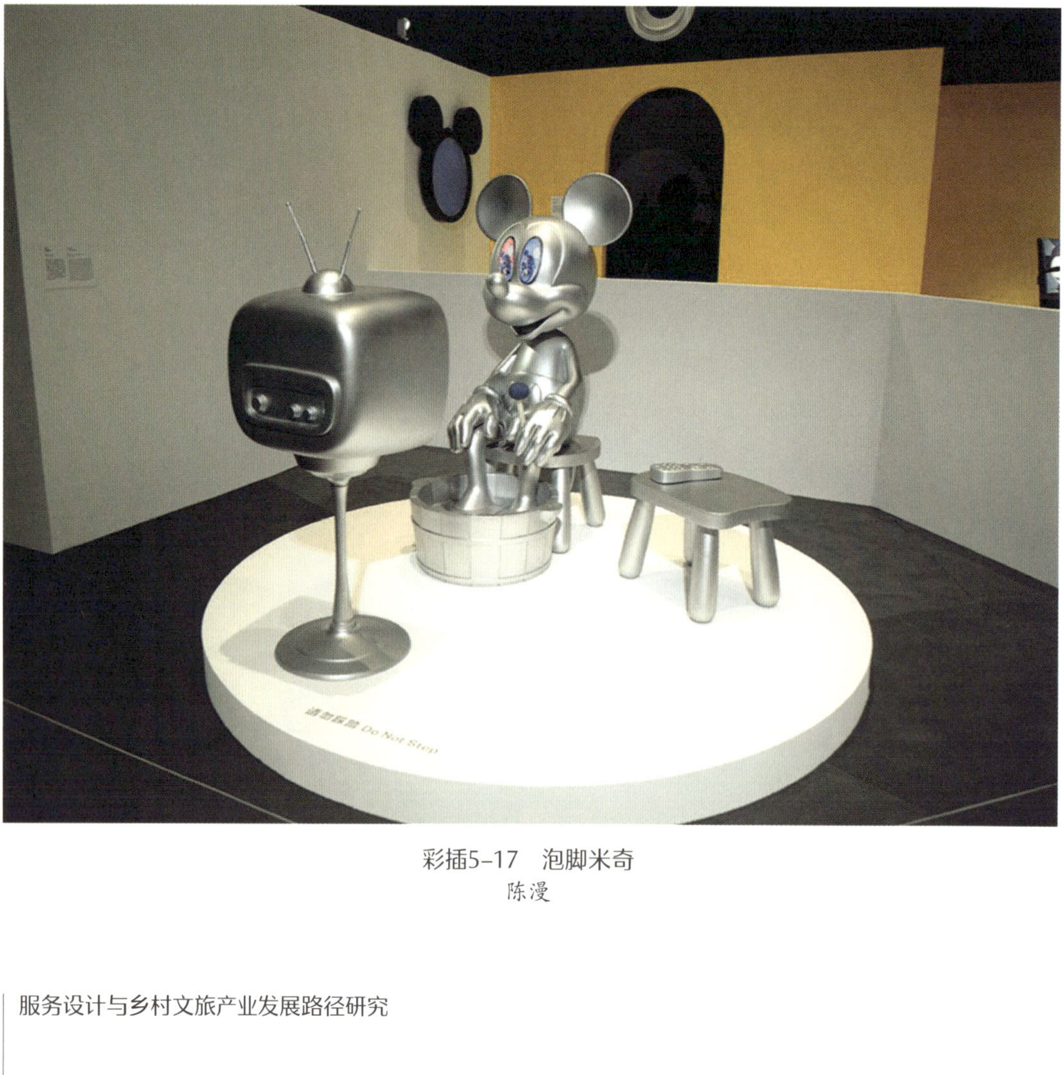

彩插5-17　泡脚米奇
陈漫

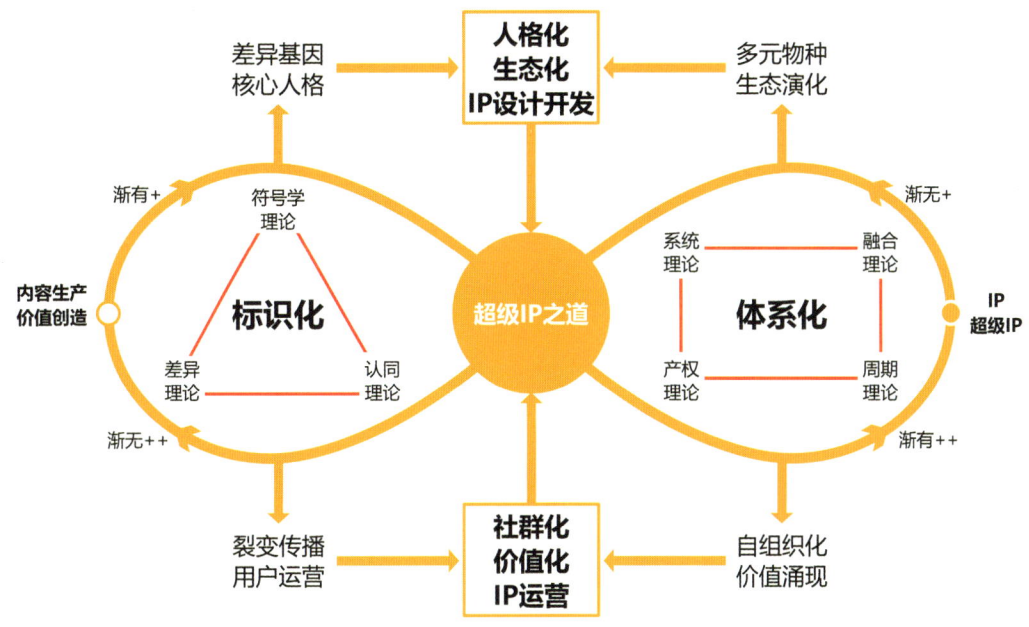

彩插5-18 超级IP之道

彩插5-19 文化企业商业模式创新机理

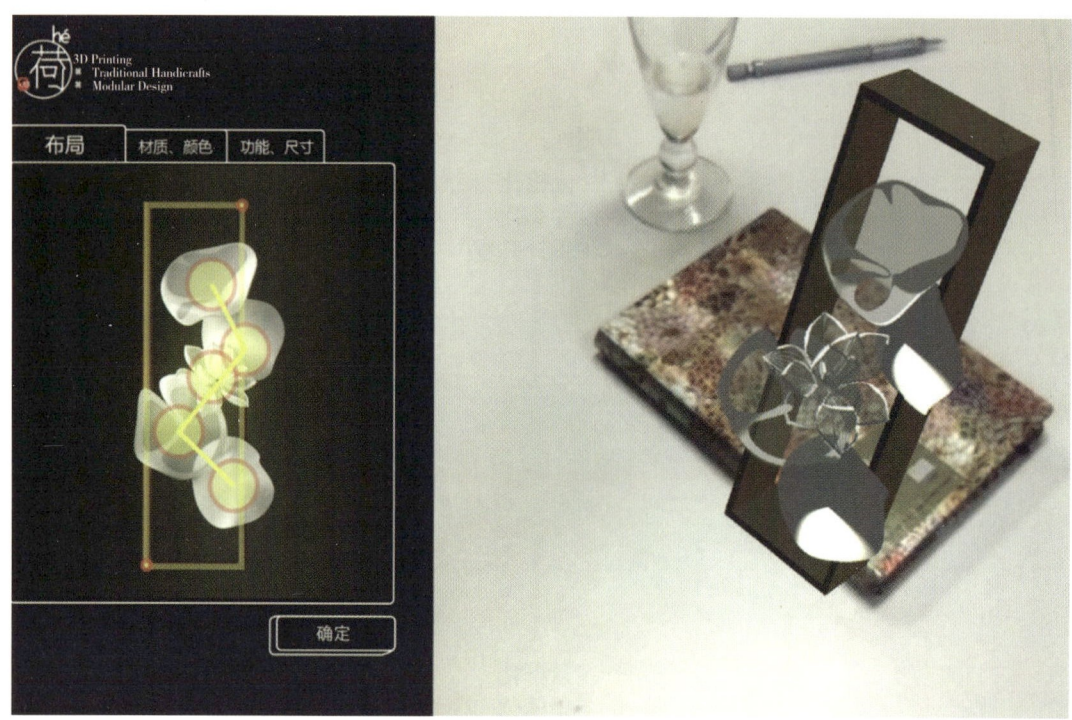

彩插5-20 "秦淮灯彩"定制化服务网络界面
王倩、刘俊哲、刘彦

彩插5-21 "秦淮灯彩"定制化服务产品设计
王倩、刘俊哲、刘彦